KB262264

유머·위트의 모든 것

웃으면서 성공하기

유머 · 위트의 모든 것

웃으면서
성공하기

이석규 · 한성일

웃음과 유머는 21세기의 중요한 키워드의 하나가 되었다.

'아녀자의 웃음소리가 담장을 넘어가면 안 된다'고 가르쳤던 우리 선조들의 웃음에 대한 편견이 웃음과 유머를 모르고서는 성공할 수도 없고 건강하게 살 수도 없다는 생각으로 바뀐 세상이 되었다.

사람들은 코미디와 개그 프로그램에 열광하고, 유머 감각이 뛰어난 사람들은 가장 매력적인 사람으로 대접받는다. 심지어 유머 감각이 정치인들의 최고 덕목이자 배우자 선택의 최우선 조건으로까지 자리매김 했다. 그래서 사람들은 너나 할 것 없이 '어떻게 하면 나도 남을 잘 웃게 할 수 있을까?' 하는 문제에 관심을 갖게 되었고, 이러한 분위기에 편승해 웃음과 유머에 관한 책들이 수없이 쏟아져 나오고 있다.

필자는 〈유머 텍스트의 원리와 언어학적 분석〉이라는 제목의 박사논문을 쓰면서 유머에 관심을 갖기 시작했고, 유머와 관련된 국내외의 많은 서적들을 접하게 되었다. 그런데 웃음의 효용을 소개하고 유머를 잘 하는 법을 가르치는 책들, 금방이라도 독자들을 유머 감각이 뛰어난 사람으로 만들어줄 것 같은 책들은 대부분 유머를 모아놓거나 유머를 잘 할 수 있는 기술적인 방법을 소개하는 수준에 머무른 것들이 대부분이었다. 웃음과 유머 그리고 위트를 보다 과학적으로 고찰하고 그것들의 가치와 원리를 올바로 소개하고 있는 책을 찾기는 쉽지 않았다. 가볍게 읽기는 좋은데 책을 덮고 나면 기억에 남는 것이 별로 없는 책들을 보면서, 필자는 웃음과 유머, 그리고 위트의 참면목을 알려줄 책을 써야겠다고 결심했다.

이 책은 웃음과 유머 그리고 위트에 대한 과학적 접근을 시도한다. 먼저 1장에서는 '웃음'에 대해 살폈다. 웃음을 정의하고, 옛 문헌과 여러 텍스트에 나타난 한국인의 웃음의 양상을 통시적으로 기술하였다. 그리고 웃음의 효용과 '왜 여성은 잘 웃고, 남성은 잘 웃기는가?' 등 웃음에 대한 과학적 연구결과를 소개하였다.

2장에서는 '유머'에 대해 총체적으로 접근하고자 했다. 유머를 정의하고 다양한 하위부류들을 유형화했다. 나아가 이 책의 핵심이라고 할 수 있는 유머의 원리를 규명하였다. 3장에서는 '위트'만을 독자적으로 선별해서 위트의 개념과 효용 그리고 표현전략에 대해 기술했다. 4장에서는 유머의 주요 주제인 금기(禁忌), 주요 등장인물, 그리고 국가와 유머의 상관관계 등에 대해 살폈다. 5장에서는 유머 전파의 새로운 주역인 인터넷 속의 유머 문화의 양상을 고찰하고 그 문제점을 진단하였다. 6장에서는 유머가 단순히 기술이 아니라 '태도'라는 점을 강조하면서 유머를 잘 하고 싶은 사람들에 주는 7가지 조언을 제시했다. 끝으로 부록에서는 저자가 뽑은 분야별 베스트 유머, 그리고 웃음·유머와 관련된 명언들을 항목별로 실었다.

이 책은 기존의 유머 관련 저서들처럼 단순히 웃음의 효용이나 유머의 기술을 다루는 데 머무르지 않는다. 웃음에 대한 과학적 고찰에서부터 유머의 원리, 위트의 효용과 표현전략, 유머의 주제, 인터넷 유머의 양상, 유머 감각을 키우기 위한 방법 등, 한마디로 유머와 위트의 모든 것을 다루었다고 감히 자랑하고 싶다. 독자들이 이 책을 통해 웃으면서 성공할 수 있는 비결을 터득하기를 바란다.

이 책은 필자의 스승이신 이석규 선생님과의 공동 작업으로 이루어졌다. 올 2월 정년을 맞으시는 선생님께서는 부족한 제자와의 오랜 학연을 기리기 위해 함께 책을 쓰고 싶어 하셨고, 그러한 선생님의 배려로 이 책이 세상에 빛을 보게 되었다. 덕분에 필자는 스승님과 공저자로 이름을 올리는 기쁨을 맛보게 되었다.

부족한 제자를 늘 아껴주시고 채찍질해 주신 그 은혜에 조금이나마 보답하기 위해 열심히 학문에 정진하고는 있지만 아직도 부족한 점이 많아 부끄럽고 죄송스럽다. 더욱이 이 책의 서문을 제자에게 쓰도록 배려하신 그 마음에도 그저 감사할 따름이다. 내설악의 맑은 정기를 마시며 선생님과 함께 이 책을 썼던 지난 여름의 한 달은 필자의 인생에 가장 소중한 시간이었다.

이 자리를 빌려 필자의 모교인 경원대학교 국어국문학과의 은사님들께도 감사드린다. 선생님들의 가르침이 없었다면 필자의 오늘은 없었을 것이다.

끝으로 어려운 가운데서도 이렇게 예쁜 책을 만들어 준 글누림출판사 최종숙 사장님과 편집부의 이소희 씨께 감사드린다.

2008년 새해 벽두에

한 성 일

차 례

3장 위 트

6장

유머를 잘 하고 싶은 사람들에게 주는 7가지 조언

웃 음

　　웃음[laughter]이란 물리적으로 정해진 형태에 따라 15개 안면근육이 동시에 수축할 때 발생하는 운동반사로 정의할 수 있다. 이러한 운동반사는 표정의 변화를 가져오고, 호흡의 변화와 소리를 동반한다. 인간의 몸에는 약 6백 50개의 근육이 있는데 인간이 웃을 때는 그중에서 약 2백 30개의 근육이 움직이기 때문에, 웃고 난 뒤에는 긴장된 근육이 이완되어 편안함을 느끼게 되고 소화기가 왕성해진다고 한다.

　　우리는 이러한 물리적 반응을 동물들에게서도 발견할 수 있다. 그러나 동물들의 이러한 반응은 겨드랑이나 발바닥을 간질였을 때 나타나는 인간의 생리적 웃음에 불과한 것이다. 이미 2천 년 전에 아리스토텔레스가 인간만이 오직 웃음을 만든다고 결론지었듯이 인간만이 고등의 감정 표현으로서의 웃음을 만들 수 있고, 이러한 웃음은 신이 인간에게 부여한 하나의 축복이라고 할 수 있다.

웃음의 개념과 역사

웃음이란 무엇인가

웃음은 인간의 특권

웃음[laughter]이란 물리적으로 정해진 형태에 따라 15개 안면근육이 동시에 수축할 때 발생하는 운동반사로 정의할 수 있다. 이러한 운동반사는 표정의 변화를 가져오고, 호흡의 변화와 소리를 동반한다. 인간의 몸에는 약 6백 50개의 근육이 있는데 인간이 웃을 때는 그중에서 약 2백 30개의 근육이 움직이기 때문에, 웃고 난 뒤에는 긴장된 근육이 이완되어 편안함을 느끼게 되고 소화기가 왕성해진다고 한다.

우리는 이러한 물리적 반응을 동물들에게서도 발견할 수 있다. 일찍이 다윈(Darwin)은 침팬지와 오랑우탄을 간질였을 때 웃는 것 같은 소리를 내는 것에 주목했고, 영장류 전문가인 디안 포세이(Dian Fossey)와 제인 구달(Jane Goodall)은 다른 고릴라가 간질였을 때 고릴라들이 어떻게 낄 낄거리는지를 연구하였다. 또 쥐를 가볍게 쓰다듬으면 초음파 발성이 방출되는데 이것이 사람이 웃는 것과 동일한 것일지도 모른다는 연구결과도 있다.

그러나 동물들의 이러한 반응은 겨드랑이나 발바닥을 간질였을 때 나타나는 인간의 생리적 웃음에 불과한 것이다. 이미 2천 년 전에 아리스토텔레스가 인간만이 오직 웃음을 만든다고 결론지었듯이 인간만이 고등의 감정 표현으로서의 웃음을 만들 수 있고, 이러한 웃음은 신이 인간에게 부여한 하나의 축복이라고 할 수 있다.

영어의 'laugh'는 고대 영어 'hliehhan'에서 왔는데 이 단어는 웃음소리를 모방한 것이라고 한다. 웃음은 모음적인 음절이 보통 영어로 "ha-ha", "ho-ho" 아니면 "he-he"로 문자화되는 규칙적인 연속으로, 이 단어들은 모든 문화의 사람들에 의해서 생산되고 구분되는 인간의 보편적 어휘이다. 프로바인(Provine, 2000)은 웃음을 "인간의 유전자로부터 계획된 본능적인 행동"이라고 했다.

고대의 철학자들은 웃음에 대해 많은 관심을 가졌는데, 그들은 웃음이 발생하는 이유를 크게 '우월감'과 '긴장의 해소'로 설명하고 있다.

웃음은 왜 나올까? 아리스토텔레스가 웃음을 추(醜)함 및 품위실추와 밀접히 관련되어 있다고 한 이래로 많은 철학자들은 웃음이 상대방의 약점에 대한 상대적 우월감에서 비롯된다고 주장했다. 토머스 홉스는 "웃음의 감정은 타인의 약점 또는 자신의 이전의 약점과 비교해서 자신에게서 뜻밖의 우월감을 느꼈을 때 나타나는 갑작스런 승리감에 불과하다."고 했고, 베르그송도 웃음을 "사회에 의해 비사회적인 개인에게 가해지는 교정적(矯正的)인 형벌"로 규정했다.

웃음이 발생하는 또 다른 상황은 상상에 의해 발생한 두려움과 긴장감이 갑작스럽게 해소될 때이다. 칸트는 "긴장스러운 예상이 갑작스레 무(無)로 변해버리는 것"이 웃음을 일으킨다고 했으며, 19세기의 영국 철학자 허버트 스펜서도 "의식이 굉장한 일에서 사소한 일로 불시에 전이할 때 감정과 감각은 신체운동을 발생한다."고 했는데, 이때 발생하는 신체운동이 바로 '웃음'이다.

'우월감'과 '긴장의 해소'는 지금까지도 웃음 발생의 원인에 대한 가장 보편적 이론으로 지지를 받고 있다. 그런데 과학의 발달로 웃음의 원인을 과학적 실험을 통해 검증하려는 다양한 연구가 학자들에 의해 지속적으로 진행되고 있다. 그중 가장 최근의 연구 성과를 간단히 소개하고자 한다(조선일보, 2007년 3월 14일자 기사 참조).

플로리다 주립대 연구팀의 실험 결과에 의하면 웃음은 '지적반응'이 아닌 '사회적 동물로서 생존을 위한 본능적 수단'이라고 한다. 즉 사람들은 친구를 만들거나 계층 관계에서 자기 위치를 확인하기 위해 웃는다는 것이다.

연구팀은 실험의 목적은 밝히지 않은 채 여학생들과 차례로 면접하면서 시시한 농담을 던졌다. 한쪽 집단에는 면접관이 몇 명을 골라 현금을

상으로 준다고 얘기했고, 다른 집단에는 이런 얘기를 하지 않았다. 그랬더니 같은 농담인데도 현금 얘기를 들은 집단이 훨씬 더 많이 웃었다고 한다. 이 대학 타일러 스틸먼(Stillman) 교수는 강의실에서 학생들의 폭소를 유도하는 데 자주 써먹었던 썰렁한 농담을 한 세미나에서 반복했더니 이번엔 학생들이 찬물을 끼얹은 듯 조용하더라는 것이다. 세미나에 최고의 권위를 지닌 학자 몇 명이 함께 자리하고 있었던 것이 이유였다고 한다.

웃음에는 어떤 것들이 있나? 웃음은 인간의 다양한 감정이 복합적으로 배합된 결과물이라고 할 수 있다. 인간의 원초적 감정에서 나오는 순수하고 본능적인 웃음부터 인간의 사랑, 봉사, 감사, 여유 등에서 나오는 자연적 웃음과 인간의 욕심과 계산으로 만들어지는 인위적 웃음, 어떤 상황에서 지적 판단과 오감의 활동으로 반응하는 지적 웃음 등 다양하다.

김열규 교수는 저서 『한국인의 유머』(1978)에서 웃음을 형용하는 말의 다양성이 웃음 자체가 지닌 복합성을 말해준다고 하면서 인간의 웃음에도 질의 차등이 있음을 다음과 같이 강조하고 있다.

깔깔거리면 어린 소녀의 밝음이 있고 이죽거리면 빈정대는 중년 여인의 앵도라진 심보가 있다. 방실대면 함박꽃 핀 듯한 웃음이고 히죽히죽하면 물어 젖은 구두밑창같이 늘어진 꼴이기 마련이다. 낄낄대면 어째 좀 음흉한 구석이 서리고 끼득끼득하면 끼리끼리 눈짓

만으로 주고받는 속셈이 담겨 있다. 손뼉을 치며 웃고, 눈물을 흘리면서도 웃는가 하면 배꼽 빠지게 웃고 허리가 꺾어지도록 웃을 때도 있다. (중략)

인간은 이렇게 복잡하다. 웃음 하나도 쉽게 아무렇게나 웃지 않는다. 감정의 작용 이외에 오히려 생리현상에 가까운 웃음을 교양에다 둘러대고 지성에 갖다 붙이고 정신과 더불어 문제 삼으면서 웃음은 골치 아픈 게 되고 말았다.

웃음에는 여러 종류가 있다. 첫째, '기뻐서 웃는 웃음'이다. 이것을 쾌심(快心)의 웃음이라 하는데, 웃음의 원형이라고 할 수 있다. 찰스 다윈은 '이런 단계의 웃음은 원숭이에게도 있다'고 했다.

둘째, '연기로서의 웃음'이다. 이 웃음은 사회적인 웃음이라고 할 수 있는데, 이를 "말(言語)의 역할을 하는 웃음"이라고 정의하는 학자도 있다. 이 웃음은 웃는 자의 동기에 따라 '친절한 웃음', '아첨하는 웃음', '꾸며대는 웃음', '비꼬는 웃음', '씁쓸한 웃음' 등과 같은 형태로 나타난다.

셋째, '우스워서 웃는 웃음'으로 이 책에서 주로 다루고자 하는 것이다. 앞에 열거한 '기뻐서 웃는 웃음'과 '연기로서의 웃음'에 비해 '우스워서 웃는 웃음'은 너무나 복잡하고 다양하다. 대화 속의 재담을 비롯해서 실패담, 만담, 유머, 만화, 소설, 코미디 등을 보고 일어나는 웃음이 곧 '우스워서 웃는 웃음'이라고 할 수 있다.

사람의 말 속에 재치가 번뜩일 때, 곧잘 걸어가던 사람이 느닷없이 넘어질 때, 아주 아름답게 생긴 아가씨의 목소리가 뚝배기 깨지는 소리를 넬 때, 정상적인 사람이 엉뚱하게 바보짓을 할 때, 사람이 짐승의 흉내를 낼 때, 세태를 묘하게 풍자한 재미있는 만화를 볼 때, 터무니없는 거짓말을 태연스럽게 늘어놓고 있는 유머소설의 글귀를 읽을 때, 지나치게 느리거나 독특한 성격을 지닌 텔레비전 드라마의 인물을 볼 때, 텔레비전의 개그 프로그램에서 개그맨들의 재치 있는 말과 우스꽝스러운 행동을 볼 때, 인터넷 패러디 사이트에서 정치인들을 우스꽝스럽게 묘사한 패러디를 볼 때 일어나는 웃음이 바로 '우스워서 웃는 웃음'이다.

조동일 교수가 최근 번역해서 소개한 재담집 『소천소지(笑天笑地)』(1918)의 서문을 보면 웃음을 정을 말미암은 웃음인 '유정지소(由情之笑)'와 정을 말미암지 않은 웃음인 '불유정지소(不由情之笑)'로 나누고 있다. '유정지소(由情之笑)'를 다시 즐거워서 웃는 '상정(常情)의 웃음', 즐겁지 않는데 웃는 '반정(反情)의 웃음', 사람에 따라서 다른 '이정(異情)의 웃음', 함께 웃는 '동정(同情)의 웃음'으로 나누고 있으며, '불유정지소(不由情之笑)'에는 어린아이의 웃음, 미친 사람의 웃음, 바보의 웃음이 있다. 이 중 불유정지소(不由情之笑)를 가장 값진 웃음이라고 했다.

웃음의 유형에 따라 사람들의 얼굴 표정이 달라진다고 한다.『Laughlab』(2002)에 의하면 진실한 웃음과 억지웃음 사이에는 커다란 차이가 있다. 사람들은 우스운 이야기를 들으면 입 주변의 혈골(頰骨, 광대뼈) 근육들을 그들의 입술 위의 구석으로 잡아당긴다. 그리고 그들 눈 주위의 안구 근육은 그들의 뺨과 눈 구석의 주름까지 올라온다. 그래서 아주 많은 작은 까마귀의 발(crows feet)을 만든다.

반면 사람들이 재미있는 농담을 발견한 것처럼 가장할 때에는 그들은 오직 입으로만 웃는다. 그리고 그들은 눈 주위의 주름이 결핍되어 뺨을 올리지 않는다. 억지웃음은 또한 참된 웃음보다 더 오래 지속되고 더욱 갑작스럽게 멈춘다. 거짓 미소를 지을 때는 입만 움직이지만 진실한 미소를 지을 때는 입과 눈이 모두 움직인다.

웃음은 복합적 심리 작용의 표출

웃음은 복합적 심리 작용의 표출이다. "왜 웃어!"라고 상대방의 웃음을 타박할 때 보면 웃음은 부정적 의미로 다가온다. 그런가 하면 '웃는 낯에 침 못 뱉는다'는 말에는 웃음이 화해의 역할을 수행한다는 의미가 담겨져 있다.

김열규 교수는 "웃음의 변덕이 한국인의 언어생활에 요사스러울 만큼 다양하게 비쳐져 있다."고 했다. '웃느라 한 말에 초상난다'는 속담에서 보듯 초상나게 할 정도의 무서운 웃음도 있다. 이러한 웃음은 세계관이나 인생관과 어엿하게 맺어져 있다. 이 말은 경솔하게 웃음을 만들면 상대의 자존심에 상처를 주게 됨을 일깨우고 있다. '웃음 속에 칼이 있다', '웃으면서 뺨친다'고 할 때 그 냉소적인 웃음을 짓는 사람은 세상을 부정적으로 바라보는 사람들의 웃음이다. 한편으로 이 웃음은 비판과 쓴 소리를 웃음으로 포장하여 우회적으로 접근하는 풍자형 웃음이요, 감정적 충돌 없이 모순을 해결하려는 지혜의 웃음이다.

반면에 '웃으면 복이 온다', '한 번 웃으면 한 번 젊어지고, 한 번 화내면 한 번 늙는다'에서는 세상을 살만한 것이라고 생각하는 낙천적 생각을 가진 사람들의 마음의 여유와 달관의 경지를 느낄 수 있다.

말의 짜임을 보면 '웃다'는 '웃+다'로 쪼갤 수 있는데, 이때 '웃'은 '위 아래'의 '위'에 해당하는 말이다. 그러니까 '웃음'은 보이지 않는 마음의 여러 가지 감정이나 생각을 위로 드러내고, 마침내 얼굴의 모양이나 입으로 소리를 내서 시각 또는 청각적인 표현으로 나타낸 것이다. 친절하고 상냥한 미소가 있는 인간상이, 우리 모두에게 기쁨을 주듯이, 진정한 뜻에서 미소를 머금은 자신의 모습을 추구하는 것은 가치 있는 일임에 틀림없다.

한국인의 웃음의 역사

전통적으로 한국인의 심성의 바탕은 무교(巫敎)적이다. 따라서 한국인은 우뇌형 인간으로 음주가무를 즐겼고, 자신의 감정을 진술하고 적나라하게 표현할 줄 알았다.

그러나 조선에 들어와 유교문화를 받아들이면서 한국인의 심성은 자연스럽게 변화했다. 물론 서민층과 양반층에는 다소 차이가 있지만, 윤리, 도덕, 규범, 체면을 중시하는 유교문화는 좌뇌적 문화로 이성적이고 분석적이었다. 근세에 늘어 100년의 학교 교육도 전형적인 좌뇌형 교육이었다. 지식의 축적과 입시위주의 교육은 웃음을 억압하기에 이른다. 우리는 웃음을 깔보고 점잖음을 목숨처럼 여기는 이상한 편견에 오랜 동안 사로잡혀 살았다.

다행히도 최근 들어서는 웃음의 가치를 새롭게 인식하기에 이르렀다.

최근 불고 있는 한류열풍도 억압받던 우뇌형 문화가 다시 살아나고 있음을 보여주는 한 예라고 할 수 있다. 열정적인 춤과 음악은 한국인들의 심성을 보다 감정적으로 변화시키고 있다. 20세기가 산업사회의 경쟁시대라면 21세기는 문화의 시대로 패러다임이 전환되고 있다. 엄격한 유교사회에서 경박한 것으로 치부되던 웃음이 이제는 인간의 행복을 증진시켜주는 최고의 무기로 평가받고 있다.

이러한 시점에서 과연 한국인에게 웃음은 어떤 가치를 지니고 있었는지를 돌아보는 것은 의미 있는 일이라고 생각한다. 우리 선조들은 웃음에 대해 어떤 생각을 갖고 있었을까? 그런 생각이 문학작품이나 여러 텍스트에 어떻게 표현되었을까? 과연 옛날에는 지금의 코미디 같은 형태의 공연이나 개그맨이 있었을까? 등등에 대한 궁금증을 하나하나 풀어 보자. 이 부분은 반재식의 『한국 웃음사』(2004)를 많이 참고하였다.

텍스트를 통해 본 웃음의 양상

상고시대 우리 민족의 웃음의 모습을 알 수 있는 기록은 없다. 다만 음주가무를 즐겼다는 기록으로 미루어 보아 어떤 민족에게도 뒤지지 않을 수다스럽고 요란스러운 웃음이 있었음을 짐작할 수 있다.

삼국시대의 웃음과 직접적으로 관련된 기록도 거의 없다. 그러나 당시 우리 선조들이 웃음의 여유를 가지고 있었음을 알 수 있는 향가 한 수가 있으니, 바로 〈처용가(處容歌)〉이다. 신라 49대 헌강왕 때 용왕의 아들로 경주에 와 살던 처용이 하루는 밤늦게 돌아와 보니 역신이 아내와 같이 잠자리에 들어 있었다. 보통의 남자들 같으면 칼부림이 날 수도 있는 그런 순간, 처용은 문을 닫고 나와 노래 한 수를 불렀다. "본디 내 것이지만 빼앗긴 것을 어찌하겠는가." 처용의 너그러움과 여유에 역신은 무릎을 꿇고 굴복하고 만다.

『삼국유사』 권5 〈경흥우성(憬興遇聖)〉조에는 웃음으로 병을 치료했다는 다음과 같은 기록이 있다.

신문왕이 즉위하자 존대하여 국로(國老)를 삼아 삼랑사(三郎寺)에 머물게 되었는데, 갑자기 병이 들어 여러 달이 되었다. 한 비구니가 찾아와 문안하면서 〈화엄경〉 가운데 있는 선우원병(善友原病)의 설로써 말하기를 "지금 법사의 질환은 근심하고 피곤한 소치이니, 웃고 즐거워하면 치유될 수 있습니다." 하고는 이에 11상(相)의 얼굴을 만들어 각기 우스운 춤을 추게 하니, 오똑하고 뾰족도 하고 변화무쌍한 태도가 이루 말할 수 없이 우스워 모두 턱이 빠질 정도였다. 그래서 법사의 병이 알지 못하는 사이에 깨끗이 나았다.

최근 각광 받는 웃음치료가 이미 삼국시대에도 존재했었다는 사실에 놀라움을 금할 수 없으며 웃음이 건강의 묘약이라는 진리를 새삼 확인할 수 있는 대목이다.

고려시대에 들어서 등장한 고려가요는 우리민족의 삶의 애환을 진솔하게 표현하였다. 흔히 '남녀상열지사'로 불리는 〈쌍화점(雙花店)〉이나 〈만전춘(滿殿春)〉 등은 남녀 간의 사랑을 진솔하게 표현하고 있어 읽는 이에게 자유분방한 웃음을 선사한다. 쌍화(만두)를 사러 만두가게에 갔다가 우연히 주인과 은밀하게 사랑을 나누고는, 소문이 두려워 어릿광대 꼬마 녀석에게 입조심을 하라고 협박하는 여인의 모습에서 우리는 웃지 않을 수 없다.

또한 사물이나 동물을 의인화하여 표현한 〈국선생전〉, 〈죽부인전〉, 〈규중칠우쟁론기〉 등의 가전체(假傳體) 문학은 잘못된 인간세태를 우회적으로 비난하고 교정하려는 풍자문학으로, 동물을 의인화한 현대의 유머시리즈 못지않은 즐거움과 웃음을 선사한다.

우리 선조들의 웃음 문화를 좀 더 구체적으로 이해할 수 있는 자료들은 조선에 들어와서야 발견할 수 있다. 서거정의 〈태평한화골계전(太平閑話滑稽傳)〉, 강희맹의 〈촌담해이(村談解頤)〉, 성여학의 〈속어면순(續禦眠楯)〉, 부묵자의 〈파수록(破睡錄)〉 등 당시에 떠돌아다니던 이야기들을 모아놓은 재담집 등이 등장한다. 본격전인 재담집이 아니더라도 당대 선비들은 점잖은 그들의 문집에 우스운 얘기 한 두 편을 끼어 넣었고 그들 스스로 음담집을 꾸며 보기도 했다. 그 대표적인 것이 성현의 〈용재총화(慵齋叢話)〉, 이륙의 〈청파극담(青坡劇談)〉 등이다.

몇 년 전 한석규가 주연했던 영화 〈음란서생〉은 왕의 총애를 받던 사대부가의 선비가 우연히 음란서적에 탐닉하게 되고, 결국 당대 음란서적의 베스트셀러 작가가 되는 과정을 그려 주목받기도 했다.

〈태평한화골계전〉의 내용을 간단히 살펴보면 시정(市井)에 떠돌아다니는 이야기를 수집 기록한 것으로 대개 부패 무능한 관리의 이야기, 남녀노소·양반·상민·천민 등 갖가지 군상들의 호색담, 재담 및 해학 등

으로 이루어져 있다. 이 책은 필자 자신의 소한(消閑) 내지 파한(破閑)이
라고 표현한 문학적 오락, 그리고 이런 이야기를 통해서 교훈을 행한다
는 두 가지 목적을 지니고 있다. 류정월(2006)에 의하면 당대 선비들은
이러한 재담들을 졸음을 깨우는 효과 때문에 즐겼다고 한다. 〈어면순(禦
眠楯)〉은 '잠을 깨는 방패'라는 의미를 지니며, 〈파수록(破睡錄)〉도 '잠을
깨우는 글'이라는 의미를 갖고 있다.

그럼 여기서 〈태평한화골계전〉에 실려 있는 공처가 우스개 하나를 소
개한다.

어떤 대장이 아내를 몹시 두려워했다.

어느 날 교외에 붉은 깃발과 푸른 깃발을 세우고 명령하였다.

"아내를 두려워하는 자들은 붉은 깃발 쪽으로, 아내를 두려워하
지 않는 자들은 푸른 깃발 쪽으로!"

대부분의 사람들은 붉은 깃발 쪽에 섰는데, 오직 한 사람만 푸른
깃발 쪽에 섰다.

대장은 그를 장하게 여겨 말했다.

"자네 같은 사람이 진짜 대장부일세. 온 세상 사람들이 아내를
두려워하네. 내가 대장이 되어 백만 명의 무리를 거느리고 적과 맞
서 죽기 살기로 싸울 때, 화살과 돌이 비처럼 쏟아져도 담력과 용기
가 백배하여 일찍이 조금도 꺾인 적이 없네. 그러나 안방에 이르러
이부자리에서는 은애(恩愛)가 의(義)를 가리지 못해, 부인에게 제압
을 당하네. 자네는 어떻게 수양을 했기에 이에 이르게 되었는가?"

조선 후기에 들어서면 서민들의 각성과 함께 한국인의 웃음이 다양한 텍스트에서 표출되어 나온다. 연암 박지원의 〈호질〉, 〈양반전〉 등의 한문 소설은 촌철살인의 풍자를 잘 보여주고 있고, 양반들이 풍류로 웃는 동안 서민들은 음담과 욕설을 곁들인 걸쭉한 웃음을 즐겼다. 탈춤, 사설시조, 국문소설, 판소리, 타령, 민요 등에는 서민들의 웃음과 울음이 담겨져 있었다.

김열규 교수의 『한국인의 유머』(1978) 의하면 우리 선조들은 기생이 양반의 불알 떼는 이야기에 웃고, 방귀로 쫓겨났다가 방귀로 되돌아오는 며느리 얘기에 웃고, 어머니 초상에 개장국 차려 놓은 평안감사에 웃고, 바보와의 문답에 져서 쫓겨가는 유식한 중국사신에 웃었다. 손상당한 민족적 자존심을 보상코자한 웃음을 웃는 셈이다. 오입장이를 웃고 바보를 웃고 우쭐대는 놈도 웃었다.

조선시대 '웃음'을 논하는 데 빼놓을 수 없는 인물이 김삿갓으로 불리는 김병연이다. 개인적으로 불행했던 천재시인 김병연은 조선팔도를 떠돌며 부패한 사회를 풍자하고 촌철살인(寸鐵殺人)과 매서운 글로 정의로운 사회를 부르짖었다.

許多韻字何呼覓	하고 많은 운자 중에 하필이면 '멱' 자인고
彼覓有難況此覓	저 멱자도 어려운데 또 다시 '멱' 자인가?
一夜宿寢懸於覓	하룻밤 쉬어 감이 '멱' 자 운에 달렸으니
山村訓長但知覓	시골 훈장 아는 자는 '멱' 자뿐인가 하노라.

김삿갓이 어느 시골 서당에서 하룻밤 신세를 지려고 청을 하자 훈장은 시를 지을 줄 아느냐며 '멱' 자를 운으로 시를 짓게 하였다. 이에 김삿갓이 '멱' 자 운으로 시를 지어 시골 훈장을 통쾌하게 골려주었다.

개화기 문학에도 이러한 웃음이 그대로 이어진다. 〈요로원야화기〉에서 짐짓 못난 체하면서도 오히려 잘난 체하는 시골선비를 골탕 먹이던 서울선비의 아이러니가 그것이다.

이러한 웃음은 일제강점기 김유정 소설의 '해학', 채만식 소설의 '풍자'로 이어진다.

개그와 코미디의 원형 소학지희 | 옛날에도 지금의 코미디나 개그와 같은 형태의 공연이 있었을까? 정답은 '그렇다'이다.

『삼국사기』에 실려 있는 신라 최치원의 시 〈향약잡영(鄕藥雜詠)〉 5수에는 신라인들이 즐겼던 재미있는 놀이를 잘 표현하고 있는데, 지금의 서커스나 마술에 해당하는 놀이였다.

고려 때 중국에서 전래된 나례(儺禮)는 중국사신의 영접, 종묘제례 등 국가적인 차원의 행사 뒤풀이로 각종 연희자들을 동원하여 벌이는 공연이다. 이때 벌어지는 공연 종목 중 하나가 소학지희(笑謔之戲), 즉 웃음으로 엮어지는 놀이이다. 소학지희의 구체적인 모습에 대한 기록은 찾을 수 없는데, 반재식은 『한국 웃음사』(2004)에서 소학지희의 개념을 "가면이나 인형의 수단을 빌리지 않고 배우가 직접 연기하되, 일정한 인물이나 사건을 제대로 하여 재담으로 관중을 웃기고, 풍자적이며 어느 정도 즉흥적인 연극"이라고 설명하고 있다. 이러한 설명대로라면 소학지희는 오늘날의 코미디나 개그와 별반 다르지 않다.

『세조실록』에는 맹인취인지상(盲人醉人之狀)을 놀이하는 대장장이 고룡(高龍)에 관한 이야기가 기록되어 있다. 맹인취인지상은 맹인과 술 취한 사람의 흉내 내기를 말하는 것으로 이러한 흉내 내기는 현재의 코미디에서도 가장 많이 사용하는 연기의 하나이다.

『연산군일기』에는 공길(孔吉)이라는 배우의 기록이 남아 있고, 유몽인(柳夢寅)의 『어우야담(於于野談)』에도 정치 풍자를 잘 하던 귀석(貴石)이라는 배우에 대한 기록이 남아있다. 특히, 공길에 대한 이야기는 최근 영화 〈왕의 남자〉로도 제작되어 한국영화 최고의 흥행기록을 세웠다. 이 내용을 보면 당대 배우들이 임금 앞에서도 직언을 했음을 알 수 있다.

이보다 앞서 배우 공길이 늙은 선비 장난을 하며, 아뢰기를 "전하는 요순(堯舜) 같은 임금이요, 나는 고요(皐陶) 같은 신하입니다.
요순은 어느 때나 있는 것이 아니나 고요는 항상 있는 것입니다.”
하고, 또 ≪논어(論語)≫를 외어 말하기를 “임금은 임금다워야 하고
신하는 신하다워야 하고, 아비는 아비다워야 하고 아들은 아들다워
야 한다. 임금이 임금답지 않고 신하가 신하답지 않으면 아무리 곡
식이 있더라도 내가 먹을 수 있으랴.”하니, 왕은 그 말이 불경한 데
가깝다 하여 곤장을 쳐서 먼 곳으로 유배(流配)하였다.

연산군 일기, 연산 11년 12월 29일

풍자적인 소학지희의 내용은 중종 때 어숙권(魚淑權)의 문집인 '패관잡
기(稗官雜記)'에도 실감 있게 기록되어 있다(반재식, 2004 : 42~43 재인용).

세상에서 전하기를 관청에서 무세포(巫稅布 : 무속인에게 베로써
받는 세금)를 걷어들이는 것이 매우 심하였다고 한다. 매번 관원이
문에 이르러 외치면서 들이닥치면 온 집안이 쩔쩔매고 분주하게 술
과 음식을 갖추어 대접하면서 기한을 늦추어 달라고 애걸했다. 이
와 같은 일이 하루걸러 혹은 연일 계속되기도 하여 괴로움과 폐해
를 헤아릴 수 없었다. 신년을 맞이해서 배우가 궁중의 뜰에서 이를
놀이로 만들어 보였다. 이에 임금이 무세포를 면제하도록 하였으니
배우도 또한 백성에게 유익함이 있다고 하겠다. 오늘에까지 배우들
이 놀이를 전하므로 그 일이 옛일이 되었다.

소학지희의 풍자는 이처럼 사회 비판적인 성격을 띠고 있었다. 임금의 특명이 내려진 것은 그것이 임금이 참관한 가운데 공연된 나례였기 때문에 가능한 것이었다. 소학지희의 전문 배우들은 바로 그런 점을 놓치지 않고 자신들의 기량을 한껏 발휘한 것이다. 조선의 소학지희는 웃기되 그 저변에는 사회 병리현상을 고발하려는 의도가 깔려 있었다. 신분사회였던 조선시대에 소학지희라는 웃음의 형태가 있어서 임금과 대신들도 참여하는 자리에서 임금과 대신들을 풍자했다는 것은 민주사회인 현대사회에서도 쉽지 않은 일로 매우 놀라운 일이다.

소학지희의 소재에는 제한이 없었다. 배우들은 장애인들을 흉내내기도 하고, 대신들을 비아냥거리는가 하면, 탐관오리를 힐난하기도 하고, 때로는 임금의 부도덕성을 웃음의 대상으로 삼았다. 이러한 소학지희는 당대 사대부들에게 큰 인기를 얻었고, 심지어 어염의 여자들까지 배우들의 연기를 보고 화제에 올리게 되었다.

그러자 소학지희의 내용이 저급하다는 부정적인 면이 부각되고, 나례를 중단시켜야 한다는 상소문이 올라오기 시작했다. 성호 이익이 "요즘 사대부들이 오히려 배우들을 동원하여 놀기를 좋아하니 개탄스럽다."고 한 것은 바로 이러한 점을 말하는 것이다.

배우의 신분이 문제시된 것도 이때였다. 낮은 계층에 있는 그들의 연기를 보고 여염의 부녀자들이 희희낙락하고 있으니 이를 중단시켜야 한다는 것이다. 나례에 들어가는 비용이 많다는 점도 지적되었다. 결국 인조 때에 와서 나례가 중단되고 말았다. 이때부터 배우들은 그들의 원래 놀이터인 궁궐 바깥으로 나가 활동하기 시작했고, 소학지희는 더 자유스럽게 벌어지게 되었으며 활동무대도 넓어졌다(반재식, 2004 : 48~49).

소학지희에서 구사된 우스갯소리는 모두 재담으로 구성되어 있다. 따라서 재담은 한국 코미디의 뿌리이다. 재담은 읽는 것도 아니요, 보는 것도 아니다. 말로 하면 듣고 웃으며 즐기는 것이다. 그래서 우리말에 '재담을 듣는다'고 하지 '재담을 읽는다'는 말은 존재하지 않는다.

재담은 한마디로 재치와 기지로 웃기는 말을 뜻한다. 그 종류는 여러 가지가 있다. 사람이나 동물, 사투리, 악기소리, 노래 따위를 흉내 내는 것도 있고, 동음이의어로 말장난을 하는 것도 있으며, 속담이나 수수께끼, 곁말로 주고받는 것도 있다. 또 음담패설로 희롱하는 것도 있고, 풍자적인 내용으로 비웃는 것도 있다.

재담의 가장 기본적인 것은 흉내 내기로, 실록에 따르면 조선조 세조 때 대장장이 고룡(高龍)은 술 취한 사람과 맹인의 흉내를 잘 내기로 유명했다고 한다. 허균의 문집 『장생전(蔣生傳)』에는 흉내를 잘 내는 장생(蔣生)의 이야기가 다음과 같이 실려 있다(반재식, 2004 : 54 재인용).

어느 때는 술이 한창 취하면 맹인, 점장이, 술 취한 무당, 게으른 선비, 소박맞은 여인, 걸인, 노파들이 하는 짓을 흉내 냈으니 하는 짓마다 아주 똑같이 해댔었다. 또 가면을 쓰고 열심히 십팔나한(十八羅漢)을 흉내 내면 똑같지 않은 경우가 없었다. 또 입을 찡그려서 피리, 거문고, 비파, 기러기, 고니, 무수리, 집오리, 갈매기, 학 등의 소리를 내는데 진짜와 가짜임을 구별하기 어렵게 하였다. 밤에 닭 우는 소리, 개 짖는 소리를 내면 이웃 개나 닭이 모두 울고 짖어대는 지경이었다.

소화에서 재담과 만담으로

우스운 이야기들은 개화기에 들어서는 재담(才談)과 만담(漫談)의 형식으로 발전하게 되고, 재담과 만담이 조선후기 소화를 현대의 방송 코미디와 유머텍스트를 잇는 교량적 역할을 수행했다고 볼 수 있다.

이러한 재담을 수록한 재담집이 일제강점기에 들어서 다수 간행되기 시작했다. 이 시대의 자료는 전대의 소화들과 구비 전승 재담들과의 관련 양상을 파악할 수 있는 실질적인 가교역할을 하고 있다는 점에서 그 사료적 가치가 크다. 이미 수집된 자료로는 『팔도재담집(八道才談集)』, 『고금기담집(古今奇談集)』, 『죠선팔도 익살과 지담』, 『쌀쌀우슴』, 『앙천대소(仰天大笑)』, 『익살주머니』, 『강도기담(講道奇談)』, 『개권희희(開卷嬉嬉)』, 『절도백화(絶倒白話)』, 『십삼도재담집(十三道才談集)』, 『소천소지(笑天笑地)』, 『만고기담(萬古奇談)』, 『걸작소화집(傑作笑話集)』 등이 있다.

이 당시 재담들은 편찬 의도에 따라 계몽성 재담집, 종교성 재담집, 흥미성 재담집으로 분류할 수 있다. 또한 이러한 재담집에는 당시 영향력 있는 대중 매체인 신문과 잡지에 게재된 형식을 차용한 재담들이 다수 수록되어 있음을 확인할 수 있다. 특히 종교성 재담들은 기독교가 유입된 후 창작된 성경이나 서양 인물 관련 재담들이 다수 있어 서양 재담의 영향 관계를 밝히는 데 중요한 자료가 된다. 이 당시의 재담집의 출간은 사회문화적인 측면에서 계몽운동에 하나의 활로를 열어주었다는 점에서 중요한 의의를 지닌다. 또한 서양 선교사들이 기독교의 교리를 효과적으로 전달하기 위한 수단으로 재담을 활용했다는 점도 주목할 만하다. 암울한 일제 강점기 시대현실 속에서 대중들에게 웃음을 주는 재담 본연의 역할을 충실히 했다(이홍우, 2006 : 56~120).

1920~30년대 대중으로부터 큰 호응을 얻었던 만담(漫談)은 1930년대 초반 신파극의 막간(幕間)을 통해서 선을 보인 것이 독립된 장르로 발전된 것이다. 만담은 재치 있는 이야기, 재미있는 이야기라는 재담의 한계에서 벗어나 당시의 시대적인 상황과 연관되어 풍자적이고 교훈적인 내용을 담고 있다. 결국 만담은 기존의 재담에서 발전된 형태로 현대인의 가슴을 치는 비판의식을 담고 있다.

당시 웃음거리를 가리키는 용어는 다양했는데, 그중 가장 널리 사용된 것은 '소화(笑話)'라는 명칭으로 이는 '웃음을 담고 있는 에피소드 중심의 짤막한 서사물'을 가리키는 말로 이미 오랜 역사를 지닌 명칭이다. 소화는 개화기 이후에도 계속 사용되었으며, 그 내용은 문헌이나 구전으로 전해지는 것들이나 외국 서적에서 발췌한 것들로 채워졌다.

잡지 〈소년〉에는 '소천소지(笑天笑地)'와 '태서소부(泰西笑府)'라는 명칭 아래 소화류의 글들이 실려 있고, 1920년대 이후 발행된 대부분의 흥미 본위 잡지에는 '소화'란이 실려 있었다. 〈신동아〉에서는 소화를 모집하고, 채택된 것들을 '입상소화'란을 통해 싣기도 했다. 소화보다 길이가 길거나 새로 창작된 웃음거리, 세태에 대한 비판을 담고 있는 글에는 풍자와 해학이라는 말이 사용되었다.

소화와는 달리 당대의 풍속과 문화가 반영되어 있는 것이 1930년대부터 유행하기 시작한 '넌센스'였다. 당시 잡지의 기사를 보면 '넌센스'라는 말은 '유모어'라는 말과 비슷한 의미로, 웃음을 내용으로 하는 글의 종류를 가리키는 명칭이었다. 주로 자신이 경험한 우스꽝스러운 사건이나 남에게서 들은 우스운 사건 등이 '넌센스'란을 차지했다. 넌센스는 막간극에 포함되었던 촌극의 한 장르를 가리키는 명칭으로도 사용되었다. 막간의 유행가나 촌극이 인기를 끌게 되자 음반회사들은 앞 다투어 그것들을 음반에 담아 넌센스나 스켓취, 만담이라는 명칭을 붙여 팔기 시작했다 (소래섭, 2005 : 49~53).

# 왜
웃어야 하는가?

21세기를 대변하는 다양한 화두가 있지만, 그중에서 빼놓을 수 없는 것이 '웃음'이다. 이미 서양에서는 오래 전부터 '웃음'이 학문의 대상으로 인식되면서 많은 과학적 연구가 진행되어 왔고, 웃음의 신체적, 정신적 효용성이 입증되었다. 여기에서는 '왜 웃어야 하는가?'라는 질문에 대한 답을 다양한 과학적 연구 결과를 토대로 제시해 보고자 한다.

웃음은 건강하고, 오래 살게 만든다

흔히 웃음을 '정신적 조깅(internal jogging)'이라고 하듯이 웃음은 인간의 정신 및 육체 건강에 커다란 도움을 준다. 웃음이 사람의 건강에 유익하다는 사실은 '마음이 즐거우면 앓던 병도 낫는다'는 『잠언』 17장 2절의 구절, '한 번 웃으면 한 번 젊어진다'는 속담, '웃음은 보약보다 좋다'는

『동의보감』의 구절에서도 보듯이 동서고금을 막론하고 하나의 진리가 되었다. 최근 과학기술의 발달이 이러한 웃음의 효용성을 속속 증명해 보이고 있으며, 나아가 웃음을 활용한 치료법도 등장하게 되었다.

인간은 즐겁다고 해서 반드시 웃는 것은 아니지만 웃으면 반드시 즐거워진다. 그리고 그런 웃음은 인간의 신체, 즉 호흡기와 심혈관계, 근육, 내분비계, 중추 신경계와 관련된다. 웃으면 심장박동과 혈압을 비롯한 여러 신체 기능이 속도를 높이고, 웃음이 그치면 이들 생리 수치가 이전보다 낮은 상태로 내려간다. 실컷 웃고 나서 깊은 이완을 경험하는 것도 바로 이런 이유에서다. 건강과 관련된 웃음의 효용을 외국의 연구 사례를 중심으로 살펴보자.

첫째, 웃음은 근육의 긴장을 완화해 주고, 소화기관을 자극해 소화력을 왕성하게 해 준다. 인간의 몸에는 약 6백 50개의 근육이 있는데 우리가 웃을 때는 15개의 안면 근육과 몸에 있는 약 2백 30개의 근육이 움직이기 때문에, 웃고 난 뒤에는 긴장된 근육이 이완되어 편안함을 느끼게 되고 소화기가 왕성해진다.

둘째, 웃음은 심장 박동을 증가시켜서 호흡을 깊게 하는 데 도움을 주고 혈액 순환을 원활하게 해 준다. 웃으면 혈액 속의 산소량이 늘어나 혈액 순환이 개선되고, 피부 표면 가까이 있는 혈관이 팽창한다. 이 때문에 많이 웃으면 얼굴이 붉게 변하는 것이다. 한 연구에 의하면 좋은 웃음은 로임머신(노젓기 연습용 기계)을 10분 하는 것, 또는 자전거타기 운동을 15분 하는 것과 마찬가지로 심장박동수를 증가시킨다고 한다. 윌리엄 프라이 2세에 의하면 20초 동안 큰 소리로 웃으면 3분 동안 열심히 노를 저은 것과 같은 효과가 심장에 전달된다고 한다.

볼티모어 머릴랜드 대학교 의학 센터의 예방 심장학 책임자인 미카엘 밀러 박사의 연구에 의하면 심장질환으로 고통을 받는 사람의 40% 정도가 덜 웃고 삶을 덜 즐겁게 생각한다고 한다. 따라서 심장 질환의 발발 위험을 줄이기 위해서는 '운동, 금연, 지방 성분이 낮은 음식의 섭취'와 함께 '건강한 웃음'이 꼭 필요하다.

셋째, 웃음은 엔도르핀의 분비를 촉진하여 환자들의 통증을 줄여준다. 아드레날린과 엔도르핀은 인간의 감정과 밀접한 관계를 가지고 있는 생체호르몬이다. 우울할 때는 건강에 부정적 효과를 가져다주는 아드레날린이 많이 분비되어 심장병, 고혈압, 관절염, 편두통을 일으키고 노화가 촉진되지만, 웃을 때는 건강에 긍정적 효과를 가져다주는 엔도르핀이 많이 분비되어 통증을 완화시킬 뿐만 아니라, 신경활동을 통제하여 근심과 걱정을 덜어준다고 한다. 『고통의 해부』의 저자 노만 커즌스에 의하면 막스 브라더스의 영화에서의 10분의 웃음이 관절염 환자를 두 시간의 고통 없는 잠으로 인도했다고 한다. 그들 삶에서 웃는 경험이 많은 환자가 웃음이 덜한 환자들보다 치과 치료를 받을 때 덜 고통을 느낀다는 연구결과도 있다.

넷째, 웃음은 스트레스와 긴장 그리고 근심 걱정을 해소하여 순다. 허버트 레프코트와 로드 마틴의 연구에 따르면 스트레스를 해소하는 데 있어 유머와 웃음이 가장 탁월한 효과가 있다고 한다. 또 다른 연구에 의하면 1시간 동안 코미디 프로그램을 시청한 사람의 혈액에는 세균에 저항하는 백혈구가 증가하고, 스트레스를 유발하는 호르몬인 코르티솔은

줄어든다고 한다.

삶의 문제들을 해결하기 위해서 늘 유머를 사용하는 사람들은 일반적으로 걱정과 스트레스가 다른 사람들보다 적다는 연구결과가 보고 되기도 했다. "웃음이 있으면 고통스러운 상황도 극복할 수 있다. 만약 당신이 웃을 수 있다면 당신은 살아남을 수 있다."고 말한 코미디언 빌 코스비의 말은 웃음의 이러한 효용성을 잘 표현한 말이다.

웃음과 마찬가지로 울음도 스트레스와 긴장을 푸는 데 중요한 역할을 한다. 『울음 : 눈물의 신비(Crying : The Mystery of Tears)』의 저자 윌리엄 프라이 2세(Wlliam Frey)는 감정이 동요되어 나오는 눈물은 양파를 썰다가 눈이 매워 나오는 눈물보다 단백질이 훨씬 더 많이 함유되어 있다는 사실을 발견했다. 그에 따르면 슬퍼서 흘리는 눈물은 스트레스를 받는 동안 생긴 유해한 물질들을 제거하는 데 중요한 역할을 하고, 웃을 때 흘리는 눈물 또한 같은 기능을 한다고 한다.

하지만 웃음과 울음 사이에는 커다란 차이점이 있다. 웃음은 괴로움을 초월할 수 있도록 도와주지만, 울음은 그렇지 않다는 것이다. 울음은 자괴감을 느끼게 하지만, 웃음은 우리의 관심을 밖으로 돌려 시야를 넓혀 주고, 상황을 보는 새로운 시각을 제공한다. 작가인 헬무스 플레스너(Helmuth Plessner)는 이렇게 말했다. "웃는 사람은 세상에 마음을 열고 있다. 그러나 우는 사람은 자기의 처지, 괴로움만을 본다."

다섯째, 웃음은 B세포, T세포, NK세포 등을 활성화하여 면역력을 강화시킨다. 리 버크 교수는 웃음과 면역 시스템을 연구하기 위해 임상 실험을 하였다. 먼저 공복 상태의 성인 60명을 대상으로 혈액을 채취한 후, 재미있는 비디오를 1시간 동안 시청하게 하고 다시 혈액검사를 실시했다. 그 결과 웃음으로 인해 인터페론 감마가 200배 증가되었다. 웃음은 토파민이나 에피네뜨린을 감소시킬 뿐 아니라 인터페론 감마의 증가로 인해 T세포를 활성화하고 면역과 관계된 다른 세포 성장에 중요한 요인으로 작용한다는 사실을 밝혀냈다.

20세기 초 『웃음과 치료(Laugh and Healing)』의 저자인 제임스 월스(James Walsh) 박사가 주장한 대로 한바탕 웃고 나면 중요한 장기들이 실제로 자극을 받아 질병에 대한 저항력이 높아진다는 사실은 의학의 발전으로 의심의 여지가 없는 것으로 증명되고 있다.

지금까지 건강과 관련된 웃음의 효용성에 대한 과학적 연구사례들을 살펴보았다. 최근에는 이러한 연구들을 바탕으로 웃음을 신체 및 정신 질환의 치료에 활용하려는 '웃음치료'의 방법들이 속속 등장하고 있다. "의술의 역할은 자연이 병을 고치는 동안 환자들을 즐겁게 해주는 것이다."라는 프랑스의 철학자 볼테르(Voltaire)는 이미 웃음치료의 가능성을 예견했는지도 모른다. 아니, 앞에서 살펴본 것처럼 우리 선조들은 이미 삼국시대에 웃음치료의 효용성을 인식하고 있었다.

약물 중심의 의료 행위의 한계를 극복하기 위해서 최근에 웃음치료를 통한 면역강화의 중요성이 대두되고 있다. 면역강화를 위해서는 신체의 건강 증진과 함께 정신건강이 증진되어야 한다. 어떤 유형의 암담한 질환이나 심리적 갈등이든지 문제의 근원은 기쁨의 상실이다. 그런 면에서 정상적인 기쁨을 회복하기 위해서는 웃음치료가 매우 효과적이다.

그리스인들의 경우는 웃음치료 과정에 코미디언들의 집을 찾아가는 일이 포함되어 있고, 미국의 오지바 인디언(Ojibwa Indian) 부족 사회에는 병자를 치료하기 위해 익살스러운 연극을 하는 광대 의사가 있었다고 한다.

최근 국내에서도 다양한 기법의 웃음치료 방법이 활용되고 있다. 그 방법을 소개하면 다음과 같다. 먼저 첫째, 상담 치료사는 웃을 수 있는 분위기를 조성한다. 둘째, 유머자료를 수집하여 활용한다. 셋째, 유머를 창작하고 실습한다. 넷째, 집단 역할을 활용한 웃음 치료를 실시한다. 웃음은 전염성이 강하기 때문에 집단 상담을 통한 웃음 치료가 그 효과가 훨씬 극대화 된다고 한다.

웃음은 좋은 친구를 만든다

"유머는 두 사람 사이의 거리를 가장 가깝게 한다."는 코미디언이자 음악가인 빅토르 보게(Victor Borge)의 말처럼 웃음은 우리가 주변 사람들을 좋아하게 되고, 사람들이 우리 주위에서 즐겁게 하는 강력한 신호를 보내기 때문에 우리가 다른 사람들과 조화로운 인간관계를 맺는데 도움을 준다.

『Laughlab』(2002)의 연구 결과에 따르면,

- 친구들은 웃긴 사람을 더욱 좋아하는 경향이 있다.
- 학생들은 유머를 사용하는 선생님들을 더욱 좋아한다.
- 함께 웃는 고용된 집단의 사람들은 더욱 심각한 사람들보다 더욱 생산적이다.
- 관리자가 유머 감각이 있을수록 고용인들은 그들의 일을 더욱 즐겁게 한다.

웃는 사람은 더욱 긍정적이고 다른 사람들과의 관계에서 더욱 친밀감이 있다. 한 마디로, 웃음은 당신은 사랑스런 삶을 더욱 풍요롭게 만들 수 있다. 친밀감이란 대부분 웃음 위에서 형성된다. 그래서 미소와 웃음을 전할 수 있으면 상대방과의 유대가 형성되며 쉽게 요점을 전달할 수 있다. 오래된 친구와는 함께 웃을 일이 많다. 이것이 친구관계를 유지하는 이유다. 웃음은 관계를 다지는 역할을 하고 사람의 마음을 여는 열쇠가 된다.

슬거움은 마지 자석처럼 사람들을 끌어낭긴다. 그리고 사람을 슬겁게 하는 그 무엇인가가 있다면 남녀노소, 성별도 전혀 문제될 게 없다. '재미'는 대인 관계에서도 그대로 적용된다. '이상형이 어떤 타입이냐?'고 묻는 질문에 여성 대부분이 첫 번째로 꼽는 조건이 바로 '유머'라는 조사 결과도 있다. 남성들 역시 여성의 경우와 크게 다르지 않았다. 우정과 사랑으로 맺어진 사람들 사이에는 항상 즐거움과 웃음, 그리고 행복이 있다.

유머 감각은 사회활동을 하는 모든 사람들에게 꼭 필요하다. 큰 회사의 경영자든 이제 처음 관리직을 맡은 사람이든 이직을 하려는 사람이든 승진을 하게 될 사람이든, 이들 모두에게 있어 유머 감각은 최고의 자산이 될 것이 분명하다. 게다가 함께 일하는 사람들과의 차이, 즉 인종, 성별, 나이, 문화, 학력, 종교 등의 차이가 많을수록 유머 감각은 더욱 필요하다. 현상을 올바른 관점에서 파악하고 여유로운 웃음을 지을 수 있는 능력은 어떤 일의 시작부터 목표에 이를 때까지 발생할 수 있는 문제들을 해결하는 데 있어 큰 힘이 되어 준다.

최근 삼성경제연구소가 CEO 631명을 대상으로 한 설문조사에서 "유머가 풍부한 사람을 우선적으로 채용하고 싶으냐?"라는 질문에 26.5%가 '매우 그렇다' 50.9%가 '그렇다'라고 답했다고 한다. 직장에서도 웃음이 생산성과 대인관계의 중요한 무기가 되고 있는 셈이다.

웃음은 상대방을 설득시킨다

웃음과 유머는 설득력의 원천이다. 유머를 통해 영국 은행의 부총재를 설득한 고 정주영 현대 회장의 유명한 일화는 웃음의 설득력을 단적으로 보여준다.

정주영 회장이 조선소 건설에 필요한 자금을 얻기 위해 동분서 웃음이 갖는 설득력의 힘은 광고에도 그대로 활용되고 있다. 광고의 핵심은 구매자의 호기심을 자극해서 상품을 구매하도록 하는 설득의 전략에 있는데, 구매자의 호기심을 자극하는 가장 좋은 방법 중의 하나가 웃음이다. 소비자들의 시선을 끌기 위해 웃음을 활용한 수많은 광고가 만들어지고 있고, 최근 들어서는 그 비중이 더 늘어나고 있다.

그렇다면 주요 광고들이 유머를 활용하는 이유는 무엇일까? 한마디로 돈이 되기 때문이다. 현대의 소비자들은 물건을 사라는 설교를 듣기보다는 재미와 흥밋거리를 원하는데, 웃음은 관심을 유도할 뿐 아니라 상품의 호소력을 높이는 효과가 있다. 스텔달과 크레이크(Sterthal and Craig, 1973)에서도 '오디언스의 주의 집중', '메시지의 설득 효과의 상승', '신뢰성의 강화' 등을 유머의 긍정적인 기능으로 제시하였다.

최근 지방의 한 주유소에서 '기름값 똥값, 저희 주유소를 찾아주신 손님 땡 잡으셨습니다', '근조(謹弔) 기름값을 죽였습니다, 삼가 기름값의 명복을 빕니다'라고 쓰인 플래카드를 걸어서 30% 이상의 매출 신장의 효과를 누렸다고 한다. 다음은 발음이 유사한 '긁적인'과 '극적인'을 활용

한 유머광고로 소비자들의 시선
을 집중시키는 데 매우 효과적
이다.

　조지 펄롭(Perlov) 미국 공익광
고협의회 수석부회장은 "공익광고에는 '잠수'와 '유머'가 최고의 미덕이
자 무기"라고 했다. 그에 의하면 광고 전략은 두 가지인데, 하나는 시청
자들이 광고라는 사실을 깜빡 잊을 만큼 은밀하고 세련되게 에둘러 말하
는 것이고, 다른 하나는 광고라는 사실은 알고도 개의치 않을 만큼 유쾌
하게 웃겨주는 것이다.

웃음은 최고의 경영자를 만든다

　기업을 성공적으로 경영하기 위해서는 구성원들과의 인간관계를 효과
적으로 조정하는 것이 그 어떤 것보다도 중요하다. 최근에 기업풍토를
보면 직장인들은 급여가 많은 직장보다, 자신의 적성을 살리며 신바람
나게 일할 수 있는 직장을 더 선호한다고 한다.

　유머에는 이러한 직장 문화를 만들기 위해 필요한 바람직한 인간관계
와 효과적인 조직경영에 필요한 요소가 두루 포함되어 있다. 창의성이
요구되는 정보화시대에 기업의 경쟁력을 높이기 위해서는 무자비한 감
원이나 해고로 노동자들을 압박하기보다 유머를 통해 조직에 웃음과 활
력을 불어넣는 것이 더 효과적이다. 미국 메이저리그 LA다저스의 감독
이었던 토마 라소다는 "기분 좋은 소가 더 좋은 우유를 만든다. 기분 좋

은 선수가 더 나은 경기를 한다. 그래서 늘 선수들을 즐겁게 하기 위해 노력한다."고 했다.

   IBM의 창설자인 톰 왓슨이 회장으로 있을 때 한 간부가 위험부담이 큰 사업을 벌였다. 그리고 1천만 달러가 넘는 엄청난 손실을 냈다. 왓슨에게 불려 들어온 간부가 의기소침한 표정으로 물었다.

"물론 저의 사표를 원하시겠죠?"

그러자 왓슨이 당치도 않다는 표정을 지으며 말했다.

"지금 농담하는 건가? IBM은 자네의 교육비로 무려 1천만 달러를 투자했다는 말일세."

위 사례는 자기가 하고자 하는 말을 우회적으로 표현한 것이지만 상대에게 주는 메시지는 직접적인 표현에 비해 훨씬 더 강하다. 왓슨은 부하의 실책에 대해 직접적으로 야단을 치지도 않았고 그렇다고 위로를 하지도 않았지만, 그의 유머러스한 한마디 속에는 따끔한 질책과 분발을 촉구하는 격려가 동시에 깃들어 있다.

웃음의 효과는 직원들의 사기를 북돋워 생산성을 향상시키는 것에만 머무르지 않는다. 기업 내에 웃음이 퍼지면 직원들의 신체적 정신적 건강이 향상되고, 당연히 의료비가 줄어들게 된다. 또한 상사와 부하직원, 사주와 직원들 사이의 친밀감이 증진되어 애사심이 생겨나고 이직률이 줄어든다. 유머경영은 이처럼 무형, 유형의 효과를 동시에 낼 수 있는 효율적 경영방식이다. 나아가 유머를 활용하면 기업의 이미지에 생명력을 더할 뿐 아니라 딱딱한 이미지에서 벗어날 수 있으며, 이런 이미지 변화는 상품과 서비스에까지 영향을 미친다.

미국기업에서 90년대 초부터 붐이 일기 시작한 '유머 경영(management by fun)'은 미국 사우스웨스트항공사가 이를 통해 급속한 성장을 이루면서, 창의성이 요구되는 21세기형 경영전략의 하나로 주목받고 있다. 사우스웨스트 항공사의 최고경영자인 허브 켈러허는 엘비스 프레슬리나 이스터 버니와 같은 옷을 입고 공항을 활보하는 등 코믹한 행동을 사우스웨스트의 얼굴로 만들었고, 이런 그의 전략은 사람들로부터 큰 관심을 끌었다. 켈러허 회장은 신입사원 면접에서 유머를 말해 보라고 한 뒤 웃기면 합격, 썰렁하면 불합격시키기도 했다고 한다.

뱅크 오브 아메리카의 경우도 입사시험 때 응시자로 하여금 면접관을 웃겨보라고 요청하거나, 최근에 남을 웃긴 게 언제였는지 등을 물어 점수에 반영하다고 한다. 이 은행은 입사 후에도 직원들이 동료를 웃기거나 즐겁게 했을 때는 티셔츠나 책을 선물하는 제도를 실시하고 있다.

최근에는 즐거운 근무환경을 조성하고 직원들을 진심으로 배려하기 위해 노력하는 기업이 늘고 있다. 이스트먼 코닥은 명랑한 사내 분위기를 위해 회사 내에 '유머방'을 만들었다. 이곳에는 각종 유머 비디오와 서적 그리고 플라스틱 햄버거나 입 벌리고 웃고 있는 이[齒] 등 온갖 종류의 코미디 재료가 비치되었다.

스프린트 코퍼레이션이에선 '오늘은 웃는 날'을 지정하여 전국 지사의 직원 3,000명을 한 곳에 불러 모았다. 그리고 팀을 나누어 어느 팀이 가장 익살맞은 사진을 찍는지 대회를 열었다. 이 행사를 기획한 스프린트의 중역 메저리 티펜은 "즐거움을 만끽한 직원들은 회사에 감사하며 팀 결속력 또한 더욱 돈독해집니다. 그 결과 생산성이 높아지고 고객들에게도 더 나은 서비스를 제공할 수 있지요."하고 말했다.

삼성에버랜드도 매년 1월 임원들을 대상으로 '리더 fun 경영 실천교육'을 실시하고 있다. 이 행사에 참가한 4~50대 임원들은 동물 모양 머리띠를 두르고 율동을 배우는 등, 권위 넘치는 직장상사의 편견을 벗어버리기 위해 노력한다고 한다. 리더들이 먼저 유머 감각을 익히고 사원들 간의 관계에서 유머를 활용함으로써 활기가 넘치는 신바람 나는 직장문화를 만들 수 있기 때문이다.

웃음은 행복하게 만든다

웃음은 우리의 전반적인 심리상태를 최적으로 만든다. 많이 웃는 사람은 다른 사람들보다 더 많이 행복하고 그들의 삶에 더욱 만족한다. 윌리엄 제임스는 "우리는 행복하기 때문에 웃는 것이 아니고, 웃기 때문에 행복하다."고 하면서 웃음이 우리의 삶을 행복하게 하는 최선의 무기임을 강조하고 있다.

사람들의 삶의 만족감을 증대시키기 위해서는 좋은 선물을 주거나, 격언을 말하거나, 즐거운 음악을 들려주는 것보다 단지 좋은 코미디 영화를 보여주는 것이 더욱 효과적인 방법의 하나라는 사실이 밝혀지기도 했다.

남북전쟁이 한창일 때 회의에서 링컨은 큰 소리로 유머집을 읽고 있었다. 어이가 없어 말문이 막힌 채 앉아 있던 각료들에게 링컨은 이렇게 충고했다.

"여러분, 왜 웃지 않는 겁니까? 만약 내가 웃지 않았다면 나는 이미 죽었을 겁니다. 그리고 그러한 웃음은 여러분들에게도 나만큼이나 필요할 것입니다."

사람들은 모두 고통스러운 세상에서 살고 있다. 링컨 역시 좌절과 패배, 그리고 상실감을 경험했다. 하지만 그가 대부분의 사람들과 다른 한 가지는 괴로움을 즐거움으로, 눈물을 웃음으로 바꾸는 법을 알고 있었다는 것이다. 우리가 겪는 괴로움의 대부분은 어려운 일 때문이 아니라 그것을 바라보는 우리의 시각 때문에 생긴 결과이다.

정신분석학자인 마틴 그로찬(Martin Grotjahn) 박사는 "유머 감각을 갖는다는 것은 곧 인간의 괴로움과 비참함을 이해하는 것이며 약점과 실패를 받아들인다는 의미입니다. 그러나 웃음은 또 자유를 뜻하기도 합니다."라고 했다. 웃음은 두려움이나 낙담, 실망과 같은 감정에서 벗어나게 해 준다. 좌절을 겪으면서고 웃을 수 있는 사람들은 더 이상 자신을 딱하다고 여기지 않으며 다시 일어설 용기와 힘을 얻는다.

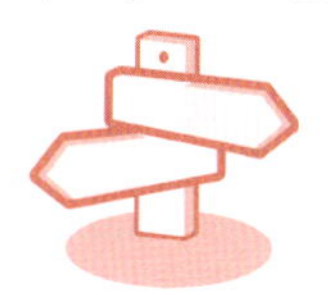

웃음에 대한 과학적 고찰

잘 웃는 사람을 가까이 하면 장수한다

웃음은 바이러스와 같은 것이다. 그것은 우리가 바나나 껍질 위에서 미끄러지는 것보다 더욱 빠르게 군중 사이로 퍼져 나간다. "웃으세요. 그러면 세계가 당신과 함께 웃을 겁니다."라는 엘라 윌콕스(Ella Wilcox)의 격언은 웃음의 가장 놀랄만한 특성 중의 하나인 전염성을 잘 함축하고 있다. 전염성이 있는 웃음의 반응은 지적능력과는 상관없이 즉각적이고 무의식적으로 일어난다. 전염성이 있는 웃음은 사회적 동물이라는 호모 사피엔스의 모습을 잘 보여준다. 혼자서 코미디 영화 등을 볼 때보다 여럿이 함께 볼 때 30배나 더 많은 웃음이 터져 나온다는 연구 결과도 있다.

라디오와 텔레비전 쇼 연출가들은 이 사실을 잘 알고 있기 때문에, 녹

음된 웃음소리를 틀어 웃음이 전염되게 만든다. 웃음이 많으면 많을수록 집단 내의 유대감도 더욱 강하게 형성된다. 최초의 웃음이 유대감으로 이어지고, 그것은 더욱 많은 웃음을 유발시킨다. 이러한 반복 순환은 웃음이 가지는 특성이다.

미국의 한 연구소에서는 우리의 미소가 다른 사람들에 미치는 영향에 대해 조사했다. 쇼핑센터를 방문해서 한 명의 조사자가 그들 뒤에 오는 사람들에게 미소를 짓거나 찡그리면 다른 조사자가 사람들이 그 답례로 미소를 짓는지 아니면 찡그리는지를 조사했더니 거의 40%의 사람들은 조사자의 미소에 미소로 답했고, 오직 6%의 사람들만이 조사자의 찡그림에 찡그림으로 답했다고 한다.

영국 유니버시티 칼리지 런던 연구팀은 20명의 건강한 사람들에게 헤드폰을 끼게 하고 웃음소리를 들려주었다. 그런 다음, 그들의 뇌를 분석한 결과 웃음소리를 듣는 것만으로도 웃음을 짓게 하는 뇌 부위가 활동을 하는 것으로 확인되었다. 잘 웃는 사람과 함께 있으면 절로 웃게 된다는 통설이 과학적으로 확인된 만큼 가능하다면 잘 웃는 사람을 가까이 두는 것이 건강과 장수의 비결이 되는 것이다(2007년 1월 10일 SBS 뉴스 참조).

웃음의 전염성이 얼마나 강한지를 보여주는 사례가 있다. 1962년 1월 탄자니아에서는 독특한 웃음전염병 사건이 발생했다(프로바인, 2000 : 129~ 140). 빅토리아 호수 근처의 한 마을에 있는 12세에서 18세 소녀들을 위한 선교 기숙학교에서 1월 30일에 세 소녀들이 웃기 시작했고, 곧 웃음의 징후가 159명의 아이들 가운데 95명으로 확대되었다. 그리고 학교는 두 달이 넘게 강제로 폐쇄되었다. 이 기간 동안 웃음은 개인에 따라 짧게는 수분에서 길게는 몇 시간까지 지속되었고, 어떤 학생은 4차례 이상 재발하기도 했다. 극한 경우에는 웃음이 2주일이 넘게 지속되었다.

이 웃음전염병은 2년 반 동안 근처의 다른 학교들과 마을들로 천천히 확산되었고, 1,000명이 넘게 공격당했다. 그리고 그 결과 40개의 학교가 문을 닫았다. 결국 웃음의 전염을 통제하고 유행을 종식시키는 유일한 방법은 격리였다. 독성작용이나 뇌염 같은 것이 원인이 아니라는 것이 밝혀진 후 이 전염병은 심인성이고 히스테리성이 원인으로 알려졌다.

이 전염병의 확대 양상은 매우 흥미롭다. 우선 기독교 학교의 여학생들이 영향을 받았고, 그 후 그녀들의 엄마들과 여성 친척들에게 퍼져갔지만 아버지들은 거의 영향을 받지 않았다고 한다. 이 웃음은 부족, 가족, 동료관계를 따라 확산되었고, 여성들이 가장 많은 영향을 받았다. 이 웃음발작을 지켜본 사람들과 환자의 관계가 가까울수록 그 사람도 감염된 비율이 더 높았다고 한다.

탄자니아의 웃음전염병은 우리에게 많은 것을 시사한다. 여러분들도 거의 통제할 수 없는 웃음을 경험한 적이 있을 것이다. 웃음은 일단 터져 나오면 쉽게 진화되지 않는다. 방송도중 웃음을 참지 못하고 사고를 치는 방송 진행자나 탤런트들을 본 기억이 있을 것이다. 웃음전염병의 신경 메커니즘(neural mechanism)은 받아들여진 행위를 연속적으로 따라함으로서 복제된다고 한다. 이와 유사한 것으로 하품이나 울음, 기침 등을 들 수 있다.

웃음의 전염성이 제2차 세계대전 때 무기로 사용되었다는 믿기 어려

운 이야기도 전한다. 어니스트 스크리블러라는 한 남자는 세계에서 가장
우스운 농담을 만들었는데 자신이 만든 유머를 읽고 너무 우스워 죽었다
고 한다. 이 농담은 너무 우스워서 그것을 읽은 사람은 누구나 죽었다.
1940년경 영국군은 유머가 치명적인 무기로 사용될 수 있다는 것을 깨
닫고, 몬티 피톤이라는 팀을 만들어 그 농담을 독일어로 번역했다. 각
사람들은 농담에 의해 해를 입지 않기 위해서 단지 한 번에 한 단어씩만
을 번역했고, 그 농담을 독일군에게 읽게 했다. 작전은 대 성공이었다.
독일군은 너무 많이 웃어 싸울 수가 없었다. 유머가 전쟁에서 영국군의
승리를 도운 것이다. 그리고 이 유머는 제네바 회의의 특별 회기에서 유
머가 전쟁상태를 종식시켰다는 슬로건을 세울 때만 오직 사용되었다고
한다.

　웃음의 전염성은 인간의 성령을 충만하게 하는 예배 방법에도 적극 활
용되었다. 기독종파인 오순절파는 전통적으로 '신성한 웃음(Holy Laughter)'
이라는 예배법을 활용했다. 이러한 웃음법은 '웃음부흥회'라는 다양한 방
식의 예배법으로 발전하게 되었다. 복음주의자들은 그들의 종교의식에서
이 같은 웃음의 심리학적이고 생리학적인 효과를 이용하고 있다. 웃음의
전염성, 지속성, 그리고 모임을 하나로 묶는 효과는 다 함께 웃는 경험
을 갖게 하는 웃음의 마력을 배가 시킨다. 기도나 묵상같이 다소 이해하
기 어려운 종교행위와 달리 예배자들은 웃는 동안 그들의 몸에서 생리적
인 변화가 일어나고 있음을 느끼고 이 같은 효과를 신성한 것으로 여긴
다고 한다.

　미국에 있는 남아프리카 오순절파의 부활론자인 로드니 호월드 브라

운(Rodney Howard Brown)의 예배에서 그는 처음에 기독교적인 유머로 웃음을 유발한다. 그 후에는 "웃음의 폭포(Nigara of laughter)" 같이 전염성 있는 반응이 확대되어 웃음이 자연적으로 유발된다. 사람들은 웃음을 예상하고 그의 부흥회에 참석하고, 그들은 "살아있는 강물같이 당신의 뱃속에서 거품이 일어나도록 흥분하여 웃어라."라고 하는 그의 주장을 열정적으로 수행한다. 호월드 브라운은 그의 예술적인 농담으로 사람들을 웃게 하고, 사람들을 갑자기 폭소에 빠트리게 하는 수많은 감염성 있는 웃음폭탄을 던지고, 그의 집회에 모인 사람들을 웃음의 최고 단계까지 도달하게 하는 전략을 가지고 있다.

이러한 웃음의 전염성은 웃음의 치료효과와 맞물려 웃음클럽을 탄생시켰다. 마단 카타리아(Madan Kataria) 박사는 인도 웃음클럽의 창시자이다. 이 클럽의 회원은 언제나 웃으면서 공공 공원에서 만난다. 그 과정은 단순하다. 한 명 또는 두 명의 경험 있는 회원들이 웃기를 시작한다. 웃음은 감염되면서 그룹의 다른 회원들에게 신속히 확산된다. 곧 모든 사람들이 마음으로부터의 웃음의 절정에 다다른다.

카타리아는 최초의 웃음클럽을 1995년에 봄베이에서 만들었다. 이후 100개가 넘는 그룹들이 인도 전역에 확대되었다. 그 개업자들에 따르면 웃음 클럽은 사람들의 흥분을 억제 하고, 자심감을 북돋워주고, 호흡을 돕고, 과도한 긴장과 관절염 그리고 편두통을 완화시키는 데 도움을 준다. 1998년 봄베이 경기장에서 열린 '세계 웃음의 날'에는 10,000명의 사람들이 참가해서 웃음을 즐겼다고 한다(프로바인, 2000 : 193).

국내에서도 다양한 웃음클럽이 속속 등장하고 있다. 한국웃음연구소

회원 30명은 한 달에 한번 '웃음스쿨' 행사를 갖고 있다. 이요셉 소장은 "반드시 행복해야 웃는 게 아니라 억지로 웃으면 행복할 수 있다."며 "크게 웃으면 모르핀보다 강한 통증감소 호르몬 '엔케팔린'이 나오기 때문에 우리 몸의 면역력은 더 좋아진다."고 말한다.

이제 화제를 좀 더 대중 문화적인 주제인 텔레비전의 효과음용(laugh track)으로 바꿔보려 한다. 효과음용 또한 웃음전염병과 동일하게 인간의 본성에 기묘한 영향을 주고 있으며 이것을 통하여 웃음은 우리 인간의 뇌 구조에 전염적 영향을 미친다. 최초의 웃음소리 녹음 테이프는 1950년 9월 9일에 '행크 멕퀸 쇼(The Hank McCune Show)'라고 불리는 시트콤에서 사용되었다. 이 시트콤에서 효과음이 사용된 이유는 스튜디오에 관람하는 관객이 없었기 때문이다. 새로운 방식에 대해 평론가들은 주목을 하게 되었으며 효과음용이 시청자들에게 유쾌감을 주고 있는가는 오늘날까지도 결론이 나질 않았지만 효과음용에 유쾌함, 열렬한 갈채 그리고 동정심 등을 포함하게 할 수 있다면 엄청난 잠재력이 있을 수 있다고 평하고 있다. 효과음용은 1999년 6월 14일자 타임(Time)지에서 20세기의 100대 최악의 아이디어 중 하나로 선정되기도 했다.

그러나 방송에 의해 만들어진 효과음용은 배우들과 관객들의 호흡에 매우 중요한 역할을 한다. 성공적인 코미디를 위해서는 배우와 관객과의 시간적 호흡이 맞아야 한다. 즉 관객들에게 웃음과 박수를 칠 수 있는 적절한 시간을 주어야 한다. 관객들이 이전 농담에 대해서 한참 웃고 있을 동안에 다른 농담을 함으로서 그에 들어간 많은 노력을 헛수고로 만들어서는 안 된다. 관객의 반응이 바로 코미디언들의 애드립 선택과 진행 속도를 좌우한다.

성공적인 코미디는 아무도 없는 곳에서 이뤄질 수 없으며 많은 코미디언들은 한결같이 반밖에 없는 관중 또는 반응 없는 관중 앞에서 연기하기가 가장 어렵다고 한다. 열성적인 배우이기도 했던 로마의 네로 황제도 권력을 이용하여 5천여 명의 군사를 불러보아서 그의 연기에 박수갈채를 보내도록 했다고 하고, 18세기 프랑스의 배우들과 작가들도 직업적 박수꾼과 바람잡이를 고용하기도 했다고 하니, 효과음용의 효과를 무시할 수만은 없을 것 같다.

여성은 잘 웃고, 남성은 잘 웃긴다

어린 아이들은 하루에 400번 웃고, 어른들은 하루에 18번 웃는다고 한다. 어린아이들이 순수함을 더 많이 간직하고 있는 것은 바로 많이 웃기 때문일 것이다. 그렇다면 남성과 여성의 웃음에 대한 감각과 기대는 다를까? 만약 그렇다면 남성과 여성 중엔 누가 더 많이 웃을까?

메릴랜드(Maryland) 대학의 로버트 프로바인(Robert Provine)은 그의 저서 『웃음에 관한 과학적 연구(Laughter : A Scientific Investigation)』(2000)에서 1,200개의 웃는 에피소드를 분석하였는데, 그 결과 여성의 말을 듣는 남성보다 남성의 말을 듣는 여성이 2배가량 더 웃는다는 사실을 밝혀냈다.

이러한 결과는 영국의 다른 연구에서도 확인할 수 있다. 이 연구자들은 만화를 보는 아이들을 관찰해서 소년들은 소녀들과 있을 때보다 소년들과 있을 때 더 자주 웃었고, 소녀들은 소녀들의 웃음에 보답하는 것보다 더 많이 소년들의 웃음에 보답한다는 결론을 얻었다. 결국 여성은 잘 웃고, 남성은 잘 웃긴다고 볼 수 있다. 이러한 성별에 따른 웃음의 패턴은 왜 여성 코미디언보다 남성 코미디언이 많은지에 대한 궁금증에 많은 것을 시사한다. 외국뿐 아니라 한국의 경우에도 여성 코미디언보다 남성 코미디언이 훨씬 많다.

프로바인은 이러한 결과가 여성이 남성보다 성적, 사회적 지위가 낮다고 스스로 느끼기 때문이라고 주장한다. 자신(여성)보다 강자(남성)에 대한 일종의 아부성 웃음이라는 것이다. 실제로 웃음은 권력 또는 복종의 증표로서의 역할을 한다. 민족학 연구들은 웃음의 유연성과 전략적 이용을 증명하였다. 인도 남부에서는 낮은 카스트 계급에 속하는 남성은 더 높은 카스트 계급을 대할 때 낄낄거리며 모자라게 행동하는 반면에 덜 권력 있는 사람들을 대할 때는 갑자기 빈틈없고 똑똑하게 발음한다고 한다.

사회학자인 로스 코서(Rose Coser)의 관찰도 웃음과 권력, 웃음 패턴에 있어서의 남성과 여성의 상관관계를 잘 보여준다. 그는 정신병원 직원들 사이에서 유머의 대상인 유머산출과 전문적 지위 사이에 강력한 관계를 발견했는데, 직원들을 만나는 동안 상관(정신과 의사)은 매우 자주 하위 직원(레지던트)을 그들의 농담의 타깃으로 삼았다. 그러나 그 하위 직원은 반격하지 않았고, 매우 자수 환자나 그늘 자신을 타깃으로 삼았다. 결국 유머는 오직 상관직원만이 만들 수 있는 높은 사회적 비용은 가진다는 것이다. 또 주목할 만한 것은 모든 직원 서열에서 상당수의 여성대표가 있음에도 불구하고 유머를 만드는 데 있어서 남성의 공헌이 96%나 된다는 것이다. 이는 여성은 좀처럼 조크를 하지 않지만 열렬히 웃는다는 것을 의미한다.

로버트 프로바인(Robert Provine)은 1996년 4월 28일자 미국 8대 주요 일간지의 3,745개의 구인 광고를 분석했는데 그 결과 좋은 유머 감각을 가진 남자를 구하는 여자의 비율은 좋은 유머 감각을 가진 여자를 구하는 남자의 비율보다 두 배나 되었다. 뿐만 아니라 광고의 내용을 보면 훨씬 많은 비율의 남자들이 여자들보다 그들 자신을 유머러스하다고 묘사하고 있다.

프로바인은 이러한 연구를 통해 다음과 같은 결론을 내렸다. '여자는 그들을 웃겨 줄 남자를 구하고, 남자는 이러한 요구를 수용하기를 갈망한다.'

이상의 논의에서 우리는 남성은 언어나 행동을 통해서 유머를 만들어내고 표현하는 경향이 높은 반면, 여성은 유머를 만들어내기보다는 타인이 표현한 유머에 반응을 보여주는 경향이 높은 편이라는 결론을 얻을 수 있을 것 같다.

'웃음코드'에도 남녀 사이에는 확연한 차이가 있다. 고려대 마동훈 교수 연구팀이 TV 개그프로그램에 대한 남녀의 반응을 조사한 결과 남성은 순간적으로 주고받는 농담이나 행동이 웃기는 데서 유머를 찾는 경향을 보인 반면, 여성은 함께 이야기를 풀어 나가는 과정 자체를 즐기거나 공감대가 형성돼야 흥미를 느낀다고 한다(동아일보, 2006년 1월 13일 기사 참조).

외국의 연구에서도 이러한 차이는 분명히 드러난다. 남성은 대화 과정에서 말의 오고감보다 특정 상황에서 입담으로 이어지는 말장난을 즐긴다. 이때 전형적으로 '놀림감' 혹은 조롱당하는 희생자가 나타나면서 유머를 통해 권력 관계가 구분된다. 결국 남성은 웃고 싶을 때 남을 깎아내리는 습성이 있다. 여성은 틀에 짜인 농담보다 '이야기가 있는' 스토리텔링 유머에 더 공감한다. 평범한 사실 속에서 재미있는 요소를 발견하고 자신과의 공통점을 찾을 때 미소를 띤다. 슬랩스틱 코미디에 대한 눈이 다른 것도 이 때문이다. 남성은 슬랩스틱이 물리적인 경쟁구도가 분명하고 희생양이 있기 때문에 좋아한다. 그러나 여성은 자신을 깎아내리는 것을 유머라고 생각하기 때문에 상처를 주는 이보다 받는 사람에게 더 공감하게 되고 당연히 큰 재미를 느끼지 못한다.

김정운 교수는 남녀 유머 코드가 다른 이유를 사회인류학적인 관점에서 분석하고 있다. 인류의 수렵 시대 외부에서 끊임없이 싸움을 하는 전사였던 남성은 상대를 놀리는 것도 하나의 경쟁 수단으로 인식했다는 것이다. 남성에게 싸움과 유머는 하나의 패키지인 셈이다. 현대의 남성은 상황이나 사물을 권력 관계로 파악하기 때문에 타인을 만나면 순식간에 상하 관계를 결정한다. 자신이 희생양이 되는 '자학 개그'를 남성들이 자주 사용하는 것도 이 때문이다.

반면 부족 공동체에서 결속을 강화하는 역할을 했던 여성에게 유머는

관계를 형성하고 우정을 만들고 지지를 이끌어내는 도구였다. 현대 여성
도 상대를 권력 관계보다 의사소통의 파트너로 대한다. 이로 인해 여성
의 유머는 서로의 내러티브를 공유하는 대화 속에서 발생한다.

2

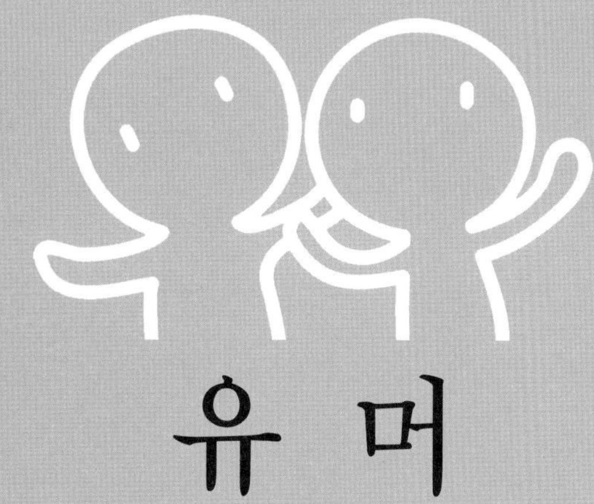

유 머

영어 선생님이 한번은 칠판에다 큼직하게 'SALT'라고 써놓고 물었다.

"이게 무슨 뜻이지?"

그러나 학생들 누구도 대답을 하지 못했다.

"아니, 바로 어제 배운 걸 아는 사람이 하나도 없단 말야?"

다들 꿀 먹은 벙어리처럼 입을 다물고 있는 사이에 재빨리 노트를 뒤져보던 한 학생이 'salt, 소금'이라는 필기를 보았다.

그 학생은 다시 한번 칠판을 쳐다보더니 자신만만한 목소리로 말했다.

"네, 굵은 소금입니다."

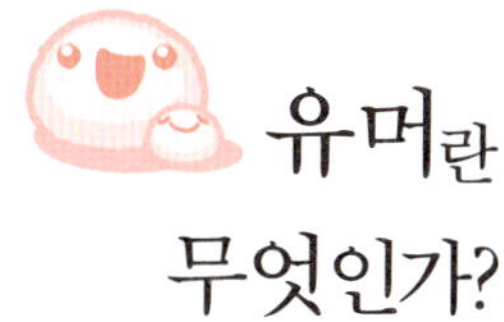

유머란 무엇인가?

유머의 정의

사전적 정의 『새 우리말 큰사전』(1998)에서는 '유머'를 "익살, 해학(諧謔)"이라고 설명하고 있다. '익살'은 "일부러 멋지게 남을 웃기는 말이나 짓"으로 '골계(滑稽)'와 같은 의미로, '해학'은 "익살스럽고 멋이 있는 말이나 짓"이라고 설명하고 있다. 이러한 사전적 정의대로라면 "유머 = 익살 = 해학 = 골계"라는 공식이 성립해서 유머, 익살, 해학, 골계 등의 개념의 경계가 불분명하다.

이러한 개념의 혼란은 '유머(humor)'라는 용어가 유입되어 번역되는 과정에서 '해학, 익살, 골계' 등으로 일관성 없이 번역되었기 때문에 일어난 것으로 생각된다. 또한 유머의 의미가 원래의 의미보다 크게 확장

되었기 때문이기도 하다. 이러다 보니 우리는 골계, 해학, 유머의 의미 차이를 정확히 구분하지 못하고 있으며, 유머라는 용어를 일반적으로 뭉 뚱그려 사용하고 있다.

유머(humor)란 말은 '물속에서처럼 유동적이다'라는 의미의 라틴어 'umere'에서 유래하였으며, 고대 생리학에서 인간의 체내에 흐른다고 하는 혈액, 점액, 담즙, 흑담즙 등 4종류의 체액을 의미하였다. 당시에는 이들 체액의 배합 정도가 사람의 체질이나 성질을 결정한다고 생각하였기에 이 말은 기질, 기분, 변덕스러움 등을 뜻하게 되었다.

플라톤이나 아리스토텔레스가 활동하던 시기에는 우습거나 어리석거나 사회적으로 용납할 수 없는 행동들은 체액이 불균형 상태에 있는 것이므로 비웃음을 당하여도 된다고 생각하였고, 비웃음의 대상이 되는 사람들을 '유머리스트(humorist)'라고 불렀다고 한다. 뒤에 유머에는 인간의 행동, 언어, 문장 등이 갖는 웃음의 뜻, 그리고 그러한 웃음을 인식하거나 표현하는 능력의 뜻까지 붙게 되었다.

유머를 집약적으로 발전시킨 영국에서도 유머는 '우스꽝스러움'의 뜻으로 생명을 얻었고, 그 유머라는 말은 위트(wit : 기지, 재치), 조크(joke : 장난기 있는 농담)로 혼용되어 사용되었다.

유머에 대한 다양한 정의　　앞서 사전적 정의에서도 알 수 있듯이 유머를 한 마디로 정의하는 것은 쉬운 일이 아니다. 그래서 좀 더 이해를 돕기 위해 유머의 정의에 대한 몇몇 학자의 견해를 소개하겠다.

베르그송(1924)은 '유머는 희극이라는 장르가 문학에 존재한 후 하나의 인식체계로 발전해 온 정신적 산물로서 철학자나 소설가에 의해서 그 줄기를 이어온 장르'로, 프로이트(1960)는 '농담은 바로 말하려는 것을 말하지 않음으로써 말하고 있는 것'으로 정의하고 있다.

스텔달과 크레이그(1973)에서는 유머를 3가지 차원으로 이해할 수 있다고 했는데, 첫째는 자극적 속성으로서의 유머로 유머의 호소력을 말장난(puns), 농담(joke), 돌려 말하기, 아이러니, 풍자, 부조화 등의 기준에 의해 결정하는 것이다. 둘째는 자극으로부터 유도되는 행동적 반응, 즉 고조되는 감정, 미소, 웃음 등으로 유머를 정의할 수 있다. 셋째, 유머를 수용자의 지각반응과 관련지어 정의하는 것으로 수용자가 메시지를 유머러스하다고 인지하는 정도를 측정하는 것을 의미한다. 로빈슨(1977)은 유머 현상을 웃음, 미소, 즐거운 감정을 유발시키는 상호 작용을 가능케 하는 의사소통의 일종으로 정의하고 있다.

임어당(林語堂, 1978)은 유머는 남을 비웃고 조소하는 부정적 태도로서의 풍자와는 대조적으로 우리 모두를 즐겁고 아늑한 우의에 찬 분위기 속에 감싸 주는 하늘의 자우(慈雨)와도 같은 존재요, 대상을 미워하지도 않고 반항의 뜻이 없는 긍정적이고 애정에 싸인 관조적 웃음으로 규정하였다. 전영우(1998)에서는 유머를 우스운 일을 포착하여 표현하는데 그 속에 따뜻한 인정이 담겨 있는 것으로 정의하고, 유머는 미소를 자아내게 하는 정적 표현이요, 위트는 웃음을 터트리게 하는 지적 표현이라고 했다.

롱과 그레이서(1989)에서는 유머를 의도적으로든 실수에 의해서든 관계없이 결과적으로 남을 웃기거나 즐겁게 해 준 것으로 정의하고 있고, 구현정(1999)에서도 유머를 남을 웃기거나 즐겁게 해 주는 말의 통칭으로 정의하고 있다.

이상에서 보듯이 유머를 한 마디로 정의하기가 어려운데, 그것은 유머가 단독으로 나타나는 물리적인 현상이나 심리적인 상태를 의미하는 것인 아니라, 희극을 이루고 있는 다양한 요소, 즉 위트, 아이러니, 부조리, 소극, 풍자 등과 결합되어 나타나거나, 그러한 요소에서 유머를 느낄 수도 있기 때문이다.

서구적 의미에서 유머는 대상의 약점을 보고 웃는 것이지만 대상을 경멸하기 않고 사랑과 동정이 배합된 웃음으로 부정적이기보다는 수용적인 것이며, 악의적이기보다는 선의적인 웃음을 주는 것으로 인식되어 왔다. 따라서 서구적 의미의 유머는 공격적이고 비판적인 풍자와는 달리 '너그러움과 애정을 바탕으로 하는 웃음'으로 정의할 수 있다.

유머는 그 용어가 국내에 유입되면서 전통적인 웃음을 가리키던 '해학', '익살', '골계' 등으로 번역되어 혼용되었고, 그 후 의미가 확대되면서 사전적 정의도 그 경계가 불분명하게 된 것으로 추정된다. 현대에 와서 대중들은 유머를 남을 웃기는 말로 인식하는 것이 일반적이다. 이에 필자는 유머를 "남을 웃기는 말과 그 말과 함께 행해지는 행동의 통칭"으로 정의하고자 한다.

유머에는 어떤 것들이 있는가?

외래어라서 그런지 우리 사회에서 쓰이는 유머란 말은 농담, 위트, 풍자를 주로 웃음으로 인식하고 표현한다는 의미에서 이 모두를 포괄하는 것으로 사용되고 있으나 엄밀히 그 뜻을 정의해 보면 차이가 있다. 기존의 많은 학자들의 견해를 보아도 용어에 대한 개념 정의가 명확하게 통일되어 있지 못하고 그 경계 또한 불분명하다. 이에 골계, 해학, 익살, 농담, 위트, 풍자 그리고 현대적 의미에서의 유머의 개념을 명확히 하고 그들 간의 범주 설정을 분명하게 할 필요성이 있다.

골계

먼저 '골계(滑稽)'는 '해학(좁은 의미의 유머)', '기지(機智, wit)', '풍자(諷刺)', '농담(弄談, joke)' 등을 포괄하는 최상위 범주라고 할 수 있다. 골계는 국어사전에 '익살'과 같은 의미인 "남을 웃기기 위하여 일부러 하는 재미있고 우스운 말이나 짓"으로 정의되어 있고, 흔히 'Comic'의 번역어로 사용되고 있다.

'골계'란 말은 초(楚)나라의 시인 굴원(屈原, 기원전 343~288)의 『복거(卜居)』 중에 나오는 '돌제골계(突梯滑稽)'에서 유래했는데, 이 말은 뱀장어처럼 번등번등 놀고 있는 생활을 형용한 것이다. 그런데 사마천(司馬遷: 기원전 145~86)이 쓴 『사기(史記)』의 〈골계열전(滑稽列傳)〉에 등장하는 순우곤, 우맹, 우선 등은 구변이 좋고 재치가 발랄한 사람들이어서 그러한 자기 재능을 써서 주군의 행동을 풍자하고 간하곤 했다는 기록이 있다. 따라서 사마천의 용법에는 언설이 교묘하고 도도히 얘기하는 의미가 담겨져 있음과 동시에 세상사의 도리에 맞는 우스갯소리(戲言)라는 의미가 포함되어 있었던 것 같다. 이러한 의미가 나중에는 재미있고 우스꽝스러운 농담을 가리키는 데 쓰이게 되어 '도리에 맞는' 것은 잊혀지고 말았다.

서거정(1420~1488)의 『태평한화골계전(太平閑話滑稽傳)』의 내용은 주로 부패 무능한 관리의 이야기, 온갖 군상들의 호색담, 재담 등의 일화를 모아 놓은 것으로 주로 오락과 교훈적인 목적을 갖고 있다. 이러한 책의 내용을 토대로 볼 때 '골계'는 풍자적인 성격과 유머적인 성격을 모두 포함하는 상위의 개념으로 사용되어진 것으로 보인다.

'골계'의 한자어 풀이도 이를 뒷받침하고 있다. '골(滑)'은 "배해(俳諧)"라는 의미인데, 이는 "광대의 농지거리"란 의미이다. 또 '계(稽)'는 "익살 부리다"라는 뜻을 지니고 있다. 이렇게 본다면 '골계'에는 '해학'과 '익살'의 의미가 포함되어 있다고 할 수 있다. 나아가 '해학'은 농지거리하고 희롱한다는 뜻을 지니는데 희롱(戲弄)은 농담(弄談)과 의미가 상통한다. 따라서 '골계'는 해학, 익살, 풍자, 농담 등을 포괄하는 개념이라고 할 수 있다. 김지원(1983)도 골계의 하위 범주로 해학과 풍자를 두고, 대상을 긍정적이며 포용적인 관점에서 대하느냐 혹은 부정적이며 배타적인 관점에서 대하느냐에 따라 구분하고 있다.

그렇다면 골계와 유머는 어떻게 다른가? 유머는 웃음을 목적으로 한다. 그러나 골계에 포함된 풍자, 기지, 농담 등은 반드시 웃음을 목적으로 하지는 않는다.

풍자

풍자(諷刺)는 "잘못이나 모순 등을 빗대어 비웃으면서 폭로하고 공격하는 것"이라고 정의할 수 있다. 따라서 웃음을 유발하는 경우도 있고 대상을 신랄하게 비판하는 것으로만 마무리되는 경우도 있다. 풍자는 영어의 'satire'에 해당하는데 'satire'는 본래 시의 한 형식이었지만 소설, 회화, 영화 등에도 접목되었다. 이후 풍자는 점차 세상 풍조와 정치적 현실, 사회부조리, 기타 인간생활의 결함 등을 비꼬아 공격하는 기지가 넘치는 비판적 또는 조소(嘲笑)적인 발언을 뜻하게 되었다. 그러나 파괴를 목적으로 대상을 조소하는 것이 아니라 비난과 공격의 배후에서 항상 교정과 개량을 생각하는 따뜻한 손길, 바람을 느끼게 하는 것이 바로 풍자의 기법이다.

뇌물을 많이 받아먹은 한 정치인이 법정에 서게 되었다.

검 사 정치인께서는 많은 뇌물을 받아 먹으셨지요?

정치인 잘 모르겠습니다. 제 비서가 한 일이라서요.

검 사 또 정치인께서는 자신의 권력을 이용해 많은 비리를 저지르셨지요?

정치인 잘 모르겠습니다. 제 비서가 한 일이라서요.

검 사 자꾸 오리발을 내미시는데, 부인이 임신하셨다면서요? 언제 아이가 태어납니까?

정치인 잘 모르겠습니다. 그것도 제 비서가 한 일이라서요.

이 이야기는 정치인이라는 대상에 대한 강력한 비난과 부정적 시각을 바탕에 깔고 있다. 그러나 정치인을 직접적으로 공격하지는 않는다. 자신의 비리를 인정하지 않고 계속 시치미 떼는 정치인을, 아내의 임신마저도 비서가 한 일이라고 오리발을 내미는 거짓되고 비상식적인 인물로 형상화함으로써 우회적으로 비판하고 있다. 이러한 예측하기 어려운 상황설정과 정치인의 우스꽝스러운 언행이 수용자들에게 공감을 주고 웃음을 유발한다.

위트

위트(wit)는 "경우에 따라 그때그때 재치 있게 대응하는 슬기"로 주로 지적 재능을 토대로 해서 웃음을 일으키는데, 말 속에 뼈(言中有骨)가 숨어 있어 주로 상대방의 공격에 대한 방어에 많이 사용된다. 위트는 유머보다 함축적인 표현이 많으며, 스토리가 없는 경우가 많다. 그리고 유머보다 길이가 짧다. 영국의 경험주의 철학자인 존 로크는 위트를 '정신적인 자산'으로 규정했으며, 프로이트는 위트를 악의 없이 웃음이나 미소를 자아내는 '무해한 위트'와 공격적이고 상대를 해치는 '저의가 있는 위트'로 구분했다. 다음은 전자의 한 예이다.

어떤 영향력 있는 영국 정치가가 남작 작위를 달라고 디즈리엘리 수상을 졸랐다. 수상은 그 청을 들어 줄 수가 없었기 때문에, 최대한 부드럽고 유쾌한 방법으로 거절을 했다.

위트의 경우도 목적은 웃음을 유발하는 데 있는 것이 아니기 때문에 웃음을 유발하느냐 그렇지 못하느냐에 따라 유머에 포함될 수도 있고, 그렇지 않을 수도 있다.

해학

유머와 직접적 관련을 갖는 범주는 바로 '해학'으로, '해학(諧謔)'은 좁은 의미의 유머를 의미한다고 볼 수 있다. 박세현(1990 : 77)에 의하면 우리가 '해학'이라는 용어로 사용하고 있는 '웃음'의 개념은 분명히 '풍자'와 함께, 문학적인 용어로 정착되어 있는 웃음이며 실제로 그렇게 사용되고 있는데, 이것은 서구 문학에서 정의된 'Humor'와 'Satire'의 구별에서 연유된 것이며, 곧 '해학'은 'Humor'의 번역어라고 하였다.

해학(諧謔)을 세계문학사전(日本 研究社 刊)에서는 "대상 위에 서서 그 실상을 있는 그대로 보며 모순으로 인한 불쾌감도 한층 넓고 깊게 통찰함으로써 융화하고 해소하려는 것이다. 따라서 그것은 날카로운 지성을 가지고 인간의 어리석음을 밝히려는 반면에 따뜻한 사랑과 동정을 가지고 대상을 감싸 주는 것이다."라고 정의하고 있다. 김영수(1970 : 317)에서는 서양의 유머는 얼굴의 표정이나 몸짓과 깊은 관련이 있고, 해학(諧

譺)은 두 글자 모두 '言'변이 있어 말이 우선이라고 하였다. 따라서 '해학'은 "주로 말을 통해 너그러움과 애정을 바탕으로 하는 웃음을 주는 것"이라고 정의할 수 있다.

박동량(朴東亮)의 『기제사초(寄齋史草)』에 보면 임진왜란 당시 유성룡, 정철 등이 평양에 있으면서 나라의 운명이 풍전등화에 있음을 탄식하였을 때, 송강 정철이 유머러스한 이야기를 하면서 침울에 빠져있던 좌중의 분위기를 명랑하게 하였다는 그들의 멋진 담화가 실려 있다. 그 책의 첫머리에 송강이 '회해(詼諧)', 즉 '해학(諧謔)'을 잘 하였다고 기재되어 있는 것으로 보아 해학은 서구의 유머의 개념에 부합하는 의미로 사용된 것으로 보인다(신윤상, 1962).

유머

현대적 의미에서의 유머(Humor)는 앞서 정의했듯이 "남을 웃기는 말과, 그리고 그 말과 함께 행해지는 행동의 통칭"이라고 할 수 있다. 골계의 하위 범주인 해학, 풍자, 위트, 농담 중 웃음을 유발하는 것을 목적으로 하는 해학과 거의 같은 개념이라고 할 수 있다.

풍자는 목적이 웃음 유발에 있다기보다는, 비평, 비난, 또는 공격하고자 하는 내용을 비유하거나 우회하여 문제점을 완곡하게 지적, 폭로, 고발하는 것이며, 특히 대상을 2인칭이 아닌 3인칭으로 객관화하여 표현함으로써 투쟁이 아닌 방법으로 불의나 사회문제를 해결하려 하는 것이다. 이것은 공격적 방법을 사용하지 않는 점이 있기는 하지만, 그래도 웃음의 유발을 목적으로 하는 유머와는 본질적으로 다르다. 풍자의 경우도 웃음을 유발할 수는 있다. 그러나 그 웃음은 유쾌한 폭소라기보다는 비아냥거리거나 허탈한 웃음이 될 것이다. 위트도 웃음 유발이 목적이 아니라는 점에서 유머와는 구별된다.

농담(弄談, joke)은 국어사전에 "실없는 장난의 말"이라고 정의되어 있다. 남을 웃기기 위해 실없이 하는 말장난이나 우스갯소리를 이른다. 프로이트(1960)는 '농담은 바로 말하려는 것을 말하지 않음으로써 말하고 있는 것'이라고 하였다. 곧 무의미 속의 의미, '당혹과 깨달음'이 농담의 근본적 원리라고 한다.

> **친구 갑**　(전화를 걸어) 그래? 요즘 바쁜가?
> **친구 을**　바쁘지, 파리 잡느라 정신이 없네.

친구 을의 대답은 친구 갑에게 웃음을 주어 대화의 분위기를 부드럽게 하는 데 도움을 준다. 이러한 웃음을 주는 말은 농담이라고 할 수도 있고 유머라고 할 수도 있다. 이러한 점에서 볼 때, 유머와 농담은 많은 부분을 공유하고 있다고 할 수 있다. 그만큼 둘 사이는 잘 구분이 되지 않는다. 그러나 다음과 같은 점에서 차이가 난다. 첫째 유머는 진실을 추구하고 있는데 비해 농담은 진실을 추구한다고 볼 수 없다. 따라서 유머의 반의어가 진담이 될 수는 없지만 농담의 반의어는 진담이다. 농담을 일반적으로 우스갯소리라고 하는데 이것은 웃음을 유발한다는 의미도 있지만 그보다는 진실성이 없는 장난삼아 하는 말이란 뜻도 포함한다. 해학 또는 유머라는 말에는 그런 뜻이 없다.

　위에서 보듯이 진심의 반대, 진실성이 없음, 장난삼아 하는 말, 우스갯
소리의 뜻이 농담에는 있음을 알아야 한다. 혹, "농담 속에 진담 있다."
또는 "농담 반 진담 반"이라는 말로서 농담에도 진실성이 있음을 언급할
수도 있겠으나 이는 어디까지나 역설적인 표현일 뿐이다. 둘째는 농담에
비해 유머가 더욱 창의적 표현인 경우가 많다. 유머는 창의적 표현이 지
니는 비예측적 우회성이나 적확성 등이 농담에 비하여 매우 두드러진다.
다시 말하면 농담보다 유머가 예술성을 띤다고 하겠다.
　결론적으로 유머와 농담은 많은 부분을 공유하기 때문에 개념상 잘
구분이 안 되는 것이 사실이다. 그러나 부담 없이 상대에 대한 진실성이
나 성실성이라는 태도가 없이 가볍게 하는 우스갯소리, 또는 말장난을
특히 농담이라고 규정해서 유머와 구분하고자 한다.

유머의 유형

유머의 유형은 다양하게 발전하고 있다. 고전적 유형을 갖춘 유머도 꾸준히 생산되고 있고, 신선함을 더하려는 의도에서 새로운 유형들이 등장하고 있다. 이 장에서는 다양한 유머의 유형을 세분화하고 그 특징을 살펴보도록 하겠다.

맥락 의존적 유머와 에피소드적 유머

유머는 어떤 대화나 연설 등에서 돌발적인 상황에 따라 순간적으로 발생하느냐, 아니면 사전에 의도적으로 만들어진 에피소드냐에 따라서 두 가지 종류로 나눌 수 있다. 필자는 전자를 '맥락 의존적 유머', 후자를 '에피소드적 유머'로 명명하고자 한다.

한번은 어떤 분의 초청을 받아 꽤 괜찮은 음식점에 간 적이 있었다. 비싼 고기 요리가 나왔는데 그분은 무척 실망하는 눈치였다. 그도 그럴 것이 고기에 웬 비계가 그렇게 많이 붙었는지 지글지글 타들어가는 고기에 기름기가 흥건했다. 민망하기도 하고 화가 나기도 한 그분이 식당 종업원을 불러 "고기가 왜 이 모양이냐?"고 물었다.

그런데 변명을 늘어놓을 줄 알았던 그 종업원은 뜻밖의 답변을 했다.

"어? 고기가 운동을 안 했나보죠?"

그 한마디로 식사 분위기가 갑자기 달라졌다. 자칫 불쾌한 말들이 오갈 수 있는 상황에서 종업원의 유머가 우리 모두를 웃게 했던 것이다.

위의 예와 같이 일상 대화에서 던진 말 한마디가 유머가 되어 상대방을 웃게 했을 때 이를 '맥락 의존적 유머'라고 한다. 물론 이러한 '맥락 의존적 유머'를 상황과 함께 다른 사람에게 그대로 말한다면 그것은 이미 맥락 의존적 유머가 아니라 '에피소드적 유머'로 변화시켜서 이야기한 것이 된다. 왜냐하면 맥락 의존적 유머는 특별히 주어진 상황에서 단한 번만 사용할 수가 있는, 순간 발상의 창의성이 있는 것이기 때문이다. 바로 이 점이 중요한 것이다.

다음의 예는 남을 웃길 목적으로 의도적으로 만든 일정한 구조를 갖춘 이야기인 '에피소드적 유머'이다.

한 농부가 황폐한 농장을 사서 열심히 일한 끝에 훌륭하게 가꾸어 놓았다.

어느 날 목사가 지나가다 둘러보고는 그 농부에게 축하인사를 건넸다.

"하나님과 인간이 함께 이처럼 놀라운 일을 해냈군요."

그러자 그 농부가 이렇게 대꾸했다.

"네, 그럴지도 모르지요. 하지만 하나님 혼자서 이 농장을 운영하고 계셨을 때 농장이 어떤 꼴이었는지를 목사님이 꼭 보셨어야 했는데."

이것은 물론 에피소드적 유머다. 그러나 이것이 실제 상황이고 농부와 목사가 일인칭, 이인칭이라면 맥락 의존적 유머라고 할 수 있다. 그리고 사람에 따라서는 유머가 아니라 위트라고 할 수도 있을 것이다. 다만 기독교인 입장에서는 위트보다 유머로 보는 것이 나을 것이다. 왜냐하면 웃음을 목적으로 하는 유머와 문제 해결을 목적으로 하는 위트는 다르기 때문이다.

이처럼 상황에 따라서 맥락 의존적 유머가 에피소드적 유머로 될 수 있으며, 유머와 위트가 구분이 되지 않을 수도 있다.

서술형 유머와 문답형 유머

'에피소드적 유머'는 생산자(화자)의 구연방식에 따라 '서술형 유머'와

'문답형 유머'로 나눌 수 있다. 물론 이러한 구분은 절대적인 것은 아니다.

> 고등학생 최불암이 다니는 학교에 불이 났다. 다행히 모든 학생들이 피신했는데, 잘 세어보니 한 명이 부족했다. 놀란 선생님이 다시 학생 수를 세고 있는데, 2층에서 창문을 열면서 최불암이 하는 말, "선생님 주번도 나가요?"

> A : 고등학생 최불암이 다니는 학교에 불이 났다. 다행히 모든 학생들이 피신했는데, 잘 세어보니 한 명이 부족했다. 놀란 선생님이 다시 학생 수를 세고 있는데, 2층에서 창문을 열면서 뭐라고 했을까?
>
> B : 글쎄, 몰라! 뭐라고 했는데?(또는 정답을 말함)
>
> A : 선생님, 주번도 나가요?

위의 두 텍스트는 동일한 내용이지만 전자의 경우는 생산자 일방적으로 이야기를 전달하는 방식이고, 후자의 경우는 수용자에게 질문을 던진 후 정답을 말하는 경우이다. 이처럼 서술형이 생산자의 구연 방식에 따라 문답형이 될 수 있고, 그 반대의 경우가 될 수도 있다. 이는 유머가 널리 구연되는 과정에서 발생하는 구비문학적 성격에서 비롯된 것이다.

서술형 유머

> 서술형은 독립적인 구조를 가지고 있는 내용을 생산자가 처음부터 끝까지 서술하는 유형으로, '이야기형', '성대모사형', '비교·분석형' 등으로 나누어 살펴볼 수 있다.

① 이야기형

이야기형은 인물, 사건, 배경의 구조를 갖춘 줄거리가 있는 유형으로 유머에서 가장 보편적인 유형이다.

고양이를 지독히 싫어하는 남자가 있었다. 어느 날 그는 아내가 기르는 고양이를 몰래 차에 태우고 2km떨어진 공원에다 버리고 왔다. 그런데 집 마당에 차를 댈 무렵, 고양이가 잽싸게 현관 안으로 들어가는 것을 보았다.

다음날, 남자는 4km 떨어진 곳에 고양이를 버렸다. 그러나 집에 돌아왔을 때, 어느새 고양이는 집에 돌아와 있었다.

화가 난 남자는 다음날 차를 몰고 길을 나섰다. 이번엔 아주 먼 곳, 누구도 찾아오지 못할 장소에 고양이를 버릴 작정이었다. 한 시간 후, 아주 멀리 떨어진 곳에 고양이를 버린 남자는 집에 있는 아내에게 전화를 걸었다

"여보, 고양이 집에 있어?"

"고양인 제 옆에 있어요, 그런데 무슨 일이죠?"

"고양이 좀 바꿔봐, 길을 잃어버렸어!"

위 유머는 '등장인물'(남자, 아내, 고양이), '사건'(고양이 버리기), '배경'(집, 공원 등)의 구성 요소를 갖춘 줄거리가 있는 이야기다. 이러한 이야기를 생산자가 일방적으로 서술하면서 수용자의 긴장을 고조시켜 나간다. 그리고 마지막 순간에 "고양이 좀 바꿔봐, 길을 잃어버렸어!"라는 남자의 하소연에서 반전이 일어나고 웃음이 발생하게 된다.

이러한 이야기형은 일반적으로 〈구조 만들기 → 급소 찌르기〉의 구조를 갖는다. 이야기형의 웃음 유발의 핵심은 생산자가 구조 만들기에서 수용자의 긴장을 얼마나 고조시킬 수 있느냐 하는 데 있다. 그리고 급소 찌르기의 경우도 수용자가 예측하기 어려운 급작스러운 반전일수록 웃음 발생의 효과가 극대화된다.

② 성대모사형

성대모사(模寫)형은 정치인들이나 연예인 등의 목소리를 흉내 내는 유형을 말한다. 정치인의 경우는 주로 사투리나 특유의 목소리, 제스처, 표정 등을 흉내 내고, 연예인의 경우는 영화, 드라마, 광고 속의 특정 대사를 흉내 내는 것이 일반적이다.

성대모사형은 일반적으로 〈화제 제시→ 급소 찌르기〉의 구조를 갖는다. 즉 생산자가 "누구 누구의 목소리를 흉내 내겠나"는 화제를 제시하면 수용자는 그 인물을 떠올리며 예측을 하게 되고, 이어서 급소 찌르기가 뒤따르게 된다.

<table>
<tr><td>최민수 버전</td><td>잘 자라. 니 꿈은 내가 꾼다.</td></tr>
<tr><td>김자옥 버전</td><td>어머, 오빠는 잠잘 때도 이쁜이 꿈만 꾸고 그래.</td></tr>
<tr><td>텔레토비 버전</td><td>잘 자. 내 꿈꿔. 아이 좋아! 아이 좋아!</td></tr>
<tr><td>신문선 버전</td><td>아— 저럴 땐 내 꿈을 한 번 꾸어 줘야 돼요. 내 꿈— 내 꿈이에요. 아주 좋아요.</td></tr>
<tr><td>DJ 버전</td><td>에, 잘 주무시구요. 내 꿈은 꼭 꾸셔야 합니다.</td></tr>
<tr><td>허준 버전</td><td>지난 밤 주무시면서 개꿈을 꾸셨다면 몸이 허약해지셔서 그런 것이오니 침과 뜸을 놓이시고 탕제를 달여 드시는 것이 좋을 듯싶습니다.</td></tr>
</table>

조성모와 이정현이 출연한 핸드폰 광고를 패러디한 유머이다. 이정현이 조성모의 핸드폰에 "잘자~ 내 꿈 꿔~"라고 음성 메시지를 남기는 내용은 흔히 '누구누구 버전(version)'이라는 이름으로 널리 유행했었다.

그런데 여기서 주목할 것은 변종의 대부분이 광고 속의 이정현을 인기 연예인으로 대체한 형태라는 것이다. 다시 말해서 인기 연예인들의 실제 말투나 드라마 속의 말투 또는 유행어 등으로 패러디(parody)한 것이다. '모방', 즉 흉내 내는 것은 웃음의 요인이 된다. 이때 중요한 것은 원전의 원리나 관습을 위반했을 때, 그 유머의 효과가 증대된다는 것이다. 수용자의 지식 체계에 저장되어 있는 원전의 원리나 관습을 교묘히 변형시킴으로써 수용자의 예측을 어긋나게 하고, 웃음을 유발한다.

성대모사를 듣는 수용자는 성대모사 자체가 우스워서 웃는 것이라기보다는 모방하는 사람(개그맨 등)의 목소리와 얼굴 표정 때문에 웃는 것이다. 수용자는 목소리와 얼굴 표정을 통해서 실제 인물과 동일시되고 그러한 연상 과정을 통하여 또 하나의 가상공간을 마음속에 그리고 있는 것이다. 따라서 성대모사형은 생산자의 표정이나 말투 등이 웃음 유발에 중요한 역할을 한다.

③ 비교·분석형

비교·분석형은 동일한 대상에서 유사성과 차이점을 분석하여 비교우위의 우월성을 창조하는 유형이다. 비교·분석형은 객관적인 사실과 상징성을 비교하여 공감대를 얻고, 내가 속한 조직의 우월성을 찾거나 또는 열등감을 통해 웃음을 얻는다. 특히 분석형은 대상의 특징을 파악해서 이야기에 접목시키는 유형인데, 이때 수용자가 그 대상의 특징을 이해하지 못하면 쉽게 웃음이 발생하지 않는다. 따라서 분석형은 수용자의 배경지식이 유머를 이해하는 데 중요하게 작용한다. 또한 중요한 것은 공통점이나 속성의 비교가 수용자가 쉽게 예측할 수 없는 참신하고 기발한 발상에 의해 이루어져야 한다는 것이다.

철학자와 문학가, 기업가, 그리고 정치인 네 사람을 모아놓고 '인생의 의미'에 대해 말해 보라고 했다. 그러자 각각 다음과 같은 의견을 발표했다.

철학자　나는 생각한다. 고로 존재한다.

문학가　사느냐 죽느냐 그것이 문제로다.

기업가　순이익을 알고 나서 인생을 논하라.

정치인　우리는 이권을 위해 이 땅에 태어났다.

문답형 유머

문답형은 생산자와 수용자 사이에 묻고 답하는 형식으로 이루어지는데, 크게 '수수께끼형', '삼행시형', '단어·문장 재분석형'으로 분류할 수 있다.

① 수수께끼형

수수께끼형은 전통적인 수수께끼의 형식을 빌려서 웃음을 주는 유형으로, 흔히들 말하는 난센스 퀴즈가 모두 이에 속한다. 흔히 수수께끼를 "말놀이"라고도 하는데, 묻는 사람의 물음은 드러난 뜻으로만 이루어져 있고, 대답하는 사람이 숨어 있는 뜻을 발견하도록 되어 있어 말놀이가 이루어진다. 그래서 수수께끼는 묻는 사람과 대답하는 사람 사이의 지혜 경쟁이라고 할 수 있다.

그런데 수수께끼가 지니는 말 겨룸의 속성은 그 답이 되는 대상을 질문자와 응답자가 이미 알고 있어야 한다는 점을 전제로 한다. 또 수수께끼의 답은 단일해야 하고, 두 사람이 모두 답으로 인정할 수 있는 것이어야 한다. 이는 수수께끼가 그것을 만들어 내는 문화의 제약을 강하게 받는다는 것을 의미한다.

수수께끼와 관련된 고전 설화를 하나 살펴보자.

한 관장에게 매우 영리한 첩이 있고, 또 한 문객(門客)은 해학을 잘 해 관장이 매우 좋아했다. 하루는 첩과 함께 원정(園亭)에서 봄 경치를 구경하고 있는데, 문객이 오찬을 좀 얻어먹고 싶어, '일심인

복(日心人腹)’ 넉 자를 써서 보냈다.

관장이 아무리 보아도 알 수 없어 고민하니, 첩이 보고는 해석해 주었다. 즉 “그 쓴 것을 보니, ‘날 일(日)’을 매우 길게 썼으니 ‘長日’ 곧 ‘긴 날’이란 뜻이고, ‘心’자는 점 하나가 없으니 ‘無点心’ 곧 ‘점심을 못 먹었다’라는 뜻입니다. 그리고 ‘人’ 자를 매우 작게 썼으니 ‘小人’이란 뜻이며, ‘배 복(腹)’에 가운데 점을 빼고 썼으니 ‘뱃속이 비었다’는 뜻입니다.”하고 풀이했다.

이는 곧 문객이 ‘해는 길고 점심은 없는데 소인의 배가 비었습니다’라는 뜻이어서, 관장이 웃으며 칭찬하고 오찬을 보내 주었다.

『교수잡사(攪睡雜史)』에서

위 고전설화에 등장하는 수수께끼의 경우는 질문과 대답 사이의 관계가 매우 논리적이고, 그 문제를 해결하는 것이 하나의 지혜 경쟁에 해당된다. 그런데 현대의 수수께끼형 유머의 경우는 좀 다르다.

질문 : 나폴레옹이 알프스산을 넘을 때 왜 붉은 허리띠를 매었느냐?
답 : 바지가 내려갈까봐.

질문 암시(알프스 산, 붉은 허리 띠)는 주어졌는데 해답 과정이 연결되지 않고, 상식을 끌어다가 맞지 않는 해답으로 만들었기 때문에 우스꽝스러운 말장난이 된다.

위와 같은 경우도 질문과 대답 사이에 논리적 연관성을 찾아보기가 어렵다. 페피셀로와 그린(1993 : 23)에 의하면 전통적 의미의 수수께끼는 수용자가 그 문제를 풀 수 없도록 방해하는 방해 요소를 가지고 있는데, 이는 중의성(重義性)이라는 개념과 직접적으로 연관이 있다고 하였다.

위 유머에서도 서울시민의 숫자 '천만(千萬)'과 '천만의 말씀'의 '천만'의 동음성에서 발생하는 중의성을 활용하고 있다. '추어탕'의 경우도 '추위'와 '추어'의 발음의 유사성에서 중의성이 발생하고 있다. 이러한 중의성이 수수께끼를 푸는 사람을 어리둥절하게 하거나 혼란스럽게 하고 결과적으로 상대방의 허를 찌르게 된다.

위 유머의 경우도 '질문'과 '답' 사이에 발음의 유사성이 존재한다. '가장 야한 노인'이라는 질문의 '야한'과 '노인'을 결합하면 '야하노'라는 답이 나온다. '야한'과 '농담'의 결합은 '야하지롱'하는 식의 언어유희를 통해 하나의 유머가 만들어진다.

② 삼행시형

'삼행시형'은 상대방에게 운(韻)을 떼게 하는 방식으로 이루어지기 때문에 문답식 구조에 해당한다고 할 수 있다. 전통적인 삼행시는 재치 있는 삼단 논법 구조를 갖췄다. 형식 논리학에서 말하는 엄밀한 삼단 논법은 아니더라도 대전제, 소전제, 결론으로 이어지는 상식적 논리 틀을 따른다. 가령 삼행시 짓기로 게임을 한다면 재치 있는 결론이 없는 쪽이 진다. 재미있게 이으면서도 '말이 되는 말'을 만드는 것이 중요하다.

그러나 요즘 유행하는 삼행시는 여러 가지로 전통적 삼행시와 구분되는데, 대중문화를 모방하고 이용하려는 무의식을 잘 보여준다.

삼행시형은 〈구조 만들기 → 급소 찌르기〉의 구조로 이루어진다. 대체로 1, 2행은 구조 만들기에 해당하고, 마지막 3행에서 급소 찌르기가 실현된다.

<table>
<tr><td>콩</td><td>콩나물아</td></tr>
<tr><td>나</td><td>나를</td></tr>
<tr><td>물</td><td>물로 보지마</td></tr>
</table>

콩나물이라는 주어진 운으로부터 문장이 파생된 것이 아니라 '나를 물로 보지마'라는 최진실 등장의 광고 카피를 다시 쓰려고 콩나물이라는 단어를 설정한 것이다. 이때 수용자는 원전의 광고 텍스트에 대한 배경 지식이 없이는

텍스트를 도저히 이해할 수 없다.

또한 최근의 삼행시는 선택과 배열이라는 기본적 언어 규칙을 심각하게 훼손한다. 아무런 관계가 없는 해파리와 파리(바다 생물 / 육지 생물)가 한 텍스트 속에 들어와 있다. 우리 지식의 어떤 항목이 활성화되면, 기억장치 내에서 그 항목과 밀접히 연결되어 있는 다른 항목들도 활성화된다. 그런데 '해파리'에서 '파리'로의 활성화를 우리의 지식 체계는 쉽게 허용하지 않는다. 결국 개념의 불일치를 가져오게 되고 수용자는 예측하지 못한 개념의 불일치에 당황하게 된다.

그런데 문제는 이러한 개념의 불일치가 일반적으로 수용자들을 당황하게 할 뿐 웃음을 짓게 하지는 못한다는 데 있다. 그럼에도 불구하고 이러한 형태의 유머가 신세대들 사이에서 유행한다는 것은 신세대들의 유머 감각이 기존 세대와는 많이 다름을 보여 주는 것이라고 할 수 있다. 황당함은 때로는 웃음을 동반한다. 최근의 삼행시는 대부분 황당한 내용을 담고 있고, 경우에 따라서 수용자들에게 썰렁하다는 반응을 얻을 수 있는 것들이 많다. 그러나 다른 형태의 유머도 그렇지만 삼행시형은 결코 가볍지 않은 우리 사회의 모습을 표현하고 있다는 점을 간과해서는 안 된다.

삼행시 시리즈 중에서도 아주 유행했던 조폭(조직폭력배) 시리즈의 경우는 제목(운)과 내용 사이에 관련성은 없지만 삼행시를 짓는 조폭들의 폭력적이고 무식하고, 보스에게 복종하는 등의 모습을 보여 주고 있다.

이를 통해 사회 일각에서 기생하고 있는 조폭들을 조소하려는 생산자의 의도를 반영하고 있다. 그런데 조폭 시리즈에는 욕설이나 비어, 은어 등이 많이 사용되고 있어 청소년들의 올바른 언어생활에 나쁜 영향을 끼칠 위험이 많다.

삼행시형의 또 다른 특징은 음운 규칙을 제대로 지키지 않고 철자법을 무시하는 경향이 많다는 것이다.

물론 이런 표기들은 운을 맞추려는 생산자의 의도에서 비롯된 것으로 인터넷이나 핸드폰의 문자 메시지를 통한 의사 전달의 간결

성에서 기인한다. 그러나 그러한 예가 많이 보인다는 점에서 신세대들의 표기법에 대한 정확한 인식이 많이 부족해 보이고, 이러한 표기법의 오류는 올바른 국어 생활에 나쁜 영향을 끼칠 수 있다.

③ 재분석형

재분석형은 단어, 구절, 문장의 의미를 새롭게 재구성하고 분석함으로써 웃음을 일으키는 형태를 말한다. 대상의 특징을 꼬집어 표현하거나 문장의 의미를 전혀 다르게 해석하는 경우가 이에 해당한다. 이때 재분석의 기제가 사용되는데, 재분석이란 언어 사용자들이 언어 형태의 구조를 다른 구조로 파악하려는 심리적인 경향을 가리킨다. 재분석이 적용되

면 언어 형태의 구조적인 경계가 다시 설정된다. 수수께끼형과 유사하지만 의미를 새롭게 구성한다는 면에서 구분된다.

재분석형은 일반적으로 〈화제 제시 → 급소 찌르기〉의 구조를 지닌다. 재분석하고자 하는 대상을 제시하는 것이 '화제 제시'에 해당하고, 의미를 새롭게 재해석하는 것이 '급소 찌르기'에 해당된다.

현대판 속담 풀이

- 하룻강아지 범 무서운 줄 모른다 : 개의 타고난 용맹성
- 서당개 삼 년이면 풍월을 읊는다 : 개들의 지능이 우수함
- 닭 쫓던 개 지붕 쳐다본다 : 어떤 일을 망치더라도 좌절하지 않고 높은 곳을 바라봄
- 복날 개 패듯이 : 재수가 없음
- 지나가던 개가 웃겠다 : 어디서든지 웃을 수 있는 착한 천성
- 개밥에 도토리 : 기다리지도 않던 복이 찾아 들어옴
- 개똥도 약에 쓰려면 없다 : 개똥의 유용함

당황과 황당의 차이

- 당황 : 중학생이 된 아들 방에서 수북이 쌓인 담배꽁초를 보았을 때
- 황당 : 그 아들의 방에서 금연교실 수강증이 발견되었을 때

이러한 재분석형은 고전의 파자 설화(破字 說話)를 계승 발전시킨 것으로 볼 수 있다. 한자(漢字)는 좌우와 상하, 그리고 내외로 뜻을 가진 독립된 글자를 합쳐 복잡한 글자를 만든 것이 많은데, 각기 합쳐진 글자를 분리해 내어 이야기를 구성한 것이 파자 설화이다.

한 관장이 일이 끝나고 앉자 있으니 앞산에 곰이 지나갔다. 그래서 "앞산에 곰이 지나 감을 본다(前山但見能走去)."라고 시를 짓고('能' 자와 '熊' 자는 通字로 바꾸어 써도 무방함), 아전에게 화(和)하라 했다. 이에 아전이 "뒤편 이웃에 오직 개 짖는 소리 들린다(後隣惟聽大聲來)."라는 대구를 지었다('犬' 자를 일부러 '大' 자로 썼음).

이에 관장이 비판하기를, "잘 되었는데 어찌 '犬' 자를 '大' 자로 썼을고?"라고 하니,

아전이 아뢰기를,

"대감께서는 곰(熊)의 네 다리를 잘라 '能'으로 했는데, 소인이 개(犬)의 귀 하나쯤 잘라 '大'로 한 것이 크게 문제되겠습니까?"라고 대답했다.

『어면순(禦眠楯)』에서

유머의 원리

웃음의 고전적 이론들

지금까지 우리는 유머의 개념과 종류 그리고 유형 등을 살펴보았다. 그렇다면 이들 유머들이 왜 사람들을 웃게 하는 것일까? 하는 유머의 원리를 규명할 차례다.

유머의 원리를 규명하기 위해서는 웃음의 발생 원리를 먼저 이해해야 하는데, 사람들이 왜 웃는가에 대해서는 2000년 전부터 철학자, 심리학자 등에 의해 수많은 학설들이 제기되어 왔다. 이 학설들은 크게 세 가지로 나누어 볼 수 있다.

우월감 이론

> 왜 사람들은 어떤 사람이 바나나 껍질로 인해 넘어졌을 때, 또는

케이크가 그들의 얼굴에 던져졌을 때 웃을까? 우월감(Superiority) 이론에 의하면 이들 상황이 우리에게 다른 사람에 대한 우월감을 만들기 때문에 웃게 되는 것이다. 바나나 껍질에 넘어지는 사람, 또는 케이크를 뒤집어 쓰는 사람은 어리석어 보이고 우리를 기분 좋게 만든다. 사실상 우리는 너무 기분이 좋아서 웃는다.

우월감 이론은 또한 우리가 어떤 경향의 유머에 주로 웃는지를 설명해 준다. 많은 유머들이 우리가 다른 사람들에 대해 우월감을 느끼도록 만든다. 이런 유형의 유머에 등장하는 사람들은 명백한 상황을 이해하지 못하기 때문에 어리석어 보인다.

철학자 플라톤(427~348 BC)은 '우월감' 이론을 처음으로 제기한 학자였다. 그러나 그는 웃음의 열렬한 지지자는 아니었다. 그는 다른 사람들의 불행을 보고 웃는 것은 잘못된 것이라고 생각했다. 그리고 마음에서 우러나오는 웃음도 전혀 완전한 인간이 아닌 것 같은 사람들을 통제하는 결과로서 나오는 웃음이므로 사람들이 웃음을 억제해야 한다고 주장했다.

아리스토텔레스도 그의 『시학』에서 코미디에 대해 다음과 같이 설명하고 있다.

희극은 실제 이하의 악인을 모방하려 하고, 비극은 실제 이상의 선인을 모방하려 한다. (중략) 이때 보통 이하의 악인이라 함은 모든 종류의 악과 관련해서 그런 것이 아니라, 어떤 특정한 종류, 즉

아리스토텔레스의 '보통 이하의 악인을 모방한다'는 명제는 우월론(superiority)의 출발점이 된다. 인기 코미디나 개그 프로그램에서 '바보' 캐릭터가 끊임없이 등장하는 이유를 우리는 우월감으로 설명할 수 있다. 이러한 우월감이 바로 웃음의 원인이다. 그러나 이러한 악인의 열등감은 특정한 종류의 악, 즉 실수나 기형과 같이 우스꽝스럽기만 할 뿐, 남에게 고통이나 해를 끼치지 않는 특별한 종류의 악이다.

키케로도 『웅변』에서 '추함과 어리석음'을 '기대와 배반'으로 연결지으면서 우스꽝스러운 것은 그것의 열등함 때문에 처벌되어서는 안 된다는 점을 강조한다.

철학자 토마스 홉스(Thomas Hobbes)는 웃음이 우리 자신의 승리에서 가질 수 있거나 또는 다른 사람에 의해 겪는 무례에서 가지는 '갑작스러운 명예'라고 특징지었다. 이것은 사람들이 왜 바나나 껍질 위에서 미끄러지는 대목에서 웃는가를 설명할 수 있다. 그것은 다른 사람의 몰락에서 웃음을 재촉한다.

그러나 우월감이 웃음의 원인이라고 주장하기는 어렵다. 상당수의 경우에는 우월감으로 인한 웃음이 바람직하지 않은 웃음일 경우가 있다. 그것을 이미 불안정하게 억압된 집단의 잔혹한 놀림으로 보일 수 있다.

이 예는 에피소드적 유머일 때만 유머의 범주에 들어간다. 만약에 맥락 의존적인 경우라면, 그래서 '여자'와 '웨이터'가 일인칭과 이인칭이라면 이것은 웨이터가 손님인 여자를 생김새를 가지고 명예를 훼손한 공격 행위이지 결코 유머라고 할 수는 없다. 에피소드적 유머일 경우에는 남의 이야기니까 유머로 받아들일 수 있을 것이다. 그러나 품격이 없는 유머이다. 다만 공격하는 사람 입장에서 아리스토텔레스나 토마스 홉스의 우월론이란 입장을 뒷받침해주는 예화라고는 할 수 있다.

해소론

해소론(relief theory)이란 웃음을 심리적 긴장의 해소와 연관짓는 이론으로 웃음을 일종의 안도(relief) 혹은 긴장완화(release)로 정의하고 있다.

해소론의 입장에서 웃음의 문제에 접근한 가장 고전적인 논의는 프로이드(Freud)로부터 시작한다. 20세기 가장 영향력을 끼친 사상가의 중의 한 명인 프로이드는 사회를 인간의 쾌락을 억압하는 주체로 보았다. 그에 의하면 인간은 모두 성적이고 공격적인 생각을 가지고 있지만, 사회는 우리의 이런 생각들이 겉으로 드러내는 것을 허용하지 않는다는 것이다. 결국 인간의 쾌락은 우리의 무의식에 깊이 빠져들어 있고, 오직 꿈에서만 혀의 묘한 미끄러짐(일명 'Freudian slip')을 거쳐 나오거나 어떤 정신요법의 형태로 나온다.

그는 유머를 꿈과 같은 맥락에서 이해했다. 유머들이 사회적으로 받아들인 사람들의 갇힌 생각들을 풀어주는 여러 방식으로 표현된다고 믿었다. 죽음, 성, 결혼, 권력, 어떤 육체적 기능, 그 어떤 것에 대한 사상들은 진지한 표정으로 말하는 것을 사회에서는 사실상 받아들일 수 없다. 우리 삶의 문제들, 또는 우리가 직면하는 것을 싫어하는 주제들을 처리하는 방법으로 유머는 일종의 위안을 제공한다.

한 여자가 친구에게 말했다.

모롱(Mauron)은, 웃음을 심리의 경제학적 현상으로 파악한다. 웃음은 두 개의 표상 사이에서 그 전위차에 의한 일종의 방출로서 발생한다. 첫 번째 표상은 다가올 매순간에 대한 그럴듯한 예견이고, 두 번째 표상은 실제 사태이다. 예견에는 실제 사태에 대비한 심리적 에너지가 수반되는데, 실제 사태를 맞아 정도 이상으로 동원되었던 그 에너지의 여분이 신속히 흩어질 길을 찾지 못하면, 웃음이라는 육체적 경련이 된다. 이때 기억할 사항은, 그 에너지의 여분은 일종의 마음의 여유라는 것, 그리고 다른 정신 활동으로 전용될 가능성이 없는 에너지만이 웃음이 된다는 것이다.

부조화론

웃음발생의 가장 대중적인 이론은 웃음을 '부조화(incongruity)'로 설명하는 것이다. 부조화론(incongruity theory)이란 웃음을 인지적 차원의 부조화와 연관짓는 이론으로 흔히 '이중결합이론(bi-sociation theory)'이라고도 불린다. 이 이론은 특정한 담화나 행동이 그것의 본래 취지와는 어긋나게 다른 맥락의 이야기로 전치됨으로 발생하는 오해와 이 오해의 발견으로 특징지을 수 있다.

“유머는 두 주제 사이의 보이지 않는 작은 점을 연결시켜준다.”는 멜 칼멘(Mel Calman)의 말은 청자가 머릿속에 생각했던 개념과 실제 일어난 실체 사이의 부조화를 유머가 연결하고 그것에서 웃음이 발생한다는 것을 뜻한다.

상당히 세밀하게 유머의 부조화 이론에 대해 논의한 인물은 18세기 독일의 유명한 철학자 임마누엘 칸트(Immanuel Kant)였다. 그에 따르면 우리는 사람들이 역할(신분)을 벗어난 것처럼 보임으로써 우리를 놀라게 하는 것들에 웃게 된다. 예를 들면, 광대가 도리에 어긋나게 커다란 신발을 신고 있을 때 우습고, 사람들이 특별히 커다란 코를 갖고 있을 때 우습다. 동일한 방식으로, 곰이 바 안으로 걸어간다, 동물이 말을 한다 등등의 많은 농담들은 우리의 기대를 저버리는 생각(아이디어)을 포함하고 있기 때문에 우습다.

그러나 이 이론에는 부조화의 그러한 단순한 형태보다 더 많은 것이 있다. 많은 농담들에 있어서, 부조화는 ‘구조 만들기(set-up)’와 ‘급소 찌르기(punch line)’ 사이에서 나타난다.

> 탱크(tank) 안에 물고기 두 마리가 있었다.
> 그런데 한 마리가 다른 한 마리에게 이렇게 말했다.
> “너 이거 운전할 줄 알아?”

구조 만들기는 우리에게 물고기 저수지(fish tank) 안에 있는 두 마리 물고기에 대해 생각하도록 이끈다. 그러나 급소 찌르기가 우리를 놀라게 한다. 왜 물고기가 물고기 저수지를 운전할 수 있어야 하는가? 그런데, 이때 우리는 '탱크(tank)'라는 단어가 두 가지 의미를 가지고 있다는 것을 깨닫는다. 물고기는 사실상 군대의 탱크 안에 있는 것이다. 과학자들은 이것을 '부조화─해결이론'이라고 한다. 우리는 급소 찌르기에 의해 야기된 부조화를 해결하고, 갑작스런 놀라움의 감정이 수반되면서 웃게 된다.

유머의 웃음 유발의 원리

지금까지 우리는 웃음 유발의 원인에 대한 세 가지 고전적 이론을 살펴보았다. 이젠 본격적으로 웃음을 유발하는 유머의 원리가 무엇인지에 대해 살펴보자.

비예측성

앞서 우리는 웃음 유발의 원인에 대한 세 가지 고전적 이론들을 살펴보았다. 세 가지 이론들은 각각 장단점을 지니고 있어, 어느 한 이론만으로 웃음 발생의 원인을 설명하기는 부족하다. 또한 이 이론을 유머에 그대로 적용하기도 어렵다.

인간이 상대에 대해 '우월감'을 느낀다고 해서 무조건 웃게 되는 것은 아니다. 바보나, 못생기고 뚱뚱한 사람을 보았을 때 우월감을 느끼기는 하겠지만 반드시 웃음과 연결되지는 않는다. 또한 나보다 우월한 사람이 미끄러져 넘어지는 모습이 우스워서 웃었다고 했을 때 넘어진 사람에 대해서 실제로 우월감을 느낀다고 할 수는 없을 것이다.

구현정(2000)에서는 유머의 웃음 발생의 원인을 우월감으로 파악하고 있다. 그에 의하면 유머의 유형 가운데 풍자나 조소, 야유, 적대감, 인종, 지방색 등은 모두 이런 요소를 가지고 있다고 한다. 또한 종교나 성, 질병이나 배설물 등과 같은 금기어를 말하면서 유머를 사용하는 것도 다른 사람들이 일반적으로 말하기 꺼리는 것을 발설한다는 동기에서 볼 때 우월감에 의한 것이라고 하였다. 다음과 같은 유머는 정치적 우월 집단을 웃음거리로 만드는 데서 오는 우월감으로 웃음을 유발시킨다고 한다.

후보자　　제가 당선되면 도로와 다리를 놓겠습니다.
유권자　　우리 지역에는 강이 없는데 무슨 다리요?
후보자　　걱정 마세요. 강도 만들어 드릴 테니까요.

그러나 필자의 견해는 다르다. 위 유머의 웃음 유발의 원인은 정치인에게서 느끼는 우월감보다는 수용자의 예측을 완전히 빗나가는 후보자의 엉뚱한 대답에 있는 것이다. 물론 말도 되지 않는 답변을 늘어놓는 정치인에 대해 수용자는 어느 정도 우월감을 느낄 수 있다. 그러나 그런 우월감만 가지고 웃음이 터지지는 않는다. 수용자가 예측한 다양한 답변과는 전혀 다른, 즉 수용자가 전혀 예측할 수 없는 방향으로 결론이 도출되면서, 수용자는 순간 당혹스럽게 되고, 그 당혹스러움의 문제가 순식간에 해결되면서 웃음이 터지게 되는 것이다.

'해소론'이나 '부조화론'의 경우도 마찬가지이다. 두 이론은 일종의 불균형 상태를 상정하고, 이러한 불균형점이 균형을 되찾게 되는 때 웃음이 발생한다고 보고 있다. '웃음'은 이러한 불균형에서 균형을 되찾음으로써 유발되는 신체적인 반응이다. 그러나 인간의 갇힌 생각들이 풀어지고, 부조화를 회복한다고 해서 언제나 웃음이 유발되는 것은 아니다.

더구나 유머의 경우에는 우월감이나, 긴장의 완화, 부조화의 모습 등을 텍스트로 표현해야 하는데, 단순히 이러한 상황을 이야기한다고 해서 포복절도한 웃음을 유발하기는 어렵다. 오히려 수용자로서는 상상도 할 수 없는 엉뚱한 이야기로 문제가 극적으로 해결될 때 강도 높은 웃음이 유발될 수 있는 것이다. 이때의 상상도 못할 엉뚱함의 속성을 '비예측성'이라고 이름하고자 한다.

㉠ 두 사람의 사냥꾼이 숲 속에서 사냥을 하다가 그중 한 명이 땅에 쓰러졌다. 그는 숨을 쉬는 것처럼 보이지 않았고, 그의 눈꺼풀은 뒤집어졌다. 다른 사냥꾼이 휴대폰으로 구조 센터에 전화를 걸었다. 그는 상담원을 붙들고, "내 친구가 죽었어. 나는 어떻게 해야 돼요."라고 흥분하며 말했다. 상담원은 차분한 목소리로 말했다. "자, 침착하세요. 내가 도와드릴게요. 먼저 그가 죽었는지 확인해야 돼요."

㉡ 잠시 침묵이 흘렀고, 총성이 들렸다. 그리고 그 남자가 전화로 말했다. "됐어요. 이젠 어떻게 하지요?"

위 유머는 영국의 한 연구 기관에 의해 세계에서 가장 재미있는 유머로 선정된 텍스트이다. 물론 이 유머에서 어리석은 사냥꾼에 대한 수용자의 우월감, 사냥꾼을 오해하게 한 상담원의 부조화 등이 수용자가 웃는 데 기여한다. 그러나 단순한 우월감과 부조화에 대한 깨달음만 가지고 웃을 수는 없다.

수용자의 예측을 빗나가게 하기 위해 〈구조 만들기〉와 〈급소 찌르기〉라는 유머 텍스트만의 독특한 유형이 웃음 유발에 기여하고 있는 것이다. 일반적으로 유머 텍스트는 이러한 유형을 갖추고 있다.

㉠의 〈구조 만들기〉 단계에서 수용자는 사냥꾼이 다른 사냥꾼의 죽음을 확인하는 결말을 예상하게 된다. 물론 유머 텍스트의 유형에 익숙한 수용자는 결말이 단순하지 않을 것이라는 것을 예상할 수 있다. 그러나 결국 사냥꾼은 다른 사냥꾼의 죽음을 확인하는 절차를 기다릴 수밖에 없다. 이런 상황에서 상상도 할 수 없는 행동이 일어난다. 이처럼 상상할 수도 없는 언행이 일어나는 것, 그리고 그것으로 문제가 해결되는 과정을 〈급소 찌르기〉라고 하자.

㉡의 잠시 침묵이 흐르는 시간은 누구나 죽음을 확인하는 과정을 예측할 것이다. 그러나 총성이 울린다. 유머에서의 〈급소 찌르기〉는, 그 전에 ⓐ 가능한 한 너무나 당연한 상황으로 이야기를 이끌어가야 한다. ⓑ 그런 상황에서 실로 상상할 수 없는 말이나 행동이 나온다(총성이 울린 것). ⓒ 상상 밖의 결과로서 문제가 해결되거나 끝난다("됐어요. 이젠 어떻게 하지요?"). 여기서 ⓐ를 〈구조 만들기〉라고 하고 ⓑ와 ⓒ를 비예측적 상황제시를 통한 〈급소 찌르기〉라고 한다. 그러니까 수용자는, ⓑ에서 너무도 예측 못한 상황에 황당하던 것이 ⓒ에 이르러서는 오히려

너무나 당연한(말이 안 되긴 하지만 다른 시각에서는 너무나 말이 되는) 내용으로 공감한다. 그리고 감탄을 하게 되는 것이다("됐어요. 이젠 어떻게 하지요?"). 순간 웃음이 폭발한다.

결국 유머는 수용자를 너무나 당연한 방향으로 예측을 유도한 상태에서, 수용자의 예측과는 전연 다른 언행이 벌어져서 수용자를 황당하게 만들고(비예측성), 결말에서는 황당하던 것을 (전혀 다른 시각에서의) 정확한 타당성을 제시함으로써 공감을 유도하게 하는 것이 핵심이다. 그 순간에 웃음이 폭발하게 되는 것이다. 이것이 유머의 웃음 유발 요인이요, 과정인 것이다. 단, ⓑ와 ⓒ를 겸하는 경우도 있다.

비예측성의 표출 전략

유머에서 비예측성을 표출하기 위한 전략에는 동음이의어를 활용하는 것에서부터 기존의 텍스트를 패러디하는 것까지 다양한 것들이 있다. 이 장에서는 유머의 비예측성을 효과적으로 구현하기 위해 활용되는 다양한 전략을 소개하고자 한다.

① 동음중의성(同音重義性)

중의성(ambiguity)은 화자가 제시한 하나의 표현이 둘 이상의 의미를 지님으로써 청자가 해석하는 데 곤란을 느끼는 복합적 의미 관계를 말한다. 따라서 중의성은 의사소통에 커다란 장애 요소가 된다. 그러나 이러한 장애가 유머에서는 수용자의 예측을 혼란스럽게 하는 데 기여하고 나아가 웃음을 유발하는 동인이 된다.

먼저 '발음의 유사성'을 활용하는 것이 있다. 여기에는 부정확한 발음으로 인한 경우, 한자어와 영어 발음을 이용한 경우 등이 있다. 다음은 경상도 사투리와 영어의 유사한 발음을 교묘히 대응시키고 있는 예이다.

> 부산 자갈치 아지매가 정류장에서 버스를 기다리고 있었다. 그 옆에는 미국인 여자가 같이 버스를 기다리고 있었다.
> 기다리던 버스가 오자, 자갈치 아지매가 하는 말. "왔데이(What day)" 그러자 미국인 여자가 눈이 휘둥그레지면서 하는 말. "Monday(먼데이)"
> 자갈치 아지매가 그 말을 듣고 대답하기를, "버스데이(birthday)"
> 그러자 미국인 여자 왈 "congratulation."

다음은 동음이의어(同音異議語)를 사용하는 경우이다. 베르그송(1924)에서는 같은 문장에서 "중복"이 익살스러운 효과를 낼 수 있는 무궁무진한 원천이라고 지적하고 있다. "중복"을 이용하는 다양한 수법 가운데 동음이의어를 가장 시시한 것으로 지적한 반면에 은유와 같은 것은 더 고급스런 것으로 보고 있다.

> 금슬 좋던 말 부부 중 암말이 죽었다. 숫말이 암말의 무덤 앞에서 이렇게 탄식했다. "아! 이젠 할 말이 없네." 숫말은 결국 새 장가를 들었다. 얼마 후 이번엔 숫말이 죽었고, 남편을 잃은 암말이

한숨을 쉬며 중얼거린다. "아! 이젠 해 줄 말이 없네."

'말'이 갖는 중의성으로 인해 수용자에 따라 반응이 달라진다. '말'을 '言'으로 해석하지 않고 '馬'로 해석할 때 수용자는 성(性)적인 행위를 연상하게 되고 웃음이 발생한다.

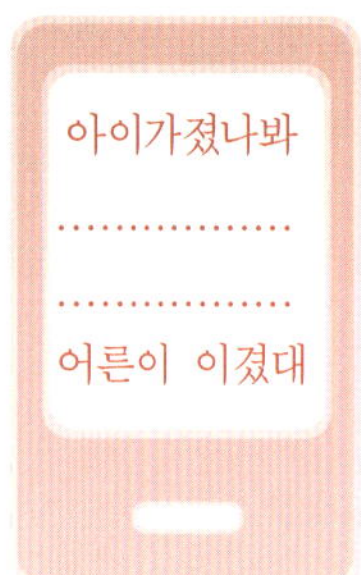

문자메시지 시리즈는 최근 새롭게 선보인 유형으로 중의성을 폭넓게 이용하고 있다. 문자메시지 시리즈는 구어가 아닌 문어라는 특징을 이용하고 있다. 첫째, 띄어쓰기 규칙을 교묘히 활용해서 의미의 중의성을 통해 수용자를 당황하게 하는 방법을 사용한다.

생산자는 수용자가 '아이 가졌나봐'(임신했다)로 띄어 읽도록 의도적으로 유도하고 있다. 수용자가 이런 생산자의 의도대로 이해하고 당황하는 순간 '어른이 이겼대'라는 뒷부분을 통해, 앞부분이 '아이가 졌나봐'라는 것을 이해하게 된다.

한글 맞춤법의 연철표기로 인해 소리가 같아지면서 발생하는 중의성도 자주 활용된다.

어떤 중년의 남자가 딸과 함께 오랜만에 레스토랑에 갔다. 세련되고 화려한 분위기에 배경음악으로는 바흐의 무반주 첼로곡 2번의 선율이 잔잔하게 흐르고 있었다. 두 사람이 돈가스를 주문하여 먹고 있는데, 음악에 취한 딸이 아빠에게 물었다.

"아빠, 이게 무슨 곡이에요?"

② 단어나 어구 재분석하기

이 장치는 단어나 어구를 제멋대로 분리하거나 결합하여 새로운 말이나 의미를 만들어 내어 웃음을 유발하는 것을 말한다. 이러한 장치는 앞에서 제시한 재분석형 유머 텍스트를 만드는 데 주로 이용된다. 기존에 있는 단어나 어구의 질서를 무너뜨려 웃음을 유발하는 것은 모두 이 범주에 해당한다.

서태지가 초등학교를 다닐 때였다. 어느 날 선생님께서 짧은 글짓기를 시켰다. 제목은 '덩달아'였다. 하지만 서태지는 너무 어려서 '덩달아'라는 말의 뜻을 잘 알 수 없었다. 그런데 마침 선생님은 서태지에게 발표하라고 시키셨다.
그러자 서태지가 하는 말,
"덩달이 어머님이 덩달이를 부르신다. 덩달아~"

"속내도 모르고 남이 하는 대로 따라하다"를 의미하는 '덩달아'를 '덩달이'라는 사람의 이름으로 해석해서 수용자의 예측을 빗나가게 한다.
영어 단어의 의미를 재해석하여 새로운 말이나 의미를 창출하는 경우도 있다.

IMF의 다양한 의미

- I am F : 난 에프 학점
- I am Fired : 나는 해고당했다
- I am Failed : 시험 떨어졌다
- I am Fasanza : 나는 파산자
- I am a Monster, Fuhaha : 나는 괴물이다. 푸하하
- Im Ma Fazulka : 임마 패줄까
- Ice Money Festival : 얼어붙은 돈의 축제
- I can Money Free : 내 깡통의 돈을 자유롭게

③ 사투리 활용하기

사투리의 활용도 웃음 유발의 중요한 장치의 하나이다. 이도영(1999)에서는 사투리를 활용하여 웃음을 유발하는 방법을 대략 세 가지로 보고 있다. 첫째는 상대방이 사투리를 알아듣지 못해 낭패를 당하는 경우이고, 둘째는 사투리를 활용하여 반전의 효과를 높이는 것이며, 셋째는 상황에 맞지 않는 사투리의 사용으로 분위기를 해치는 것이다.

다음에 예는 사투리를 활용하여 반전의 효과를 높이는 경우에 해당된다.

미국으로 유학을 다녀온 개구리가 있었다. 그 개구리가 모처럼 고국의 들판에 나가보니 풀을 뜯고 있던 소 한 마리가 있었다.

개구리가 소에게 다가가 혀 꼬부라진 말투로 물었다.

"소야 소야, 넌 무얼 먹고 사니?"

소가 대답했다. "풀을 먹고 산다."

그러자 개구리는 혀를 최대한으로 굴리며, "오우, 샐러드(Oh! salad)"

개구리가 이번에는 산 속으로 들어가서는 호랑이를 만났다. 이번에도 개구리는, "호랑아 호랑아, 넌 무얼 먹고 사니?"하고 물었다.

호랑이가 대답했다. "고기를 먹고 산다."

그러자 개구리는 이번에도 혀를 잔뜩 굴리며, "오우! 스테이크(Oh! steak)"

개구리가 이번에는 숲길로 접어들었다. 한참을 가다가 다시 누구를 만났는데, 이번엔 뱀이었다. "뱀아 뱀아, 넌 무얼 먹고 사니?"

그러자 뱀은 혀를 낼름거리면서, "나? 난 너처럼 혀 꼬부라진 소리하는 놈을 잡아먹지."

그러자 그 말을 들은 개구리의 안색이 창백해지면서 하는 말, "아따, 성님도 왜 그런다요."

④ 연상하기

고정관념에서 벗어난 자유로운 상상력은 유머 생산의 중요한 조건이다. 누구나 떠올릴 수 있는 습관적인 연상에서 벗어나서 번뜩이는 기발한 연상이 필요하다. 김진배(1997)에서는 연상하기를 '언어 연상', '형태 연상', '이미지 연상'의 세 가지 유형으로 나누고 있다. 언어 연상은 앞에서 살핀 동음성과 같은 맥락에서 이해할 수 있다.

'형태 연상'은 기존에 있는 사물의 형태에 특정 의미를 부여하여 대상이 되는 그 사물을 새롭게 해석함으로써 웃음을 유발하는 장치이다. 숫자와 알파벳 시리즈는 모두 여기에 해당한다.

어느 날 1이 길을 가다가 7을 만났다. 1이 반갑게 말한다. "너 앞머리 길렀구나."

그때 9가 나타나자 1이 역시 반갑게 말한다. "너는 파마했구나."

이번에는 11이 나타났다. 그러자 1이 부럽다는 듯 말한다.

"어머, 너 그새 결혼했구나."

위 유머의 특징은 1을 기준으로 모든 숫자들에 특징을 부여했다는 점이다. 7은 앞머리를 길렀고, 9는 파마를 했고, 11은 결혼을 했다는 식으로 각각의 형태를 의인화한 것이다. 그렇다면 4는 팔에 깁스를 한 것이 되고, 6은 임신부가 되고, 3은 꼬부랑 할머니가 된다.

소문자와 대문자를 통해 형태적인 것을 연상해 내는 기법을 사용하고 있는 경우도 있다.

영어 선생님이 한번은 칠판에다 큼직하게 'SALT'라고 써놓고 물었다.

"이게 무슨 뜻이지?"

그러나 학생들 누구도 대답을 하지 못했다.

"아니, 바로 어제 배운 걸 아는 사람이 하나도 없단 말야?"

다들 꿀 먹은 벙어리처럼 입을 다물고 있는 사이에 재빨리 노트를 뒤져보던 한 학생이 'salt, 소금'이라는 필기를 보았다.

⑤ 비속어 활용하기

비속어는 대화의 분위기를 갑자기 전환시킴으로써 웃음을 유발시킨
다. 특히 점잖은 자리에서의 비속어의 출현은 딱딱한 분위기의 틀을 깨
는 파격을 가져올 수 있다. 그러나 지나친 비속어의 사용은 오히려 대화
의 분위기를 해칠 수 있기 때문에 주의가 필요하다.

손세모돌(2000)에 의하면 비속어가 웃음 창출에 기여하기 위해서도 의
외성은 필수적이다. 그것은 비속어 자체가 웃음을 가져오지는 않기 때문
이다. 다만 비속어가 사용되는 상황에 따라 웃음을 유발한 가능성이 있
는데, 그 상황은 비속어를 사용하리라고 예측하기 어려운 상황이다.

위의 경우에 아버지를 향해 '제기랄, 믿을 놈'이라고 외치는 아들의 모습

은 전혀 어울리지 않는 상황의 연출이기에 웃음을 유발할 가능성이 크다.

고전 작품에서도 비속어는 웃음 유발과 신랄한 풍자를 위해 꼭 필요한 장치이다.

꼭두각시　내 얼굴은 뉘 탓이오? 강원도 가서 영감 찾느라고 깊은 산중에 도토리묵을 먹어서 그렇게 되었소.

표 생 원　머 어쩌고 어째여? 산골에서 묵을 먹고 얼굴이 저 조격이 되었으면 나는 함경도 백두산에 다녀서 삼수 갑산으로 나올 제, 강낭이와 사수리를 통채로 삶아 먹었는데 우툴두툴커녕 내 얼굴엔 네가 나막신을 신고 다녀 봐라. 해고 망칙스런 년, 요사스런 계집도 많다.

꼭두각시 놀음

⑥ 목소리 흉내 내기

앙 앙(?)녕하세요~
드 드(?)자이너에요
레 레(?)이름은요
김 김봉님이에요

성대모사는 전통적인 재담에서부터 현재의 개그에 이르기까지 가장 흔하면서도 중요한 웃음유발의 기법이다. 한때 전직 대통령이 목소리를 흉내 내는 것이 유행하였고, 최근에는 방송프로그램에 등장하는 연예인이면 누구나 성대모사 개인기를 하나쯤 보여줄 정도로 유행하고 있다. 목소리 흉내 내기는 '누구누구 버전'이라는 유형과 삼행시 유형 등에서 자주 나타난다. 목소리 흉내 내기는 흉내 대상에 대한 희화화(戲畵化)

와 흉내 내는 사람의 희화화가 어우러져 웃음을 자아낸다. 따라서 완벽한 흉내는 오히려 웃음 유발의 장애 요소가 된다. 목소리 흉내 내기는 전혀 어울릴 것 같지 않는 모방자의 그럴듯한 흉내가 가장 큰 웃음을 불러일으킨다.

다음의 유머는 연예인들의 드라마나 광고 속의 대화를 모기에 물렸을 상황에 맞게 패러디한 유머이다. 이러한 경우는 생산자가 얼마나 그럴듯하게 흉내를 내느냐에 따라 수용자의 반응은 전혀 다를 수 있다.

⑦ 동문서답하기

묻는 말에 대하여 아주 딴판인 엉뚱한 대답을 함으로써 이야기를 반전시키는 방법이다. 여기에는 '오해', '의도적 오해', '궤변' 등이 속한다.

'오해'는 상대방의 말을 잘못 이해하거나 해석하여 엉뚱한 대답을 하는 경우이다.

맹구가 경찰관이 되려고 시험을 치렀다. 간신히 필기 시험에 합격하여 며칠 뒤 면접을 보게 되었다.

"자네, 링컨이 누구한테 피살당했는지 아나?" 시험관의 질문에 맹구는 이렇게 대답했다. "저, 내일 오전 안으로 알려드리겠습니다." 시험관은 어이없는 표정을 지었다.

그런데 집으로 돌아온 맹구는 자기 아내에게 이렇게 말하는 것이었다.

"여보, 나 첫날부터 사건 맡았어."

'의도적 오해'는 상대의 말에서 생략된 부분이나 복수 해석의 여지가 있는 부분을 이용하여, 상대의 말을 잘못 알아들은 척하면서 엉뚱한 대답을 하는 것을 말한다. 말 속에 내포되어 있는 논리적 모순, 중의성, 모호성 등을 활용하는 기법으로 대화전제의 위배와 밀접한 관련이 있다.

박봉에 시달리던 사원 하나가 큰마음을 먹고 사장실에 들어섰다.

"어젯밤에 집사람하고 길게 의논을 했는데요. 지금 월급으로는 도저히 두 식구가 먹고 살기 힘들다는 결론이 나서……"

사장이 황당하다는 표정으로 대꾸한다.

"그래서 지금 나한테 이혼 문제를 상의하러 온 건가?"

위 유머의 경우에 상대의 말과 나의 대답 사이에는 이해와 곡해라는 두 개의 단계가 존재하고 있다. 즉, "㉠ 상대의 말 → ㉡ 정상적 이해 →

ⓒ 고의적 곡해 → ⓓ 나의 말"이라는 네 단계를 거친다. '박봉으로 두 식구가 살 수 없다'는 사원의 말을 사장은 '월급을 올려달라는 말'로 정상적 이해를 하였음에도 '이혼 문제에 대한 상담'이라는 고의적 곡해를 하고, "지금 나한테 이혼 문제를 상의하러 온 건가?"라고 대답하고 있는 것이다.

'궤변(詭辯)'은 이치에 맞지 않는 말로 그럴 듯하게 꾸며대는 것을 말하며, 일종의 거짓 추론이라 할 수 있다. 궤변을 이용해 유머 텍스트를 만들기 위해서는 불합리를 합리로 혹은 비논리를 논리로 포장하는 능력이 필요한데, 말도 안 되는 이야기를 말이 되는 것처럼 표현하는 것이 궤변을 웃음으로 연결시키는 능력이다.

신부님이 명수를 길에서 붙잡고서, "명수 군, 그처럼 일렀는데도 또 술집에서 나오는군. 어떻게 해야 그 버릇을 고치지."

그러자 명수가 말했다. "하지만 저는 아직 취하지 않았어요. 친구들과 맥주를 조금했을 뿐인 걸요. 그저 그것 뿐이예요."

"이건 위스키가 약간 들었는데……"

"삼분의 이는 친구의 것입니다."

"좋아. 그렇다면 자네 몫인 삼분의 일은 지금 여기서 개천에 쏟아 버리게. 어서 쏟게."

"그게 그렇게는 안 되죠. 제 몫은 밑에 있으니까요."

⑧ 되받아치기

되받아치기는 상대방의 말이나 물음, 행동 등을 무색하게 만들거나 면박을 주어 자신을 변호하는 기법으로, 어려운 상황을 자연스럽게 헤쳐 나가는 데 그 묘미가 있다.

어느 장관이 의회에서 국민 보건을 주제로 연설을 했다. 그 때 한 의원이 벌떡 일어나 고함을 질렀다.

"장관은 수의사 출신 아니오? 수의사가 사람의 건강에 대해 얼마나 안다고 그렇게 떠들어 대는 거요."

그러자 장관은 의원의 급습에 아랑곳없이 이렇게 답변했다.

"네, 저는 수의사입니다. 혹시 어디가 편찮으시면 아무 때고 찾아오십시오."

되받아치기에는 제 꾀에 제가 넘어가는 '자승자박(自繩自縛)'의 결과를 초래하는 유형도 있다.

홍부와 놀부가 하늘나라에 가서 판사의 심판을 받게 되었다. 하늘의 판사가 홍부에게 먼저 물었다.

"이승에서 나쁜 일을 몇 번이나 했느냐?"

"3번입니다."

곧 판사의 판결이 내려졌다. "홍부를 바늘로 3번 찔러라."

이번엔 판사가 놀부에게 같은 질문을 했다. 놀부는 속으로 나쁜 일을 많이 했다고 하면 팔이 아파 바늘로 못 찌를 거라고 생각하고, "셀 수 없이 많습니다."라고 대답했다.

그러자 판사가 말했다. "조 놈을 재봉틀로 박아라."

⑨ 고정관념 이용하기

이야기의 앞부분에서 수용자의 고정관념을 이용해서 특정한 방향으로 생각을 하게 하여 결말 또는 반전의 내용을 예측하지 못하게 하는 경우에 해당한다. 가장 보편적인 것이 상황의 고정관념을 이용하는 것이다.

미국인, 일본인 그리고 한국이 이렇게 세 명이 아프리카를 여행하다 무단 침입으로 야만인들에게 붙잡혀 곤장 100대씩을 맞게 되었다. 다행히 야만인 추장은 이들에게 한 가지씩 소원을 들어 주기로 했다. 첫 번째 미국인은 "제 등 위에 방석 6장을 올려 주십시오." 추장은 소원을 들어 주었다. 그리고 곤장 100대를 맞았다. 하지만 방석이 너무 얇아 70대째에 방석이 다 찢어져 나머지 30대를 맞곤 아물아물한 정신으로 "그래도 나는 창조력이 뛰어난 민족이야."하고 중얼거리더니 정신을 잃고 말았다.

이 과정을 쭉 지켜 본 일본인은 "제 등 위에 침대 매트리스 6개를 올려 주십시오." 일본인의 소원을 들어 주고 곤장이 시작됐다. 일본인은 100대를 맞는 동안 줄곧 웃기만하다 일어났다. "역시 나는 모방의 기술이 뛰어난 민족이야."하며 매우 좋아했다. 야만인 추장은 마지막으로 남은 한국인을 향해 "자, 네 소원은 무엇이냐?"

위 텍스트는 다음과 같은 일정한 흐름을 가지고 있다.

그렇다면 수용자는 ㉠의 자리에 '방석'이나 '매트리스'보다 더 단단한 무엇이 들어가리라고 예측하게 된다. 그리고 ㉡의 자리에도 '창조력', '모방의 기술'에 버금가는 어떤 민족적인 특징이 나오리라고 예측하게 된다. 즉 수용자는 상황에 알맞은 고정관념을 갖게 된다. 그러나 결과는 전혀 다르다. 수용자의 상황에 대한 고정관념이 빗나가게 된 것이다. 물론 이 텍스트에는 일본에 대한 적개심이 수용자에게 통쾌감을 주는 측면도 있다. 그러나 근본적으로 흐름에 따라 결과를 예측한 수용자의 예측이 빗나감으로써 웃음이 발생하게 된다.

또 다른 경우로 배경 지식의 고정관념을 이용하는 경우가 있다.

위의 경우 친구는 칠구가 단정해진 이유를 장가를 가서 아내가 바느질을 잘 해 준 덕분이라고 생각한다. 대부분의 사람들이 이러한 고정관념을 가지고 있다. 그러나 칠구가 단정해진 이유는 아내에게 바느질을 배워서라고 한다. 이는 수용자의 일반적인 배경 지식의 고정관념에서 벗어나는 결과이다.

⑩ 특징 찾아 핵심 찌르기

사물, 인물, 상황 등 대상의 일반적인 또는 전형적인 특징을 찾아내서 이를 간략하게 표현하여 웃음을 유발하는 방법이다.

위의 경우는 다른 대상과의 차이점을 통해 특징을 찾아내고 있다. 치한을 만나서 근처 카페로 데리고 간다는 30대 노처녀의 우스꽝스러운 모습이 웃음을 유발시키고 있다.

다음의 경우는 한 마디의 말로 상황을 뭉뚱그려 표현하는 방법이다. 이때 말과 상황의 교묘한 일치가 웃음을 유발한다.

아이들의 기발한 말 풀이

- 세뱃돈 : 큰 건 엄마가 갖고, 작은 건 내가 가져요.
- 손님 : 이 사람이 가면 막 혼나요.
- 도장 : 여기 있는 글자는 읽기가 힘들어요.
- 출동 : 이것 할 때 진짜 가까워도 차 타고 가야 돼요.
- 정 : 이게 있으면 물건을 못 버려요.
- 광고 : 매일 맛있다고 하고, 맛없다는 사람은 아무도 없어요.
- 변장 : 엄마가 아빠랑 외출하는 거요.

⑪ 정곡 찌르기

정곡 찌르기는 사실을 사실대로 말함으로써 사물이나 사건, 현상의 핵심을 찌르는 기법으로 세태 풍자 유머에 많이 사용된다. 사실을 사실대로 솔직하게 말한다는 점에서 '특징 찾아 핵심 찌르기'와 구분된다.

목사님이 천국과 지옥에 대한 설교를 하고는 학생들에게 말했다.

"자. 이제 여러분! 천국에 가고 싶은 사람은 손을 들어봐요."

전부가 조그마한 손을 번쩍 들었다. 그들의 눈은 천국의 모든 것들이 보이는 듯했다. 그런데 한 아이가 아무렇지도 않은 듯이 천장을 바라보고 앉아 있었다. 목사님이 이상하게 여기고 그 아이에게 물었다.

"얘야! 너는 천국에 가고 싶지 않다는 말이냐?"

그 아이는 당연하다는 듯이 대답했다.

"예, 목사님. 저는 만원 버스 타기에 질렸는걸요."

"천국과 만원 버스가 무슨 관계가 있니?"

"이렇게 모두가 천국엘 가면 천국의 버스는 더 만원일 것 아니에요?"

⑫ 과장하기

무엇인가를 터무니없이 부풀려서 말하는 과장은 다양한 웃음 유발 장치 중에서도 가장 고전적인 것에 속한다. 고의적인 거짓말은 남을 해롭게 하지만 드러내 놓고 하는 거짓말은 서로에게 친근감을 불어넣을 뿐 아니라 때로는 유쾌한 웃음의 수단이 되기도 한다.

어느 화장품 회사에서 머리털을 나게 하는 발모제를 만들었는데 전혀 팔리지 않았다. 중역 회의에서 광고에 허점이 있다고 판단하여 광고문을 현상 모집했다. 1등 당선작은 이런 것이었다.

"이 탈모제는 탈지면이나 솜방망이로 발라야 합니다. 만일 손가락으로 바르시면 손가락에 털이 나서 곤란합니다."

과장으로 웃음을 이끌어 내는 방법은 인과 관계에 따라 크게 두 가지로 나눌 수 있다. 하나는 평범한 원인으로부터 과장된 결과를 이끌어 내는 방법이고, 다른 하나는 평범한 결과로부터 과장된 원인을 유추해 내는 방법이다. 위의 유머는 전자에 속하고, 다음은 후자에 속한다.

대원군이 집정할 때의 일이다. 청나라에서 온 사신을 데리고 여기저기 구경을 시켜주던 조선의 관리가 경복궁을 보여 주었다.

"저 건물을 짓는 데 얼마나 걸렸소?"

"글쎄요, 한 삼 년쯤 걸렸을 겁니다."

그러자 청나라 사신이 다시 물었다. "그럼 저 건물은 얼마나 걸렸소?"

"저건 1년밖에 안 걸린 것으로 압니다만."

"쯧쯧…… 청나라에서는 석 달이면 충분하오."

청나라 사신의 허풍에 기분이 상한 조선 관리는 묵묵히 남대문으로 발걸음을 옮겼다. 그러다가 남대문 앞에 이르렀다. "이 건물은 얼마나 걸렸소?"

청나라 사신의 질문에 조선의 관리는 이렇게 대답했다.

"어, 이상하다. 어제 아침까지만 해도 분명히 없었는데!"

⑬ 반대 표현 이용하기

프로이트는 반대에 의한 표현이 농담 기술에서 강력한 효과를 내는 수단이라고 하였다. 긍정이 적절했을 곳에 부정이 대신 쓰이는 것은 '강

조된 긍정'이오, 부정이 적절했을 때에 긍정이 쓰이는 것은 '강조된 부
정'이라고 한다.

관람객 일반을 대신해서 아가씨가 등장하고, 말 타는 사람의 형상은
웰링턴 공작이라는 구체적 인물로 형상화된다. 사람들에게 입장료를 받
으면서 아무 것도 제공하지 않는 안내인의 뻔뻔스러움이 그 반대, 즉 자
신은 관람객이 돈을 지불하면서 얻은 권리를 존중하는 데 관심을 두는
양심적인 사업가임을 강조하는 말로 표현된다.

⑭ 패러디하기

패러디(parody)는 어떤 저명 작가의 시(詩)의 문체나 운율(韻律)을 모방
하여 그것을 풍자 또는 조롱 삼아 꾸민 익살 시문(詩文)을 말한다. 어떤
인기 작품의 자구(字句)를 변경시키거나 과장하여 익살 또는 풍자의 효
과를 노린 경우가 많다. 유머 텍스트에서는 노래 가사 바꾸기, 속담이나
격언 바꾸기, 유명인들의 말 바꾸기, 시조 형식 이용하기, 드라마나 영화
또는 광고를 패러디하기 등 다양한 형태로 나타난다. 이러한 패러디하기

는 원전을 얼마나 절묘하게 변형시키느냐가 웃음 유발의 관건이다. 다음
은 성경의 주기도문을 패러디한 유머의 예이다.

컴퓨터를 위한 기도

메모리에 있는 우리 프로그램, 암호를 거룩하게 하옵시며,
운영체제에 임하옵시며, 명령이 모니터에서 이루어지는 것과 같이 프린터
에서도 이루어지이다.
오늘날 우리에게 일용할 데이터를 주옵시고, 우리의 파일의 에러를 사하
신 것과 같이 우리를 사하여 주옵시고, 우리를 다운에 들게 하지 마옵시고,
다만 정전에서 구하옵소서.
대개 cpu와 하드와 플로피가 컴퓨터께 영원히 있사옵니다. 엔터!

수용자의 용인성

비예측성 못지않게 중요한 것은 유머 내용에 대해 수용자가 공감
할 수 있느냐 하는 것이다. 즉 '수용자의 용인성'의 문제이다. 격차, 해방
감, 우월감 등이 유머의 내적 요소라면 이렇게 만들어진 유머를 어떻게
받아들이는가 하는 것은 수용자의 용인성에 결부되는 문제이다.

동일한 내용의 유머를 들었을 때 어떤 수용자는 박장대소를 하는 반
면에 어떤 수용자는 아주 썰렁하다는 듯이 반응하는 경우가 있는데, 이
는 바로 용인성과 관련이 있다. 셰익스피어의 『사랑의 헛수고』에서 "익
살의 성공은 익살을 듣는 이의 귀에 달린 것이지, 익살을 하는 이의 혀

에 달린 것은 아니다."라는 대목에서 알 수 있듯이 유머의 성패는 수용
자의 용인 여부에 달려 있다고 할 수 있다. 이러한 용인성은 유머 내용
전반에 대한 생산자와 수용자 사이의 폭넓은 공감대가 형성될수록 쉽게
이루어진다.

　　여자의 내숭이 도출되면 여자들은 수줍어하면서도 '맞아, 맞아, 나도
저래!' 하고 공감하거나, '나만 그런 건 아니네!' 하는 해방감을 느끼며
웃음을 터트린다.

　　생산자와 수용자 사이의 공감대가 형성되기 위해서는 배경지식을 공
유해야 한다. 수용자의 배경지식으로 이해할 수 없는 유머는 좋은 유머
가 되기 어렵다.

　　프랑스를 여행중인 한 외국인이 성당에서 결혼식을 구경하다가

옆에 있던 사람에게 물었다.

"신랑이 누굽니까?"

"쥬느쎄빠."

다음날 다시 성당에 들러보니 이번엔 장례식이 열리고 있었다.

그는 옆자리의 중년부인에게 물었다.

"죽은 사람이 누굽니까?"

"쥬느쎄빠."

대답을 들은 외국인이 혀를 차며 가엾다는 듯 말했다.

"쯧쯧, 결혼한 지 하루 만에 죽다니."

이 유머는 '쥬느쎄빠'라는 프랑스어의 의미를 수용자가 이해하느냐 하지 못하느냐에 따라 그 성패가 달라진다. '쥬느쎄빠'는 불어로 '모른다'는 뜻이다. 잘 모르겠다는 프랑스인의 대답을 외국인이 이름으로 착각했다는 것이 웃음의 포인트이다. 그러니 '쥬느쎄빠'가 뭔지 아는 사람은 웃지만 그게 뭔지 모르는 사람을 웃을 수가 없는 것이다.

빌 게이츠가 노환으로 임종을 맞게 되었다. 꿈에 천사들이 나타나서 천당과 지옥의 모습을 보여주며 마음에 드는 곳을 고르라고 말했다. 그런데 모니터에 등장한 천당의 모습은 별로 특별한 것이 없는 반면에 지옥은 뜻밖에도 너무나 아름답고 평화롭게 보였다. 온갖 기화요초가 피어있는 길가에는 반라의 미녀들이 하프를 연주하고 있었다. 게다가 강물에는 꿀이 흐르고 나무엔 돈다발이 주렁

컴퓨터에 대해 어느 정도의 관심이나 지식이 있는 사람이라면 당연히
함께 웃음을 터뜨릴 수 있겠지만, '데모버전'이 무엇인지 모르는 수용자
는 웃고 싶어도 도무지 웃을 수가 없다.

이상에서 살핀 것 같이 수용자의 배경지식은 매우 중요하다. 그렇다면
생산자가 수용자들에게 유머를 알아듣는 데 필요한 정보를 먼저 제공하
면 어떨까? 결론부터 말하자면 수용자는 유머와 관련된 배경지식을 생산
자가 말해 주지 않은 상태에서 알고 있어야 한다. 물론 문제에 대한 사
전 지식이 없는 사람이라 해도 해법을 충분히 이해하고 받아들일 수 있
다. 생산자가 자세히 설명해 주면 그만이다. 하지만 유머를 나눌 때 이
런 방법을 쓰면 유머는 거의 실패하게 마련이다. 왜냐하면 우스개는 두
사람이 같은 배경을 공유하고 있다는 암묵적인 합의에서 출발하는 것이

기 때문이다. 이것이 바로 우스개의 기반이 되는 것으로 테드 코언은 '친교'라고 했다. 친교란 공동체에 속한 사람들이 함께 나누는 느낌이다. 구체적으로 말하면 공통의 세계관과 어떤 일에 대한 공통된 반응이라고 할 수 있다.

용인성은 그 범주를 넓힐 경우 '상황의 적합성'과도 관련이 있다. 생산자와 수용자 사이의 상호 작용이 완벽하게 조화를 이루었을 때 가장 이상적인 유머가 될 수 있다. 상대방과의 대화에서 적절한 상황에서 표현된 유머는 상대방의 웃음을 유발하지만 적절한 상황에서 벗어난 유머는 오히려 대화 분위기를 서먹하게 만드는 역효과를 가져올 수가 있다.

다음 장에서 구체적으로 다루겠지만 유머가 주로 표적으로 삼는 특정 부류에는 열등집단과 우월집단이 있다. 열등집단을 유머에 등장시키는 이유는 유머 텍스트의 수용자에게서 상대적 우월감을 느끼게 함으로써 웃음을 유발시킬 수 있기 때문이다. 반면에 우월집단을 대상으로 한 유머는 주로 그 집단의 부정적인 면을 폭로하고 풍자함으로써 상대적 열등감에 빠져 있는 대부분의 수용자들에게 쾌감을 줄 수 있다. 또한 풍자의 대상이 되는 우월집단에 속한 수용자들의 경우에도 그러한 유머를 통해 자신들에 대한 비판을 겸허하게 수용하고 반성할 수 있는 계기가 될 수 있다. 그러나 특정 집단을 소재로 한 유머는 특성 십난을 대상으로 구언될 경우 심한 불쾌감을 초래할 수도 있다.

덩달이가 할머니와 끝말잇기 놀이를 하고 있었다. 벌칙은 진 사람이 물 한 사발 마시기였다. 덩달이가 어려운 단어로 시작을 했

다. 덩달이가 "마을"하자 할머니가 "을굴(얼굴)"하고 되받았다. 덩
달이는 물 한 사발을 들이켰다.

2차전. 덩달이는 회심의 일격을 날렸다. "오뎅." 그러자 할머니
가 되받았다. "뎅장국." 덩달이는 또 물 한 사발을 들이켰다.

3차전. "이번엔 어려울 거야." 분노에 찬 덩달이는 또 "오뎅"하
고 소리쳤다. 그러나 결국 덩당이는 세 번째 사발을 들이킬 수밖에
없었다.

할머니 왈, "뎅그랑 땡."

위 유머는 할머니의 무식함을 통해 웃음을 유발하고 있다. 물론 할머
니들의 정확하지 못한 발음 등이 유머의 소재가 되는 경우도 많지만, 그
대상이 할머니로 특징지어질 때는 자칫 노인에 대한 경시, 나아가 여성
에 대한 비하라는 측면으로 이해되기 쉽다. 특히 할머니들을 대상으로
이러한 유머를 구사한다면 웃음보다는 불쾌감을 주기 쉽다.

외설적 유머에서도 그 내용이 수용자나 수용자와 관련된 사람의 이야
기일 경우 웃음을 유발하지 못한다. 또한 여성들 앞에서의 노골적 음담
패설은 웃음보다는 오히려 심한 불쾌감을 줄 수 있다.

남편의 의지가 약하다고 마누라가 바가지를 긁었다.

"뭐예요? 술 안 마신다고 해놓고 매일 술에 취해 퇴근하고 조깅
복을 사놓고 하루도 뛰지 않았어요. 옆집 아저씨 보세요. 담배를
끊는다 하고는 벌써 3개월 째 금연을 실천하고 있대요."

"좋았어. 오늘부터 나도 결의를 보이는 뜻으로 금욕 생활 시작이
다."

그렇게 말한 날부터 그는 부인 곁에는 얼씬도 하지 않았다. 일주
일이 지나자 부인이 남편의 베개 옆에 와서 속삭인다.

"여보, 옆집 아저씨가 다시 담배를 피우기 시작했대요."

성과 관련된 유머는 쾌락을 억제하는 현실원칙 아래에 잠재되어 있는
인간의 성적 욕망을 분출시켜 주고 있다는 점에서 인간 본연의 욕구를
잘 보여 주고 있다고 할 수 있고, 웃음을 불러올 수도 있다. 그러나 이
러한 성적인 이야기는 상황에 적합하지 않을 경우 불쾌감을 줄 수 있다.
또한 상대방이 여성인 경우에는 특히 조심해서 구사할 필요가 있다.

유머의 또 하나의 특징은 현실에서는 실현될 수 없는 허구적 상황을
용인할 때 유머가 성립될 수 있다는 것이다.

박첨지	쉬이, 여보게 큰일났네.
신받이	뭐가 큰일나.
박첨지	평안감사께서 꿩을 잡아 내려가시다가 저 황주 동설령 고개에서 낮잠을 주무시다가 개미란 놈에게 불알땡금 줄을 물려 직사하고 말았다네.
신받이	그럼 상여가 나오겠군.

꼭두각시 놀음 — 평안감사 마당

‘개미에게 불알땡금줄을 물려 직사했다’는 것은 실제 현실에서 있을
수 없는 허구적인 것이다. 그런데 이러한 허구적인 것을 용인했을 때만
이 유머는 성립된다. 소설 속의 세계도 허구이다. 그러나 소설 속의 세
계는 실현 가능성이 있는 허구이다. 반면에 유머 속의 허구는 현실에서
실현되기 어렵다. 이러한 허구의 세계를 용인해야만 성립할 수 있다는
것은 유머만의 특성이라고 할 수 있다. 그런데 이러한 허구의 세계를 수
용자는 용인하면서도 용인할 수가 없다. 이러한 모순적인 이중 구조에서
오는 ‘낯설게 하기’가 웃음을 유발시키는 것이다.

3

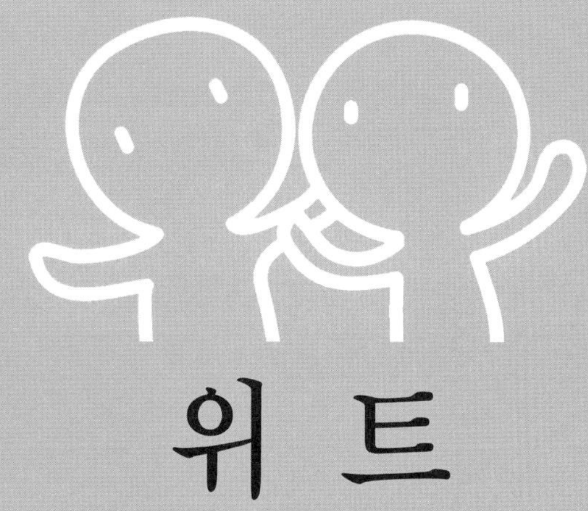

위 트

권투선수 무하마드 알리가 비행기를 탔다, 비행기가 이륙하려고 활주로를 향해 천천히 나아가자 한 여승무원이 그에게 안전벨트를 매라고 주의를 주었다.

그러자 알리는 미소를 지으며 말했다.

"슈퍼맨에게 안전벨트가 무슨 필요가 있소?"

그러자 여승무원 또한 미소를 지으며 말했다.

"슈퍼맨에게 비행기가 무슨 소용이 있죠?"

위트에 관한 여러 견해

위트는 원래 언어를 무기로 해서 적대자를 조소(嘲笑)하는 것에서 시작되었다고 한다. 그러다가 적대자라는 관점이 점점 희미해지면서 말 자체를 대상으로 하는 '지적 유희'라는 측면이 강조되어 왔다는 것이다.

그동안 유머와 위트에 관한 서적이 많이 나왔는데 출전이 불분명하지만 나름대로 위트에 대하여 정의한 말들을 모아보면 대충 다음과 같다.

- 위트는 때와 장소 그리고 경우에 따라 그때그때 재치 있게 대응하는 슬기요, 임기응변이라고 정의할 수 있다.

- 기지의 말은 의도적인 것으로 상대방의 허를 찔러 전세를 역전시키는 말의 화살이라고 할 수 있다. 따라서 위트에 의한 웃음은 만들어지는 웃음이다.

• 위트는 이중적 의미를 갖는다. 언어의 표면적 의미 배후에는 참된 의미가 숨어 있다. 상대방에게 직접적으로 표현할 수 없는 것을 우회적으로 표현하는 데 효과적이다. 위트는 독설(毒舌)과 종이 한 장의 차이로 노골적인 독설이 되지 않게 하는 것이 중요하다. 이러한 위트를 자유자재로 구사하기 위해서는 상대방의 급소나 약점을 재빨리 파악하고, 적절한 대응 시점을 판단하는 지적 능력이 필요하다.

• 보통 결부시켜 생각할 수 없는 사물 사이에 남이 알아차리지 못한 관계를 발견하고 이것을 흥미 있는 말로 교묘하게 표현하는 재능이 위트이다. 유머는 미소를 자아내게 하는 정적 표현이요, 위트는 웃음을 터뜨리게 하는 지적 표현이다.

• 프로이트는 위트를 악의 없이 웃음이나 미소를 자아내는 ‘무해한 위트’와 공격적이고 상태를 해치는 ‘저의가 있는 위트’로 구분하고, ‘무해한 위트’는 때와 장소에 알맞은 적절할 위트로 대화를 재미있게 하고, 분위기를 부드럽게 하는 데 기여한다.

• 위트는 기지라고 부를 수 있으며, 사람의 지적 재능을 토대로 해서 웃음을 일으키는 것이다. 그 웃음은 말한 사람 그 자신이 의식적으로 만들어 낸 것으로 대응하는 재담 속에는 상대방을 다시 공격하는 의도가 담겨 있다.

• 위트는 야유를 받는가 해서 묘한 입장에 처하게 된 사람이 순간
  적으로 지적 재능을 발휘해서 웃음으로 받아넘긴 것이다. 그리고
  그 웃음은 말한 사람 자신이 의식적으로 만들어낸 것이다. 또한
  대응하는 재담 속에는 상대방을 다시 공격하는 의도가 담겨 있
  다. 말은 매우 부드럽게 했으나 말 속에 칼날이 번뜩이고 있다.

• 위트는 짧고 교묘하고 희극적인 놀라움을 일으키도록 계획적으
  로 고안된 언어적 표현을 의미한다. 그 놀라움은 흔히 단어들이
  개념 사이의 예견치 못했던 관계나 구별의 결과로 나타나는데,
  그것은 듣는 사람의 기대를 좌절시키는 것이지만 결과적으로는
  다른 방식으로 충족시킨다.

이상의 여러 견해들은 나름대로 어느 정도 위트의 개념을 분명히 드러
내고 있다. 이들의 견해를 염두에 두고 위트의 개념을 살펴보기로 하자.

위트의 개념

위트란 ① 순간적으로 발생한 상황에서 ② 기지(機智), 재치(才致), 말재주, 임기응변(臨機應變)의 능력으로 아주 ③ 정확한 타이밍에 가장 적절한 내용을 ④ 그리고 짧게 말하는 언어 예술이다. 위트는 화자의 의도와 그때의 상황을 정확히 파악하고 문제가 무엇인지를 정확히 아는 데서 출발한다. 그리하여 위트는 ⓐ 문제를 해결하고, ⓑ 곤경을 벗어나며, ⓒ 어려운 분위기를 일시에 전환한다든지 ⓓ 방어를 넘어서 상대를 곤경으로 몰고 가기까지 한다. 또 경우에 따라서는 ⓔ 좌중을 웃기기도 하고, ⓕ 세태나 인간성 또는 사림의 인성을 비웃고 고발할 수도 있다. 이것은 위트의 효용이다. 위트는 말 그 자체의 진실을 추구하지는 않으나, 거시적 구조에서 보면 그 어떤 종류의 표현보다 진실을 추구한다.

순간적으로 발생한 상황

순간적이라는 말의 의미는, 예측하지 못한 돌발 '상황'을 가리킨다. 아주 오랜 시간을 가지고 궁리한 끝에 하는 이야기는 아무리 정곡을 찔렀다 해도 위트라고 할 수는 없다. 그냥 위대한 지혜가 될 수는 있을지언정 위트라고 하기는 어려울 것이다. 실제로 이야기 현장에서 앞 사람의 말이나 행동에 대한 즉각적 반응으로 나오는 경우만을 위트로 인정 할 수 있는 것이다.

그러나 시간이 지속된 뒤에 후속조치로 나오는 경우도 전연 없지는 않다.

1 어느 날 아침, 어떤 현자가 자기한테 배달된 편지를 뜯어보았다. 그런데 편지에는 '바보!'라는 단어밖에 없었다. 다음날, 현자는 제자들을 불러놓고 말했다.

"나는 지금까지 내용을 다 쓰고 나서 자기 이름을 안 쓴 편지는 많이 받아보았다. 그런데 어제는 자기 이름만 쓰고 내용은 안 쓴 편지를 한 통 받았다. 여러분은 매사에 이렇게 건망스러운 일이 없기 바란다."

2 어떤 신문에 '이 나라 국회의원의 절반은 도둑이다!'라는 기사가 나갔다. 그 기사가 보도된 후, 온 국회가 발칵 뒤집혀 격렬하게 항의했다. 국회는 즉각 압력을 가해 신문사에 정정 기사를 싣도록

(1)은 상대와 마주 대하고 대화를 하는 가운데 일어난 것이 아니라 편
지에 의해서 상황이 주어진다. 그리고 화자가 즉각 대응하지 않고 하루
를 지난 다음에 대응을 한다. 이 두 가지 이유 때문에 고도의 지능으로
자신의 체면을 세우고 있기는 하지만, 그 뛰어난 재치에 비하여 효과가
상당히 떨어지는 것을 느낄 수 있다.

(2)는 신문 발간과 관계되는 것이기 때문에 신문사측에서 즉각적으로
대응할 수가 없다. 그러나 다음날 기사내용을 확인할 때까지는 대상인
국회나 제삼자인 수용자가 미리 정보를 알 수가 없다. 더구나 당사자인
국회에서는 미리 정보를 알게 되었지만 제삼자인 독자나 청자는 마지막
순간까지 전연 알 수가 없다. 작중화자가 기사내용을 공개해야 비로소
알 수 있다. 이 점이 (1)에 비하여 '순간적 상황'이라는 위트로서 조건이
낮다고 할 수 있다. 그 대신 (2)는 단순한 위트라고 보기 어려운 측면이
있나. 그것은 우선 내용이 풍자석이라는 것과 정황으로 볼 때 위트라기
보다는 오히려 에피소드적 유머에 가깝기 때문이다. 다시 말하면 지적
(知的)으로 접근하고 있다는 점 때문에 위트와 같은 느낌을 주기도 하지
만 이글을 읽거나 듣고 난 뒤의 반응이 오히려 웃음을 유발하는 데 가깝
기 때문이다.

아무튼 상당한 시간이 지난 뒤에 비예측적 급소 찌르기가 실현되는 위트는 그 실례가 여간해서는 발견되지 않는다. 그러므로 위트가 성립하기 위해서는 '순간적으로 발생한 상황'이라는 조건이 있어야 한다.

기지, 재치

위트의 가장 중요한 특성이 바로 '기지(機智)'와 '재치(才致)'이다. 위트를 이루는 모든 조건이 아무리 잘 갖추어져 있다 해도 이 조건이 충족되지 않으면 위트라고 할 수 없다. 이 말의 뜻은 여러 가지 조건이 갖추어지지 않았다 해도 빛나는 기지나 재치가 나타나면 일단 그것을 위트라고 생각하게 된다.

그러면 위트에서 '기지' 또는 '재치'의 개념은 무엇인가? 물론 주어진 상황에서 '적절한 내용'의 말을 해내는 것이다. 그것이 가장 중요하다. 그러나 그것만은 아니다. 정확하게 타이밍을 잡는다든가 짧은 말로 촌철살인의 효과를 거둘 수 있도록 하는데 밑바탕이 되는 모든 작용이 다 기지에 속한다. 예컨대, 목소리의 크기, 억양, 표정, 제스처 등을 상황과 일의 흐름에 아주 알맞게 조정하는 모든 것이 기지에 속한다. 그러나 여기에서는 '적절한 내용의 말을 생각해내는 능력'만을 이야기하고자 한다.

3 계속해서 사업에 실패한 어느 사업가가 하나님께 여쭈어 보았다.
"하나님, 한 가지 질문이 있사옵니다."
"그래, 무엇이야? 말해 보거라."

이 예는 실제 상황이 아니라 구조화된 하나의 이야기이다. 그리고 이 글을 통해서 청자가 느끼는 것은 문제가 해결됐다는 점보다는 대화가 재치가 있고 감각적이라는 점에서 위트라는 느낌을 가질 수 있다. 그러나 그것으로 인하여 어떤 문제가 해결되는 것은 없다. 단지 하나님의 기지로 인하여 웃음이 유발되는 가운데 뭔가 인간사에 대하여 깨달음을 얻게 해 준다. 그런 의미에서 이 경우도 에피소드적 유머라고 보는 것이 옳을 것이다. 이처럼 기지가 발휘된 경우에도 위트로 보기 어려운 것도 있다.

또 한 가지 일반적으로 위트라고 할 때 기지와 재치 외에도 임기응변, 말재주도 포함하는 것이 보통이다. 그런데 임기응변이란 어휘에는 '언 발에 오줌 누기' 식의 근본적 해결이 아닌, 고식적(姑息的)인 임시변통의 의미도 포함된다는 점에서, 또 '말재주'란 어휘도 진실성이 결여된, 꾸며대는 재주도 포함된다는 점에서 기지와는 다르다. 기지는 순간적으로 일어나는 두뇌작용이면서도 문제를 근본적으로 해결하고, 또한 진실성과 성실성도 갖추는 것이다. 따라서 앞으로 위트를 논함에 있어서 말재주나 임기응변이라는 어휘는 사용하지 않고 '기지'와 '재치'라는 용어만을 사용하고자 한다.

4 제2차 세계대전 초기 영국의 처칠 수상이 미국의 원조를 얻기 위해 루즈벨트 대통령을 만나러 갔을 때의 일이다.

숙소에서 목욕을 한 뒤 수건만 두르고 있는 처칠의 앞에 돌연 루즈벨트 대통령이 예고도 없이 불쑥 나타났다. 순간, 몸을 일으키던 처칠의 허리에서 갑자기 수건이 흘러내렸다.

그때 처칠은 빙그레 웃으면서 이렇게 말했다.

"보시다시피 영국의 수상은 미국 대통령 앞에서 숨길 것이 아무것도 없습니다."

5 주은래와 후루시초프의 대화

주은래 총리가 소비에트연방의 초청을 받아서 소련을 방문하게 되었다. 흐루시초프 공산당 서기장을 만날 때 주은래는 흐루시초프가 수정주의를 전면적으로 추진한 것을 비난했다. 흐루시초프는 정면으로 대응하지 않고 당시 민감했던 출생문제로 주은래를 자극했다. "비평은 좋지만 주의할 점이 하나 있어요. 저는 노동자계급에서 출생했지만 당신은 자본가 계급에서 출생했지요?" 주은래는 잠깐 생각을 하더니 이렇게 대답했다. "맞아요. 그런데 다른 계급 출신인 우리에게는 공통점이 있지요. 우리는 둘 다 기존의 신분을 배

(4)는 목욕 후 수건을 두르고 있는 상황에서 원조를 부탁해야 할 미국 대통령이 나타났다. 환영을 하고 접대를 해야 할 처지에서 일어서려는데 수건이 흘러내리고 만다. 이러한 절대 절명의 순간에 작동하는 기지는, 접대의 부담, 벗은 상태의 난처함을 비롯한 체면유지를 해결하는 것은 물론, 미국과의 외교적으로 가장 중요한 신뢰를 해결하고 있다. 이를테면 한 큐에 모든 일을 끝내버리고 만 것이다. 이쯤 되면 절대 절명의 난처한 처지가 백팔십도로 반전되면서 어떤 수단보다 더 높은 문제 해결의 결과를 가져오고 있음을 알 수 있다. 이야말로 기지의 승리요, 위트의 표상이라 할 만하다. 이처럼 위트의 생명은 기지와 재치에 있는 것이다.

(5)에서 주은래의 답변도 공산주의에서 가장 중요시하는 출신 성분으로 공격하는 흐루시초프를 놀라운 기지로 적시에 곤경에서 탈출했을 뿐 아니라 오히려 상대를 곤란하게 만들고 말았다. 이러한 것들이 이른바 기지요 재치의 효능인 것이다.

정확한 타이밍

(1)의 '현자의 교훈'은 기지를 발휘할 타이밍이 학생들을 처음 만나는 순간이다. 그 타이밍을 놓치지 않고 정확히 활용하고 있다. (2)도 신문 기사를 청자(독자)에게 공개하는 타이밍을 정확히 지키고 있다. (3), (4), (5), (6)도 모두 기지발휘의 타이밍을 정확히 지키고 있음을 알 수 있다.

특히 (4)의 경우는 수건이 흘러내려 상대가 화자의 벗은 몸을 본 순간을 정확히 포착해서 말을 하고 있다. 만약에 한 템포가 지나서 다음 이야기가 시작된 후, 그러니까 이미 관심이나 기억에서 화제의 핵심이 벗어 난 뒤에 생각이 떠올라서 그제야 재치 있는 말을 꺼낸다면 그 재치는 이미 의미가 없다.

짧은 말

아무리 기지가 뛰어나다 해도 그것이 중언부언으로 길어지면 상대나 청자들은 기지로 느끼지 못한다. 그래서 앞에서 좋은 내용, 적절한 아이디어가 기지의 본령이기는 하지만 그것을 짧게 표현하는 능력도 기지에 속한다고 한 것이다. 위에서 예로 든 (1)~(5)도 모두 문제를 해결하는 기지의 말은 아주 '짧다'는 것을 확인할 수 있을 것이다. 그야말로 좋은 말 적절한 생각을 촌철살인의 말로 급소를 찌르는 것 그것이 위트인 것이다.

위트의 효용성

이제까지 위트가 되는 조건을 몇 가지로 이야기했지만, 그 모든 것의 핵심은 '기지', '재치'에 있음을 강조하였다. 그런데 기지와 재치가 아무리 중요하더라도 그 효과나 결과가 없다면 위트 자체의 의미가 없을 것이다. 위트의 효용성은 뛰어난 기지로 문제를 해결하고 곤경에서 벗어나며 분위기를 전환한다든지 경우에 따라서는 상대를 궁지에 몰아넣을 수도 있다는 데 있다. 따라서 위트는 참으로 편리하고 긴요한 언어사용 방법인 것이다.

문제를 해결한다

6 "엄마 나 어디서 나왔어?"하고 어린이가 물으면 옛날 어른들은 "다리 밑에서 주워 왔다."고 대답했다. 이것은 다리(橋)가 아니

고 다리(脚) 밑이라는 뜻일지도 모른다.

7 다섯 살 영수의 아빠와 엄마는 영수의 교육을 위해 시골에서 도시로 올라왔다. 유치원 근처에 셋방을 얻으려고 하루 종일 돌아다니다가 해가 질 무렵에야 겨우 복덕방에서 알려준 집을 찾아간 영수 아버지는 그 집 현관문을 조심스럽게 노크했다.

"복덕방 소개로 왔습니다. 댁에서 세 놓으신 방을 좀 얻으려고요."

집 주인은 영수네 세 식구를 훑어보고는 이렇게 말했다.

"미안합니다만, 아이가 있는 가족에게는 세를 줄 수가 없습니다."

주인은 현관문을 닫고 들어가 버렸다. 영수의 부모는 크게 실망을 하고 무거운 발길을 돌렸다. 바로 이때였다. 뒤에 남아 있던 영수가 주인 집 현관문을 다시 노크하면서 말했다.

"아저씨, 아까 그 셋방을 저에게 빌려주세요. 저에게는 아이가 없고 대신 아빠와 엄마가 있을 뿐이에요."

그러자 집 주인은 빙그레 웃으면서 고개를 끄떡였다.

(6)의 경우 특히 성과 관계되는 이야기를 금기시하던 시절에 어린아이들의 이 같은 물음에 대답하기가 참으로 어려웠을 것이다. 그렇다고 자세히 있는 그대로 설명하기도 어렵고 이러한 때에 동음어(同音語)를 이용하여 대답을 해준다. 일종의 희언(punning)이라고 할 수 있는 이 대답은 순간적 기지를 발휘하여 직접적인 설명도 피하면서 거짓말이 아닌, 그러나 성장해서는 이해할 수 있는 적절한 대답을 하여 문제를 해결한 장면

이다.

(7) 역시 아이들 있는 집에 셋방을 주지 않으려는 세태에 어울리는 어른들의 생각을 어린아이의 기지어린 위트로 해결하고 있다. 다소 꾸며낸 말 같기도 하고, 어린아이의 애교로 느껴지는 구석도 없지는 않지만, 예로부터 어린아이가 총명하게 자라주기를 바라는 우리의 풍속이 이런 이야기를 만들어 낸 것으로 보인다.

곤경에서 벗어난다

이것은 위의 '문제 해결'과 많은 부분이 겹치기 때문에 잘 구분이 되지 않는 점이 있기는 하다. 그래도 특히 곤란한 경우를 벗어나는 위트를 몇 개 살펴본다.

8 옛날 왕을 위해 열심히 일한 광대가 있었다. 그런데 어느 날 커다란 실수를 하여 왕의 노여움을 사고는, 사형에 처해지게 되었다. 왕은 그동안의 광대의 노고를 생각해서 마지막으로 자비를 베풀기로 하였다.

"너의 그 동안의 노고를 생각해서 네가 원하는 방법으로 사형을 하도록 하겠다. 네가 선택을 하여라. 어떤 방법으로 죽기를 바라느냐?"

그러자 광대가 말했다.

"자비로우신 왕이시여. 제가 죽고 싶은 방법이 꼭 하나 있습니다. 저는 늙어 죽고 싶사옵니다."

9 기생들을 데리고 한강에서 뱃놀이를 좋아하던 연산군에게 표연말이라고 하는 충신이 뱃머리를 붙잡고 간곡히 말렸다. 그러나 포악한 연산군은 화를 버럭 내며 사공을 시켜 표연말을 물속에 빠뜨려 버렸다.

물에 빠져 허우적거리는 신하를 웃으면서 바라보던 연산군은 무슨 생각을 했는지 다시 사공을 시켜 건져내게 한 후,

"네 이놈! 물속에 무엇 하러 들어갔다 왔느냐?"하고 물었다. 그러자 표연말은 주저하지 않고 대답했다.

"예, 다름이 아니오라, 신은 초나라 회왕의 신하 굴원(屈原)을 만나려고 갔다 왔습니다."

굴원은 초나라 회왕에게 바른 말을 하다가 왕이 듣지 않자 물에 투신하여 죽은 충신의 이름이다. 이 말을 들은 연산군은 자기를 어리석은 초나라 회왕에게 비교한데 대해 더욱 화가 났다.

"이놈! 네가 굴원을 만난 것이 틀림없는 사실이렷다."

"예, 굴원으로부터 시 한 수까지 얻어 왔나이다."

"그래? 무슨 시냐? 어서 읊어 보아라."

표연말은 즉흥적으로 다음의 시 한 수를 읊었다.

"나는 어리석은 임금을 만나 뜻을 이루지 못하고 강물에 빠져 죽었지만 당신은 어진 임금을 만나고도 무슨 일로 물에 빠져 이곳으로 왔느냐?"

이에 연산군은 자기를 어진 임금으로 추켜세운 표연말의 재치와 유머에 놀라 화를 풀지 않을 수 없었다.

(8)은 생명이 경각에 달린 상태에서 기지를 발휘하는 장면이다. 어떤 방법으로 죽든지 죽기는 마찬가지이다. 이럴 때에 너무나 당연한 소원인 '살아날 방법'을 왕이 말한 '죽는 방법'으로 바꾸어 표현하는 기지를 발휘한다. 물론 옛날이야기이다. 그리고 이 이야기에 대해 어떻게 하든지 문제를 제기하고 평가를 할 수도 있다. 그러나 위트를 통하여 살아날 방법을 마련하여 곤경에서 탈출하고 있음을 볼 수 있으며, 정황을 볼 때 왕이 살려줄 것 같은 느낌이 드는 이야기이다.

(9)는 조선 최대의 폭군인 연산군의 행패 앞에서 충신이 끝까지 상대에게 바른길로 가도록 간언하며, 목숨의 위험 속에서도 순간적 기지와 뛰어난 학식으로, 상대의 체면을 세워 주고 위기에서 탈출하는 장면이다. 여기서 기지는 두 가지인데, 굴원을 만났다고 꾸며댄 사실과 그가 지었다는 시를 순간적으로 지어 보인 솜씨다. 옛날 선비들이 즐기던 기지 중에 하나는 즉흥시를 짓는 것이었는데, 마치 조조의 아들 조비의 다섯 발자국 시가 떠오르는 장면이다. 아무튼 위트에서 동시에 두 번씩 기지와 재치가 나타나는 경우는 흔치 않다.

(8)과 (9)의 공통점은 곤경 또는 위기에서 탈출하되 끝까지 상대에게 정중하고 공손하며 곤경을 벗어날 뿐 그 이상 상대에게 부담을 주지는 않는다는 점이다.

10 1980년 미국 대선 때, 텔레비전 토론에서 먼데일 후보는 경쟁자인 레이건 후보의 약점을 들추어 이렇게 물었다.

"귀하는 대통령이 되기에 너무 늙었다고 생각하지 않습니까?"

상대방의 느닷없는 정치공세에 레이건은 전혀 당황하지 않고 이렇게 받아 넘겼다.

"저는 이번 선거에서 나이를 문제 삼지 않겠습니다. 당신이 너무 젊다거나 경험이 없다는 것을 정치 목적에 이용하지 않을 방침입니다."

그 후 레이건은 당선 되었고 먼데일은 낙선했다.

(10)은 자신이 곤경에서 탈출하고 같은 정도의 내용으로 되받아치면서도 주변사람들 또는 청중의 동정을 살 뿐 아니라 그들을 내편으로 만드는 유머이다. 이것은 대답 내용의 재치 외에도 그 말을 완곡하게 정중하게 표현함으로써 화자의 점잖은 인품을 드러냈기 때문이다.

말싸움에서 승리한다

11 권투선수 무하마드 알리가 비행기를 탔다. 비행기가 이륙하려고 활주로를 향해 천천히 나아가자 한 여승무원이 그에게 안전벨트를 매라고 주의를 주었다.

그러자 알리는 미소를 지으며 말했다.

"슈퍼맨에게 안전벨트가 무슨 필요가 있소?"

그러자 여승무원 또한 미소를 지으며 말했다.

"슈퍼맨에게 비행기가 무슨 소용이 있죠?"

12 정치인이 동료 정치인과 함께 레스토랑으로 점심을 먹으러 갔다. 식사를 끝내고 식사대금을 지불할 차례가 되자, 그는 웨이터에게 주인을 불러달라고 했다.

곧 이어 중년의 여주인이 나타났다.

"부르셨어요? 무슨 하실 말씀이라도…"

정치인은 주인에게 가볍게 인사를 하고 나서 진지한 말투로 말했다.

"아주 맛있습니다. 그래서 답례의 뜻으로 윤회에 대한 이야기를 해드릴까 해서요."

"그래요? 재미있는 이야기라면 들어보죠."

그러자 정치인은 다음과 같이 이야기를 시작했다.

"이 세상의 일이란 백년을 주기로 해서 다시 일어나게 마련입니다. 즉, 100년이 될 때마다 원상태로 되돌아간다는 얘기지요. 그러니 저는 100년이 지나면 다시 지금과 똑같이 여기 앉아서 식사를 하게 된다는 것입니다."

"그거 참 신기하네요."

"그래서 말씀인데, 오늘 식사 대금을 그때까지 외상으로 해주실 수 있습니까?"

여주인은 웃으면서 대답했다.

"좋아요. 그렇게 하죠. 그런데 지금부터 꼭 100년 전에도 역시 손님께서는 저희 집에서 오늘과 같이 식사를 하셨을 테니, 그때 외상값은 지금 주시죠!"

(11), (12)의 경우도 전형적인 위트로 상대의 말을 되받아치는 방법으로 말싸움에서 논리적으로 상대를 꼼짝 못하게 하는 방법이다. 이런 위트의 비밀은 상대의 말을 그대로 따라하되 상대의 허점을 찾아 그 빈틈을 똑같은 방법으로 공격하는 데 있다.

분위기를 바꾼다

13 처칠이 처음으로 하원의원 후보로 출마했을 때 그의 라이벌 후보는 합동 정견발표회에서 이렇게 말했다.

"내가 듣기로는 나의 상대방 후보는 아침에 일찍 일어나지 않는다고 합니다. 만일 그게 사실이라면, 그런 게으른 사람은 의회에 앉을 자격이 없다고 생각합니다."

뒤 이어 등단한 처칠은 웃으면서 이렇게 응수했다.

"글쎄요. 당신이 나 같이 예쁜 마누라를 데리고 산다면, 당신도 아침에 일찍 일어나지 못할 걸요."

14 한번은 어떤 분의 초청을 받아 꽤 괜찮은 음식점에 간 적이 있었다. 비싼 고기 요리가 나왔는데 그분은 무척 실망하는 눈치였다. 그도 그럴 것이 고기에 웬 비계가 그렇게 많이 붙었는지 지글지글 타들어가는 고기에 기름기가 흥건했다. 민망하기도 하고 화가 나기도 한 그분이 식당 종업원을 불러 "고기가 왜 이 모양이냐?"고 물었다. 그런데 변명을 늘어놓을 줄 알았던 그 종업원은 뜻밖의 답

(13), (14)는 위트인지 유머인지 잘 구분이 안 되는 면이 있기는 하다. 아무튼 (13)은 공개 석상에서 인품에 치명적일 수도 있는 게으름에 관한 공격을 받았다. 언제나 그렇듯이 공개된 장소에서 공격을 당하거나 약점이 노출되었을 때 변명은 금물이다. 처칠의 대답은 상대의 말을 깨끗이 수용하는 태도를 취한다. 결코 예민하거나 감정을 드러내지 않고 오히려 느물거리는 느낌마저 준다. 그러면서 인간의 상정에 호소함으로써 누구나 그럴 수밖에 없다는 인식을 심어준다. 아울러 어느 정도 장난기까지 느끼게 해서 상대의 공격에 간접적으로 대응한다. 이러한 대응은 대답한 말의 내용이 우스갯소리로 긴장을 확 풀어버리는 효과를 주며, 듣는 이들로 하여금 동류의식을 느끼게 해준다. 그런 생각을 떠올릴 수 있는 것이 바로 이 예의 재치라고 할 수 있다.

(14)는 상당히 재치 있는 말이기는 하지만 자칫하면 뻔뻔하다든가 선방지다는 오해를 살 수도 있다는 데 문제가 있다. 왜냐하면 손님은 음식의 질이 안 좋아 상당히 불만스러운 입장에 있기 때문이다. 그래서 주인 측에서 사과나 음식을 바꾸어 줄 것을 기대하고 있는 상황이다. 따라서 이런 경우에는 목소리, 억양, 표정 등 말을 하는 태도가 특히 중요하다.

재치 있게 하되 겸손하고 상대를 존중하는 느낌이 들도록 하는 것이 필수적이다.

15 어느 회사에서 실제 있었던 일이다.

대학을 우수한 성적으로 마친 한 청년이 그 회사를 지원하게 되었는데, 면접장은 긴장감으로 가득했다. 유난히 내성적이며 소극적이었던 그 청년은 면접대기실에서부터 초조해하며 어쩔 줄을 모르고 있었다.

드디어 순서가 되어 다른 수험생들과 함께 면접실로 들어가 앉으려는 순간, 의자가 밀리면서 그만 '꽈당'하면서 바닥에 엉덩방아를 찧고 말았다.

가뜩이나 내성적인데다 초긴장상태였던 그는 이내 울먹였고, 면접장은 묘한 분위기에 휩싸였다.

그때 면접 위원 중 한 사람이 조용히 말했다.

"이 과장, 바닥청소를 너무나도 열심히 한 청소 아주머니를 불러와서 표창장을 주시오!"

순간, 면접장은 웃음이 터져 나왔고, 그 청년도 눈물이 그렁한 상태로 웃음을 터트리고 말았다. 화기애애한 분위기 속에서 면접은 진행되었고, 그 청년은 편안하게 면접을 마칠 수 있었다. 나중에 회사는 우수한 성적의 그를 채용하였고, 하마터면 실력을 발휘하기도 전에 회사와 인연이 없을 뻔했던 그 청년은 현재 중책을 맡은 간부로 회사의 발전에 크게 기여하고 있다고 한다.

자신이 곤경을 탈출하기 위하여 분위기를 전환하는 위트는 상당히 많다. 그리고 그것이 거의 정석으로 인식되고 있다. 그러나 (15)처럼 순간적인 재치로 상대의 어려운 처지를 벗어나게 해주는 경우도 간혹 있기는 하다. 그러나 아주 드물다. 이런 경우는 위트의 효용과 가치도 놀랍지만 특히 말하는 사람의 남을 배려하는 따뜻한 인품이 돋보이는 위트다. 진실로 배워야 할 위트라 하겠다.

공격을 할 수도 있다

위트의 효용 중에서 가장 많은 경우가 바로 문제를 해결하거나 곤경에서 벗어나기 위해 자신을 방어하는 일이다. 그러나 가끔 방어의 수준을 넘어서 공격적인 방어를 하는 경우도 상당히 발견된다. 그리고 공격성의 정도도 천차만별이다. 경우에 따라서는 마음에 안 드는 상대를 의도적으로 공격하는 데도 위트가 사용될 수 있다.

16 뚱뚱하고 무식한 어떤 귀부인의 거동에 비위가 상한 사내가 거리에서 어깨가 부딪히자 "이 돼지야!"하고 고함을 쳤다.

이 일로 사내는 고발을 당하고 법정에 서고 말았다. 재판장은 다음과 같이 선고했다.

"피고는 귀부인에게 돼지라는 모욕적인 언사를 사용하였다. 이에 벌금형에 처한다."

"재판장님. 벌금은 물론 물지요. 귀부인에게 돼지라고 하는 말에 이와 같은 위트는 공격적이면서도 매우 뛰어난 기지 때문에 설혹 의도가 조금 나쁘긴 해도 좋은 위트로 느껴진다. 그러나 공격적인 위트로는 참으로 강하고 심각한 것도 있다. 또 공격을 위한 공격을 위트로 하는 경우도 있다. 그러나 아무리 공격적인 것이라 하더라도 위트로 하지 않고 그냥 무식하게 욕을 하는 것보단 낫다고 생각한다.

위트와 유머 그리고 풍자

　유머, 풍자들은 모두 위트와 마찬가지로 기지와 순간적인 재치를 필요로 하는 표현법이다. 그렇기 때문에 위트는 이들과 많은 부분을 공유한다. 이 말의 뜻은 위트와 유머, 위트와 풍자가 서로 겹치는 영역이 많다는 것이다. 그러므로 이런 경우는 듣는 사람의 입장에서 특별히 감동하는 또는 어필하는 관점에 따라 위트, 풍자 또는 유머로 받아들일 수가 있는 것이다. 다시 말하면 위트와 유머, 위트와 풍자 그리고 유머와 풍자가 구분이 안 되는 경우가 어느 정도 있다는 말이다. 그렇다고 해도 여기에서는 유머나 풍자의 속성이 없는 것만을 따로 위트라고 하고자 한다.

위트와 유머

　일반적으로 위트와 유머는 지적(知的)이냐 감정적이냐에 의하여 구분한다. 실제로 위트가 지적인 것은 사실이지만 지적인 요소를 포함하고 있는 유머도 상당히 많이 있다. 한편 위트는 기지(機智)라는 용어에 이미

지적이라는 의미가 드러나 있는 만큼 지적인 요소가 더욱더 큰 비중으로 작용하고 있다. 따라서 지적이냐 아니냐만을 가지고 구분하기에는 좀 문제가 있다.

이에 못지않게 유머와 위트의 구분은 목적의 차이에 의한다고 보아야 한다. 유머의 목적은 웃기는 것이고 위트는 그 목적이 웃기는 것을 포함하기는 하지만 주로 '문제를 해결'하는 데 있다. 앞에서 살펴본 바와 같이 남의 공격을 받거나 난처한 상황 속에 있을 때 그것을 촌철살인의 일격으로 벗어나도록 하는 명쾌하고도 짧은 말, 그것이 위트이다.

특별히 유머와 구분한다는 측면에서 위트의 특징은, 지금까지 언급한 것 외에 그 형식에 있어서 구조 만들기의 예비상황이 필요 없고 단지 어렵거나 난처한 상황이 화자의 의도와 관계없이 돌발적으로 나타난다. 이 점은 에피소드적 유머와는 매우 다르지만 맥락 의존적 유머와는 매우 비슷하다. 사실 맥락 의존적 유머는 대부분 재치와 기지가 번득여 상당한 경우 위트와 구분이 안 되는 것이 사실이다.

그래도 차이가 있다면 그 결과에서 나타난다. 위트의 경우 화자는 어렵거나 난처한 또는 곤란한 상황에서 완전히 벗어나고 통쾌한 기분이 든다. 그리하여 화자는 기쁠 수 있고 웃음이 나올 수도 있다. 물론 언제나 그런 것은 아니나 청자는 감탄을 하며 수긍하게 된다.

또 한 가지 차이는, 똑같은 창의적 표현이라 해도 대개 표현에 유머는 우회성이 있는데, 위트는 우회성이 적고, 그 대신 적확성이 더욱 두드러진다. 맥락 의존적 유머도 그렇기는 하지만 위트는 또한 전적으로 상황 의존적이다.

17 평생에 우스운 소리를 많이 한 정만서가 임종 때 한 말은 더욱 유명하다. 병이 중하여 더 어찌할 수 없게 되었을 때, 친구 하나가 문병을 와 자못 슬픈 표정을 지으며 이렇게 물었다.

"여보게 좀 어떤가?"

"글쎄 처음 죽는 게 돼놔서 죽어봐야 알겠네."

18 남아프리카 샤트하크라하(비폭력불복종운동)를 벌이고 있는 간디에게 하루는 백인 검사가 찾아왔다. 그는 구속영장을 내놓고 간디를 체포한다고 했다. 그러자 간디는 이렇게 말했다.

"아, 어느새 내가 승진했군요. 날 잡으러 늘 순경을 보내더니 이번에는 검사께서 직접 나오셨으니까요."

(17)은 평소의 정만서다운 재담이다. 그러나 이 경우는 그것을 통하여 어떤 문제도 해결되지 않는다. 단지 무거운 분위기를 밝게 하는 역할을 할 뿐이다. 그런데 분위기를 전환하는 효과는 위트에만 있는 것이 아니다. 유머도 위트 못지않게 분위기 전환의 효과를 가지고 있다. 더구나 이 경우는 에피소드적 유머이므로 위트라기보다는 유머에 가깝다고 하겠다. (18)의 간디의 경우도 마찬가지다. 어떤 문제도 해결하지 못하고 그렇다고 검사에 대하여 어떤 영향을 미칠만한 메시지를 주는 것도 아니다. 그냥 주변 사람들에게 작게나마 위로가 된다면 된다고 할까 하는 정도이다. 단지 우스갯소리로 분위기를 부드럽게 하는 정도이기 때문에 이 역시 유머에 가깝다고 하겠다. 그러나 위의 (16)의 예는 유머의 속성도

어느 정도 가지고 있기는 하지만 재치 있는 끝말은 전형적인 위트라고 할 수 있는 것이다.

위트와 풍자

풍자(satire)에 관하여 김열규(1997)는 '욕은 약한 자의 칼이며, 당하고 사는 사람들의 폭탄'이라고 했다. 가령, 정치세력이나 기업들의 부도덕한 관행 또는 사회에 대한 패악을 경험하게 될 때 힘없는 서민들은 이들에 대하여 욕으로 대응하려는 것은 자연발생적인 반응이다. 그러나 문제는 드러내놓고 욕을 할 수 없다는 데 있다. 사회적으로 용납될 수 없기 때문이다. 이때 사회가 용인할 수 있는 강자에 대한 비판, 냉소적 야유, 불만족 등을 표현할 수 있는 방법을 찾게 된다. 그것이 풍자이다. 비판은 어느 사회든지 반드시 필요하다는 일반적 인식에 편승하는 전략이다. 그리하여 간접적으로 욕도 하고 강한 상대나 사회적 반격도 피하면서, 사회의 개선, 개혁을 꾀하는 것이다. 풍자는 고도의 우의적, 환유적 표현이다. 따라서 기지나 재치를 필요로 하는 창의적 예술적 텍스트이다.

19 밤늦은 시간, 도심 한 복판에서 스키용 마스크를 쓴 한 강도가 불쑥 튀어나와, 잘 차려입은 행인의 길을 막고 권총을 들이댔다.
"가진 돈 전부 내놔."
그러자 돈이 많아 보이는 그 사람은 화를 버럭 내면서 말했다.
"이게 무슨 짓이야? 난 국회의원이란 말이야."

상대가 조금도 겁을 내지 않자 강도는 움찔했지만, 짐짓 마음을 가다듬고 다시 말했다.

"그럼 잘 됐어. 내 돈 내놔!"

20 "노동당의 진짜 창시자가 누구냐?"하며 노동당을 비난하는 의원들에게 윈스턴 처칠이 벌떡 일어나 당연하다는 듯이 말했다.

"그건 콜럼버스지."

의원들이 모두 놀란 표정을 지으며 처칠을 바라보았다. 처칠은 그들을 바라보며 다음과 같은 설명을 덧붙였다.

"콜럼버스는 출발할 때 어디로 갈 것인지 알지 못했어. 그리고 도착 했을 때도 거기가 어딘지 몰랐지. 게다가 출발해서 돌아올 때까지 비용을 전부 남의 돈으로 댔잖아."

(19)는 순간적으로 '상대의 돈'에서 (세금으로 낸) '내 돈'으로 바꾸는 기지가 뛰어나다. 그러나 이처럼 뛰어난 재치로서 이루어진 말이라 해도 위트라기보다는 풍자로 보는 것이 타당하다. 세금을 받아서 낭비하는 정치가를 비판, 비난하는 풍자성의 내용이기 때문이다.

(20)은 난데없이 콜럼버스를 끌어들인 것과, 그것이 노동당과 어떻게 같은지를 코믹하게 비유하고 있다. 비유 중에서도 계단식 비유를 하고 있는데 재치의 극치라고 할 만하다. 정치적 색채를 띠고 있기 때문에 풍자로 볼 수도 있지만 여기서는 역시 순간적으로 둘러대는 기지에 초점을 두고 위트로 보는 것이 타당하다고 생각한다.

위트의 표현전략

되받아치기

21 백화점 점원은 까다로운 손님을 맞아 참을성 있게 시중을 들었으나 알맞은 물건을 찾아내기가 여간 어려운 것이 아니었다.

점원이 내보이는 어떤 물건도 그 손님이 원하는 것과 똑 맞아 떨어지지를 않았다.

그러자 손님은 "좀 더 똑똑한 점원 누구 없어요?"라며 화를 냈다.

그러자 점원이 말했다.

"없습니다. 똑똑한 점원은 손님이 들어오는 걸 보고는 사라져 버렸습니다."

22 영국의 어느 장관이 의회에서 국민 보건을 주제로 연설할 때

였다. 한 의원이 벌떡 일어나 외쳤다.

"장관은 수의사 출신 아니요? 수의사가 사람 건강에 대해서 얼마나 안다고 그렇게 떠들어 대는 거요."

그러자 장관은 미소를 지으며 대답했다.

"네, 저는 수의사입니다. 혹시 어디가 편찮으시면 언제라도 찾아오십시오."

(21)과 (22)는 표현하는 방법이 똑같다. 먼저 불의에 상대가 공격적인 언사를 사용한다. 그 내용을 정확히 알아듣고, 상대의 말의 내용과 똑같은 방식으로 상대의 허점을 찾아서 받은 대로 돌려주되 상대의 공격만큼 돌려준다. 이러한 표현방법을 '되받아치기'라고 한다.

우회하기

23 고속도로에서 한 신사가 과속을 하다가 교통경찰관의 단속에 걸렸다.

그 신사는 다소 억울한 듯 경찰관에게 항의하면서 대들었다.

"아니 다른 자동차들도 다 속도위반인데 왜 하필 내 자동차만 잡아요?"

그러자 경찰관이 웃으면서 이렇게 물었다.

"당신 낚시해 봤수?"

"물론 해봤죠."

"그럼 맥은 낚시터에 있는 물고기를 몽땅 잡수?"

24 어떤 사람이 애정소설 작가인 소 듀마에게 그의 아버지에 대한 나쁜 소문을 이것저것 들려주었다. 그러자 잠자코 듣고 있던 아들 듀마가 천천히 입을 열었다.

"솔직히 들려주어서 고맙소. 그러나 그까짓 것은 문제가 되지 않습니다. 아버지의 작품은 큰 강과 같은 것이라서 많은 사람들 중에는 거기다가 소변을 누는 작자도 있을 테니까요."

'우회하기'란 상대의 발화에 대하여 직선적으로 되받아치는 것이 아니라 엉뚱한 이야기를 함으로써 상대의 대화의 문제점을 해결하려 하는 위트 표현방식의 이름이다. '우회하기'는 시에서는 '낯설게 하기', 다른 텍스트에서는 '비유법' 등을 포함하는 의미로 사용하였다. 그런데 바로 위트의 표현방식에서도 주로 비유를 포함하여 직접적으로 맞대응하는 것이 아니라 한 템포 늦춰서 다른 이야기로부터 출발한다. 그러나 위트에 나타나는 기지는 매우 짧기 때문에 우회자체가 지속적으로 오래가지는 못하는 것이 일반적이다.

(23)과 (24)는 상대에게 납득을 시키기 위하여 비유를 한 것인데, 너무나 간결하고 정확해서 더 이상 살을 붙이거나 뗄 수가 없도록 아름답게 표현되어 있다. 그러면서도 위트 특유의 작가의 입장을 잘 살려내고 있다. 정말로 멋진 표현이라고 아니할 수 없다.

25 1970년대 초, 6·25 이후 긴장 상태에서 처음으로 남북 교류가 이루어져서 북한 적십자 대표들이 남한에 와서 명동에 있는 대연각 호텔에 머무르게 되었을 때의 이야기다. 남북 간에 완전히 단절된 채로 서로간의 정보가 거의 전무하였고 전쟁 때의 감정이 그대로 남아있어서 서로 간에 체제와 국력을 경쟁적으로 과시하던 때였다.

북한 적십자 대표들이 호텔에서 명동거리를 내려다보니 사람도 많고 자동차도 많았다. 북한에서는 그렇게 많은 자동차를 본 적이 없었던 북한 적십자사 대표 중의 한 명이 우리 대표에게 말했다.

"우리에게 보여주기 위해서 전국에 있는 자동차를 긁어 모아오느라고 수고 많았수다."

남측 대표 중에 한 사람이 잠깐 생각하다가 빙긋이 웃으며 말했다.

"자동차를 모아오는 것은 뭐 그리 힘들지 않았소. 저 많은 빌딩을 모아 오느라고 힘들었지."

(25) 역시 핵심은 상대를 납득시키는 데 있다. 자동차를 전국에서 모아온 게 아니고 원래 남한에는 자동차가 그렇게 많으며, 그만큼 현대화가 됐고… 이런 식으로 얼마나 여러 말을 해야 되고 또 들어야 하며, 그렇다고 문제는 하나도 해결되지 않은 상태에서 옳으니 그르니 하는 이야기가 끊임없이 이어질 것이 뻔하다. 오히려 잘못돼서 감정이 상하면 자칫 적십자 회담에 역작용을 하게 될지도 모른다. 그런 상황에서 '전국에 있는 빌딩을 모아 왔다'는 발상을 했다. 빌딩은 모아 올 수 있는 게 아

니다. 상대가 자동차를 모아 왔다니까 그러면 이 많은 빌딩은 어떻게 이 자리에 있을 수 있겠느냐는 것이다. 그것을 한 걸음 더 나가서 빌딩을 모아왔다고 한 것이다. 기상천외의 발상이라 하지 않을 수 없다. 그러니까 움직일 수 없는 수많은 빌딩을 들어서 옮기고 그것을 모아오는 데까지 우회한 것이다. 우회한 거리가 멀수록 남들이 생각하기 힘들다. 그것이 개성이다. 그리고 놀랍다. 그러나 대개의 경우 원래의 의미와 연결이 잘 되지가 않기 때문에 청자가 알아듣기가 난해한 것이 늘 문제이다. 그러나 이 이야기는 멀면서도 아주 쉽다. 단 한 마디말로 모든 것을 해결하는 이러한 표현은 언어 예술 중에서도 극치요, 그 효용도 어떤 문학작품 못지않게 크다고 할 수 있다. 뛰어난 위트라고 하지 않을 수 없다.

같이 가기

26 나치 돌격대원이 길거리에서 유대인 청년을 불러 세우더니, "이봐! 유대 놈아! 우리나라가 제1차 세계대전에서 패한 건 순전히 지저분한 너희 유대 놈들 때문이야!"하며 화를 냈다.

"정말 그렇습니다! 모두 유대인과 토끼 때문입니다!"

유대인 청년이 대답했다.

"뭐라고? 토끼가 뭘 어쨌는데?" 돌격대원이 깜짝 놀라 물었다.

그러자 유대인 청년이 되물었다.

"그렇다면 유대인은 뭘 어쨌는데요?"

너무나 재치 있는 대답에 뒷머리가 시원해지는 느낌이다. '같이 가기'
는 먼저 상대의 비난에 긍정한다. 다만 상대가 비난하는 대상과 아무 상
관없는 대상을 하나 더 끼워 넣는다는 데 묘미가 있다. 그리고 '원래 비
난의 대상'과 '상관없는 대상'이 같이 가는 것이다. 그렇게 되면 상대는
기고만장해진다. 그러나 비난의 대상에 대해서는 알지만, 끼어 넣은 대
상에 대해서는 뭘 잘못했는지 알 수가 없다. 결국 상대는 질문을 할 수
밖에 없는데, 바로 그 기회를 포착하여, 상대의 비난과 끼어들어온 대상
과 전혀 관계없듯이, 화자와도 관계가 없음을 스스로 알게 해주는 것이
다. 이것은 흔치 않은 표현으로 '같이 가기'와 '받아치기'의 표현 방식을
합쳐놓은 형식이다. 기지와 재치의 참으로 놀라운 발현이다.

공격하기

이제까지 예시한 위트 중에서 (5), (16), (21), (22) 등이 상대의 공격
을 공격으로 맞선 경우이다. 그러나 이들은 상대의 공격을 방어하고 되
받아치기로 공격을 하기는 했지만, 상대의 공격정도의 수준을 넘어서지
는 않았다. 그러나 위트는 흔하지는 않지만 상대를 무참히 공격할 수도
있고 선제공격할 수도 있다.

27 철학자 칸트는 옷을 입는 데는 매우 대범하여 매무새에 그다
지 신경을 쓰지 않았다.
어느 날 그의 해어진 옷소매를 보고 수다쟁이 친구가 제 딴에는

제법 유머러스하게 말한다고 이렇게 중얼거렸다.

"여기 이 소매로 학식이 빠져나와 있군."

그러자 칸트는 즉시 이렇게 대꾸했다.

"그리고 그것을 한 어리석음이 들여다보고 있군."

28 통감부시대에 조선 미술협회가 창립되었다. 그 발회식이 성대하게 거행되는 자리에 이등박문을 위시하여 일본 고관들과 이완용, 송병준 등 친일파의 거두들이 참석하였고, 당대의 명사이던 이상재 선생도 미상불 초대되었다.

선생이 자리에 앉고 보니 공교롭게도, 맞은 편에 이완용과 송병준이 있는 것이 자기 비위에 거슬렸던지,

"대감들도 동경으로 이사가시지." 하니 송가와 이가가 무슨 영문일지 몰라서,

"영감, 별안간 그게 무슨 소리요?"하고 놀란 표정을 지었다.

선생은 태연하게,

"대감들이 망하게 꾸미는 데는 천재니까, 동경에 가면 일본이 또 망할 것 아니요?"라고 하였다. 친일파 두 사람은 물론이요, 그 자리에 있던 모든 아첨꾼들의 얼굴이 파랗게 질렸다.

(27)은 수다쟁이가 조금 당돌한 점은 있었다. 그러나 되받아친 말의 내용이 너무 냉소적이다. 상대를 무시할 뿐 아니라 경멸하는 정도의 독설로 느껴질 정도이다. 나타난 말을 액면 그대로 받아들인다면, 칸트의

인격이 의심이 갈 정도다. 그러나 위트는 위트다. 기지가 발휘되고 있으니까.

한편 (28)은 미워하는 사람이 나타나자 가만히 있는 사람에게 시비를 건 형국이다. 일본의 총리대신 이등박문이 참석을 하였고, 이완용과 송병준은 누가 뭐래도 대신들이다. 오늘날도 어려운데, 관료의 힘이 서슬이 퍼렇던 시절에 이렇게 공격적이려면, 무엇보다도 담력이 없으면 불가능하다. 게다가 가만히 있는 사람들에게 선제공격을 한 것이다. 이완용, 송병준은 물론 주변에 있던 많은 친일파들이 새파랗게 질리면서도 가만히 있을 수밖에 없었던 것은 평소에 이상재 선생의 인품과 권위가 인정되고 있었다는 것 외에도 표현이 위트로 빈틈없는 기지 때문이었을 것이다.

아무튼 위트는 상대를 이처럼 무참히 혹은 선제공격을 할 때도 쓰인다.

한술 더 뜨기

29 국회위원 합동 연설장에서 한 후보가 연설을 하고 있었다. 그때 갑자기 청중 속에서 달걀이 날아와 연설을 하고 있던 후보에게 맞았다. 갑작스런 달걀 세례로 인해 합동연설장은 술렁이기 시작했다.

이 순간 연설을 하던 후보가 외쳤다.

"이왕 달걀을 던지시려면 소금도 좀 부탁합니다."

30 프랑스의 정치지도자 클레망소에게 신문기자가 물었다.

“지금까지 본 정치가 중에서 누가 최악입니까?”

“이 나이가 되도록 아직 최악의 정치가를 찾지 못했습니다.”

“그게 정말입니까?”

그러자 클레망소가 분하다는 표정으로 말한다.

“저 사람이 최악이다 싶은 순간 꼭 더 나쁜 사람이 나타나더군요.”

이 경우는 되받아치기와는 정 반대되는 표현방식이다. 곧, 상대가 기대하는 것보다 한 술 더 떠서 한 발자국을 전진하는 것이다. 달걀을 던지면 소금을 달라든가, 최악의 정치가가 있을 것이라고 기대하면 그보다 한 걸음 더 나가는 수법이다. 이처럼 기지와 재치는 두뇌작용을 상대와 대립하는 방법뿐 아니라 그 반대의 방법 그리고 또 다른 방법 등 모든 경우를 활짝 열어 놓고 있는 것이다.

당연한 말 하기

31 가수 조영남이 폐암으로 입원 중이던 코미디언 이주일 씨의 병문안을 갔을 때의 일이다. 조영남이 경과를 물으러 담당 의사인 이진수 박사를 만나러 갔다.

조영남이 처음 만나는 자리여서 인사차 “죽음을 앞둔 사람들과 늘 함께 하시니 얼마나 힘드십니까?”라는 말을 건넸더니 이 박사는 이렇게 받아넘겼다고 한다.

“우리는 모두가 죽어가고 있는 사람이 아닙니까?” 그래서 그 자

(31)은 창의적이기보다는 우리가 잘 알고 있는 사실을 재발견하여 적절히 활용한 것이다. 그러니까 우리가 알고 있는 상식이나 인생의 원리를 타이밍을 맞추어 적소에 활용하는 것도 재치다. 따라서 이 경우도 충분히 훌륭한 위트가 된다. 여기서는 조영남의 어휘선택에 약간의 문제가 있었다. 그 표현이 약간 부담이 됐던 이진수 박사는 분위기를 전환하기 위해서 적절한 대답을 하게 된 것이다. 이런 경우 우문현답이라고 할 수 있다.

핑계대기

32 어떤 영향력 있는 영국 정치가가 남작 작위를 달라고 디즈리엘리 수상을 졸랐다. 수상은 그 청을 들어 줄 수가 없었기 때문에, 최대한 부드럽고 유쾌한 방법으로 거절을 했다.
"죄송합니다. 작위는 드릴 수가 없지만, 더 좋은 것을 드리겠습니다. 이제 친구들한테 '수상이 남작 작위를 주겠다'고 했지만 사양했노라고 말씀하실 수 있을 겁니다."

보통 들어주기 어려운 요구나 부탁을 받을 때, 아주 난처한 경우에 처하게 되는데, 이때 상대의 체면을 세우든가, 다른 방법으로 위안이 될 수 있는 핑계를 대는 방법이다. 여기서는 분명히 거절하면서도 명분을 줌으로써 상대의 체면을 세워 주는 선에서 해결하고 있다.

꾸며대기

33 어느 서양기자가 중국의 주은래 총리를 만난 자리에서 물었다.
"총리님, 당신들 중국 사람들은 왜 도로를 마로(馬路, 중국에서는 큰 도로를 마로라고 함)라고 합니까?"
이에 대해 주은래는 즉각적으로 대답하였다.
"우리가 걷는 길은 마르크스주의의 길이기 때문입니다."

이 기자의 속셈은 중국 사람들이 동물처럼 말이 다니는 길을 걷는다는 점을 부각시켜 은근히 비하하려는 속셈이었는데, 주은래는 마로의 기원에 대하여 설명할 수도 있었겠지만 그렇게 하지 않고 마로의 '마'를 마르크스의 '마'로 꾸며대는 방법으로 기자의 의도를 봉쇄하고 그들이 신봉하는 공산주의를 자신 있게 선전하기까지 하였다. 이처럼 그때그때 적당한 말을 꾸며 대는 것도 중요한 기지의 하나이다.

협박하기

34 루이 11세는 갖가지 불길한 예언을 하여 순박한 농민들을 현혹시켜 온 예언자를 체포하여 사형에 처하려고 하였다.
"너는 남의 운수를 봐준다는 말로 교묘하게 농민들을 속였겠다.

그렇다면 자신의 운세에 대해서는 어떠냐? 네가 앞으로 얼마나 더 살아 있으리라고 생각하느냐?”

“예, 폐하! 실은 예언자라고 하면 자신의 신수에 대해서는 잘 알지 못하는 법이오나, 아무튼 폐하보다 3일 전에 죽는다는 것만은 알고 있습니다.”

루이 11세는 끝내 이 예언자를 죽이지 못했다고 한다.

곤경에서 벗어나기 위하여 상대를 위협하고 있다. 그런데 위협의 내용이 상대의 약점이 아니라 모든 인간의 공통적이고 근본적인 약점을 가지고 협박을 하는 것이다. 질이 좋다고 할 수는 없지만 아무튼 자기의 생명을 구한다는 차원에서 보면 아주 좋은 위트라고 할 수 있다.

기타

35 아프리카 오지에서 죽어가는 사람들의 생명을 구하기 위해 일생을 바친 슈바이처 박사가 오랜만에 고향에 들렀다. 수많은 사람들이 이 위대한 성자를 마중하기 위해 기차역으로 몰려들었다. 그런데 1등 칸이나 2등 칸에서 나오리라고 예상했던 마중객들의 예상과는 달리 슈바이처 박사는 허름한 3등 칸에서 모습을 나타내는 것이었다.

사람들은 왜 편안한 자리를 마다하고 굳이 비좁고 지저분한 3등 칸을 이용했느냐고 물었다. 그때 박사는 웃으면서 이렇게 대답했다.

기지와 재치로 말을 하기 위해서는 어떤 표현 방식이든 사용할 수 있다. 여기서 슈바이처의 말이 진심으로 한 말이었다면 위트가 아니다. 그분의 진실하고 겸손한 마음자세가 드러나는 보통의 말일 수도 있다. 그러나 마중객들의 질문에 재미있게 대답하려는 의도가 있다면 유머 또는 위트로 볼 수 있다. 이런 경우의 위트는 대개 훌륭한 위인들의 일화에서 발견되는 것으로 그들을 칭송하는 예화라고 할 수 있다.

 # 마무리

위트는 한마디로 기지와 재치의 예술이다. 기지와 재치가 언어에 섞이면 못하는 일이 없다. 그것으로 위기나 곤경을 벗어날 수도 있으며, 문제를 해결할 수도 있다. 말싸움에서 이길 수도 있으며, 곤란한 분위기를 반전시킬 수도 있다.

위트는 고도의 지성이 순간적으로 발현되는 것이기 때문에 강자가 약자를 억압하거나 핍박, 수탈할 때는 잘 쓰이지 않는다. 왜냐하면 그러한 것은 기지나 재치로 하는 것이 아니라 힘으로 하는 것이기 때문이다. 그렇기 때문에 기지나 재치는 남을 해치는 데 쓰이는 경우는 드물고, 남의 억압이나 곤경으로부터 벗어나고 일어나는 데 쓰는 것이다. 뿐만 아니라 위트는 남의 입장이나 체면을 세워준다. 이야기를 재미있게 하는 데도 크게 기여한다. 그러므로 위트는 유머와 함께 인간관계를 이루는 데 참으로 중요하다.

힘이 아닌 지혜로 말이다. 기지나 재치로 할 수 있는 것이 또 있다. 그것은 남을 웃기거나 비판하는 일이다. 전자를 유머, 후자를 풍자라고 한다. 물론 위트와 겹치는 경우가 있음을 위에서 살펴보았다. 그 중에서도 더 지적인 것, 더 문제를 해결하는 쪽으로 기울어진 것만을 위트라고 하고 그렇지 않은 것은 유머 또는 풍자라고 하는 것이 좋겠다고 생각한다.

유머나 위트를 잘하기 위하여서는 먼저 갑자기 위험이나 곤경의 상황에 처하게 되었을 때 당황하지 않는 여유를 갖는 것이 중요하다. 평소에 마음을 다져두어서 우선 미소를 띠는 습관을 갖는 것이 좋다. 그리고 편안한 상태에서 상대의 의도를 정확히 파악한다. 의중을 읽는다. 그리고 상황 또는 정황을 이해한다. 상대의 말의 진의와 문제점을 정확히 안다. 그런 상태에서 자신의 상황과 처지를 확인한다. 그리고 그 상황에 적절한 말을 생각한다. 물론 이러한 일은 설명을 하지면 길지만, 동시에 일어나는 일이다. 모든 사람들에게 개인의 차가 있다. 그래서 이 중에 부분적으로 놓치는 수도 있을 것이다. 그러나 이 정도를 할 수 있는 능력은 누구에게나 있는 것이다. 여기서 강조하고 싶은 것은 서두르지 말라는 것이다. 서두를 필요가 전혀 없기 때문이다. 왜냐하면 순간적 재치는 서두르는 데서 나오는 것이 아니라 여유 속에서 나오는 것이기 때문이다.

끝으로 유머와 위트는 구어체에서 가장 중요한 언어 예술이라는 점을 강조하고자 한다.

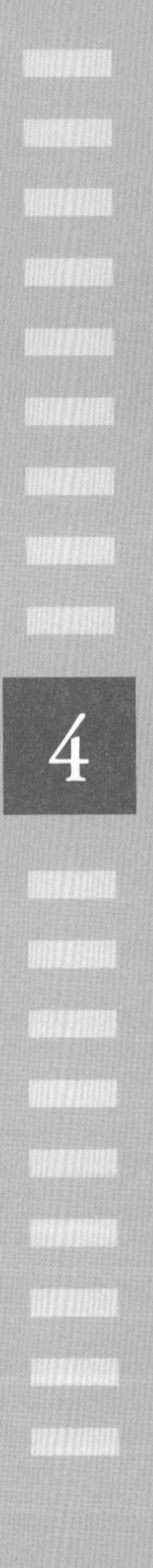

4

생활과 유머

어떤 부인이 은행 출납계에 가서 수표를 바꿔달라고 했다. 은행 직원이 부인에게 말했다.

"수표 뒷면에 성함과 전화번호를 적어주세요."

"수표발행자가 바로 제 남편이란 말이에요."

"아! 네. 그렇습니까? 그렇지만 수표 뒷면에 이서를 하셔야만 나중에 남편께서 이 수표를 누가 현금으로 바꿔갔는지 아시게 됩니다."

그제서야 알아들었다는 듯 부인은 고개를 끄덕이며 수표 뒷면에다 이렇게 적었다.

"여보, 저예요."

유머와 금기

유머의 소재 중에서 가장 많이 다루어지는 것은 금기(禁忌, taboo)와 관련된 것으로 그중에서도 '성(性)'과 관련된 것이 가장 많다. 성 이외에 배설, 종교와 신, 죽음, 동물, 정치 등이 유머의 주된 이야깃거리로 등장하는데 일상 대화에서 다루기 꺼려하는 금기와 관련된 내용이 유머의 주된 소재가 된다는 것은 꽤 흥미로운 사실이다.

- 이승만 대통령이 방귀를 뀌면?
  → 이기붕이 "각하, 시원하시겠습니다."
- 박정희 대통령이 방귀를 뀌면?
  → 차지철이 "각하, 이번 일은 쥐도 새도 모르게 하겠습니다."
- 전두환 대통령이 방귀를 뀌면?
  → 장세동이 "각하 제가 뀐 것으로 하겠습니다."
- 노태우 대통령이 방귀를 뀌면?
  → 수행 장관들이 "각하, 저희들은 안 뀌었습니다."

이 유머는 '방귀'라는 매우 쉬운 소재로 역대 대통령들의 특성을 간단 명료하게 보여줬다. 이 유머의 핵심은 어울릴 것 같지 않은, 세상에서 가장 근엄한 '대통령'과 '방귀'를 적절하게 연결시킨 데 있다.

인간의 마음의 해방은 바로 이러한 금기에서의 해방과 밀접하게 연결된다. 인간은 법, 도덕, 예절 등의 현실원칙에 의해 억압된다. 섹스나 성기, 똥, 오줌, 방귀, 죽음, 신과 종교에 대한 비하 등도 그 구체적 언급이 대부분의 사회에서 금기시되어 왔다. 우리는 이러한 금기를 유머라는 해방구를 통해 분출하는 것이다. 고전 유머에서 시부모 앞에서 방귀를 뀌는 며느리의 이야기가 많이 전승되고 있는데, 이러한 이야기들은 남들 앞에서 방귀를 뀌는 것을 금기시 하던 사회적 억압에서 개인의 욕구를 분출하는 데 활용되었다.

금기와 관련된 유머는 수용자가 공감할 수 있느냐 하는 것이 중요하다. 수용자에 따라 재미있는 유머로 받아들일 수도 있고, 매우 불쾌한 이야기, 심지어는 모욕적인 이야기로 받아들일 수도 있기 때문이다. 따라서 금기와 관련된 유머를 구사하기 위해서는 상황과 수용자에 대한 이해가 먼저 이루어져야 한다. 여기서는 성과 종교에 대한 유머만을 살펴보기로 한다.

성(性, sex)

성과 관련된 유머는 옛 소화(笑話)에서도 가장 많이 등장한다. 전통적으로 성(性)과 관련된 이야기를 '음담(淫談)'이라고 하고, 이를 완곡하게 표현한 것이 '육담(肉談)'이다. 육담은 '민간에 전승되는 성기와 성행위를 소재로 한 웃기는 짧은 이야기'로 정의할 수 있다. 유교적 도덕주의를 숭상했던 조선사회에서 성에 대해 이야기하는 것을 금기시한 것은 당연하다. 이러한 성에 대한 욕구를 육담을 통해 분출시켰던 것이다.

소화(笑話)에서 성과 관련된 이야기 중에는 외도(外道)와 관련된 것이 가장 많다. 특히 과부나 승려 등이 섹스의 능동적 주체로 등장하는 경우가 많은데 이는 그들이 성을 금기시해야 하는 존재였기 때문이다. 여성의 개가(改嫁)를 엄격히 금지하던 사회에서 과부들은 성욕이라는 본능을 해소할 수 없었을 것이다. 그래서 불륜을 저지를 수밖에 없었고, 그러다 보니 이들과 관련된 이야기가 널리 전승되어 온 것이다. 과부와 종, 과부와 스님, 스님과 시주 온 외간 여자와의 불륜 등이 주류를 이룬다.

남편은 어리석고 아내는 영리했는데, 아내가 이웃 남자와 사통(私通) 관계를 맺고 있었다.

하루는 산 아래서 밭에서 부부가 같이 일을 하고 있는데, 이 남자가 빈 섬(짚으로 만든 곡식 담는 그릇)을 지고 와서 그 처를 간통할 생각으로 일부러 "당신들 아무리 부부지만 대낮에 밭에서 호합하고 있으니 그 무슨 짓이냐?"하고 소리 쳤다.

그러자 남편이 나와서 왜 하지 않은 짓을 했다고 말하느냐고 따졌다.

이 남자는 "네가 이 빈 섬을 지고 서서 시험해 보라."고 말하고 빈 섬을 지워 놓고 밭으로 갔다. 그리고 그의 아내와 밭에서 환애

하니, 남편이 보고서 "정말 그렇구나!"하고 말했다.

　이로써 아내 잃은 사람을 일러 "빈 섬만 진 사람"이라는 속담이
생겼다.

『파수록(罷睡綠)』에서

　이러한 불륜은 사대부들의 입장에서 용납될 수 없는 행위였을 것이다.
그럼에도 불구하고 사대부들이 자신들 스스로 이렇게 기록해 놓은 것은
표면적으로는 불륜에 대한 경계를 강조하면서도 내면적으로는 엄격한
도덕주의에 갇혀있던 사대부들 스스로의 탈출구로 활용할 목적이 있었
을 것이다.

　현대에 와서도 성과 관련된 유머는 가장 큰 비중을 차지하고 있다. 시
중에 나오는 유머집이나 인터넷에 떠도는 유머들 중 가장 많은 것이 성
에 관련된 것이다. 그런데 상당수는 유머의 가치를 상실한 저질 음란 이
야기에 불과해 읽는 이들을 불쾌하게 하기도 한다. 성과 관련된 유머는
주로 부부 사이의 성적 불만, 혼전 성관계, 자유분방한 성 풍속도, 심지
어 변태적 성행위나 동성애 등을 그 내용으로 하고 있다.

한 사내가 오랫동안 섹스를 못해서 매우 '불안한' 상태에 있었다.
버스를 타고 가는데 버스 안에 매우 아름다운 수녀가 앉아 있었다.
그래서 자꾸 흘끔흘끔 쳐다보는데, 버스 기사가 귓속말로 말했다.
"저 수녀는 매주 일요일 수녀원의 숲에서 기도를 드리는데 너무
순진해서 당신이 신이라고 말하면 무엇이든지 다 들어줄 거야."

그래서 사내는 일요일에 수녀원에 가서 숲에 숨어 있었다. 아니
나 다를까, 수녀가 나타났다. 그래서 사내는 수녀에게 말했다.

"나는 신이다. 신이 너와 섹스를 하기를 원한다."

수녀가 말했다.

"다 좋은데 저는 처녀성을 지켜야 하기 때문에… 앞보다는 뒤
로…"

그래서 사내는 열심히 행위를 한 후에 말했다.

"하하하, 나는 신이 아니다."

그랬더니 수녀가 말했다.

"하하하, 나는 버스 운전사다."

그런데 문제는 불륜 등과 같은 행위에 대한 경종은 보이지 않고 이야
기 자체가 주는 재미와 즐거움을 즐기는 차원에 머물러 있다는 것이다.
이는 현대의 성이 이미 억압된 것이 아니기 때문이다. 성을 억압하던 사
회에서는 그것의 분출을 경계해야 하겠지만, 성에 대해 자유분방해진 현
대에 와서는 불륜 그 자체가 중요한 것이 아니라 그 불륜을 맺는 과정
속에서의 에피소드가 주는 웃음이 주요 목적이 되어버린 것이다.

아침부터 싸움을 한 부부가 있었다.

화가 머리끝까지 난 남편은 출근하면서 아내에게 소리쳤다.

"침대에서도 변변히 못하면서 뭐가 잘났다고 큰소리야!"

회사에 도착한 남편은 아무래도 자기 말이 너무 심한 것 같아 집

에 전화를 했다. 그런데 아내는 벨이 한참 울린 후에야 전화를 받는 것이었다.

"왜 이렇게 전화를 늦게 받아?"

"침대에 있었거든요."

"아니, 아직까지 침대에서 뭐하는데?"

그러자 아내가 하는 말,

"글쎄… 다른 사람 의견도 들어보려고요."

종교

유머의 세계에는 성역이 없다. 사람들은 신성하고 담이 높은 종교와 성직자라는 주제에 커다란 매력을 느낀다. 가톨릭의 위세가 절정에 달했던 중세 때마저 성직자에 대한 농담이 세간을 떠돌았다고 한다. 사실 신과 종교를 유머의 소재로 삼는 것은 부담스러운 일이다. 최근 이슬람교의 알라신을 풍자하는 만화를 실은 유럽의 신문들과 이슬람권 국가들 사이에 커다란 갈등이 있기도 했다.

그럼에도 불구하고 종교를 소재로 한 유머가 끊임없이 만들어지고 있는 것은 신과 성직자를 소재로 한 유머 속에서 우리의 사회상을 발견할 수 있기 때문이다. 성스럽기만 하던 성서 속의 인물들이나 이야기는 그 인물들에 새로운 활기를 불어넣으며 유머 감각이 넘치는 매력적인 이야기로 재탄생된다(이동준 옮김, 2005 : 193).

한 남자가 직장에서 집으로 돌아와 밤마다 하늘에서 목소리를 들었다. 그 목소리는 그에게 이렇게 말했다.

"네 직장을 그만둬라, 너의 집을 팔아서 그 돈을 가지고 라스베가스로 가라."

그 남자는 그 소리에 신경질을 내면서 그 목소리를 무시했다.

다음 날, 그가 집에 돌아왔을 때 같은 일이 생겼다. 그 목소리는 그에게 말했다.

"너의 직장을 그만둬라, 너의 집을 팔아서 그 돈을 가지고 라스베가스로 가라."

다시 그 남자는 목소리를 무시했다. 그는 이 사건으로 매우 고통스러워했다. 매일같이 그 남자는 같은 목소리를 들었다. 매번 그 목소리를 들으면서 그 남자는 점점 마음이 흔들리게 되었다.

마침내 2주일 후에 그는 압력에 굴복했다. 그는 직장을 그만두고 그의 집을 팔았다. 그 돈을 가지고 라스베가스로 갔다. 남자가 라스베가스에 도착한 순간, 목소리가 그에게 말했다.

"Harsh's로 가라."

그래서 그는 택시를 타고 속히 Harsh's로 갔다. 그가 카지노에 앉자마자 그 목소리가 말했다.

"룰렛 테이블로 가라."

그는 그대로 했다. 그가 룰렛 테이블에 앉자마자 목소리가 말했다.

"네 돈을 17번에 모두 걸어라."

흥분해서 그 남자는 돈을 칩으로 바꾸어 17번에 모두 걸었다. 딜

러가 그 남자의 행운을 빌며 룰렛 바퀴를 돌렸다. 볼이 한 바퀴 돌았다. 그 남자는 심각하게 그 볼을 바라보았다. 속도가 느려지고 마침내 볼은 21번에 멈추었다.

그러자 그 목소리가 말했다.

"젠장!"

성직자에 대한 풍자는 기독교가 유입되기 이전에는 주로 승려를 대상으로 했다. 가장 청렴하고 순결해야 할 승려가 치부를 하고, 술과 고기 심지어는 여자를 밝히는 것을 신랄하게 풍자하는 유머는 많이 전승되어 오고 있다. 현대에 와서는 기독교의 유입으로 주로 목사와 신부, 수녀와 관련된 이야기들이 많이 생산되고 있다. 이들과 관련된 유머도 위선적인 성직자의 모습을 폭로하고 있다는 점에서 옛날과 다르지 않다.

어느 사이비 목사가 택시 뒷좌석 중앙에 합승을 하고 가는데, 왼쪽에는 못생기고 늙은 여자승객이, 오른쪽엔 젊고 예쁜 여자승객이 타고 있었다.

난폭 운전으로 목사의 몸이 못생긴 여자 쪽으로 기울면 마음속으로, "주의, 시험에 들지 말게 하옵소서!"라고 기도하고 예쁜 여자 쪽으로 기울 때면 "주여! 뜻대로 하옵소서!"하다가 택시가 급정거하는 바람에 앞 유리창에 이마를 들이 받았다.

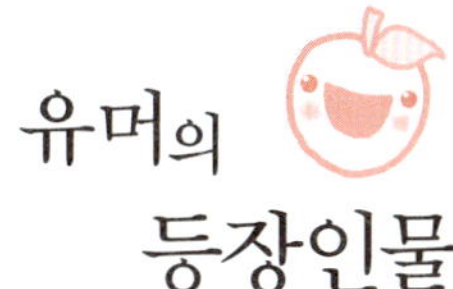

유머의
등장인물

유머의 등장인물, 즉 웃음거리가 되는 인물들은 매우 다양하지만 빈번히 등장하는 특정부류의 인물군이 있다. 이들 인물군은 힘이 작은 사회적 그룹인 열등집단과 명성을 가진 우월집단으로 양분된다.

열등집단

열등집단에는 약자인 여성(특히 뚱뚱하고 못생긴 여자), 유색인종, 특정 방언권의 사람들, 신체장애자, 정신병자 등이 포함되는데, 열등집단을 웃음거리로 삼는 이유는 유머를 받아들이는 수용자에게 상대적 우월감을 느끼게 함으로써 웃음을 유발시킬 수 있기 때문이다.

남성 중심의 세계관을 가진 나라들에서는 상대적으로 열등한 집단이 될 수밖에 없었던 여성을 표적으로 삼는 유머 텍스트가 많이 생산되고

있다. 여성의 외모에 대한 비하나 수다스러움, 질투심, 사치스러움, 무지
등에 대한 조롱 등이 주류를 이룬다.

어떤 부인이 은행 출납계에 가서 수표를 바꿔달라고 했다. 은행
직원이 부인에게 말했다.
"수표 뒷면에 성함과 전화번호를 적어주세요."
"수표발행자가 바로 제 남편이란 말이에요."
"아! 네. 그렇습니까? 그렇지만 수표 뒷면에 이서를 하셔야만 나중
에 남편께서 이 수표를 누가 현금으로 바꿔갔는지 아시게 됩니다."
그제서야 알아들었다는 듯 부인은 고개를 끄덕이며 수표 뒷면에
다 이렇게 적었다.
"여보, 저예요."

특히 여성 가운데서도 노처녀나 과부, 아줌마나 할머니 등이 많이 거
론되는데 할아버지, 할머니를 대상으로 하는 유머에서는 노인들의 노망
이나 무지를 조롱하는 것으로 노인에 대한 경시 풍조가 팽배해 있음을
보여준다고 할 수 있다.

매일같이 싸워온 노부부가 있었다. 그들은 싸울 때마다 큰소리를
치고 가구들을 부수기 때문에 이웃들이 모두 알고 있었다. 할아버
지는 항상 싸울 때마다 이런 말을 했다.
"내가 먼저 죽으면 무덤을 파고 올라와서 당신 죽을 때까지 따라

다닐 거야!”

그러던 어느 날 갑자기 할아버지가 죽었고, 장례식을 치렀다. 할머니는 장례식이 끝나자마자 마을 사람들과 술을 마시며 축하 파티를 열었다. 그러자 이웃 사람들이 할머니에게 다가와서 물었다.

“할머니 무섭지 않으세요? 할아버지가 무덤파고 올라와서 따라다니신다고 했잖아요?”

그러자 할머니가 말했다.

“그 영감탱이 열심히 땅 파라고 해! 내가 관을 뒤집어서 넣어놨으니까!”

유머에서는 특정 방언권의 인물이 많이 등장한다. 사투리는 표준어와는 다른 독특한 억양과 색다른 어휘로 인해 표준어 화자들에게 많은 호기심과 재미를 유발시킨다.

부산 토박이 부부가 갓 결혼식을 올리고 제주도로 신혼여행을 왔다. 그들은 탐스런 달이 은은하게 비추는 해변가를 걷다가 자리를 잡고 앉았다. 주변에는 다른 신혼부부들도 있었는데 옆에 앉은 서울부부의 대화가 들려왔다.

서울 신부,

“어머, 자기야! 저 달 좀 봐. 너무 예쁘다!”

그러자 서울 신랑.

“히야, 정말 자기만큼 예쁜데!”

서울부부의 정겨운 모습이 너무나 부러운 부산 신부도 남편에게
물었다.

"자기예, 저 달 좀 보이소."

그러자 멋대가리 없는 부산 신랑이 말했다.

"와? 달이 니한테 뭐라카드나?"

표준어 화자의 입장에서는 사투리를 사용하는 인물들에 대해 상대적
우월감을 느끼게 된다. 특히 한국의 오랜 지역감정은 특정 지역의 사투
리 화자들을 멸시하는 풍조를 만들어 냈고, 이러한 분위기가 유머에도
그대로 반영되어 왔다. 과거 드라마나 영화의 등장인물을 보면 상류 계
층보다는 하류계층이 사투리를 더 많이 사용하는 것으로 설정되어 있고,
특히 폭력배 등은 예외 없이 특정 지역의 사투리를 구사하는 것으로 설
정되는 것이 일반적이었다. 최근에 와서는 이러한 특정 지역의 사투리에
대한 조롱이 다소 완화되었지만 아직도 우리 사회 곳곳에서는 지역감정
에 의한 사투리 멸시풍조가 만연해 있다.

한 아가씨가 나이트클럽에 갔다. 블루스 타임이 되자 배용준처럼
생긴 멋쟁이 청년이 그녀 앞으로 다가왔다.

설레는 마음으로 쳐다보는 아가씨에게 청년이 손을 내밀며 나직
하게 말한다.

"출껴?"

어이가 없어진 아가씨가 멍하니 청년을 바라본다. 청년이 질문한다.

신체적, 정신적 장애자를 유머의 소재로 삼는 경우도 많다.

최근 TV의 한 개그프로그램에서는 하반신 장애자가 개그맨으로 출현해서 자신이 장애인으로 겪은 에피소드를 재미있게 유머로 표현해 많은 시청자들에게 웃음을 선사하기도 했다. 이러한 유머는 장애인들을 조롱하는 것이 아니라 그들의 고통과 어려움을 일반인들에 진심으로 이해하기를 바라는 마음에서 나오는 공감대라고 할 수 있다. 이러한 공감대 없는 무조건적인 조롱이나 멸시는 진정한 의미의 유머가 될 수 없다.

특정한 국가나 민족을 웃음거리로 삼는 유머도 많다. 이러한 유머는 국가나 민족 간의 오랜 악연에서 비롯된 경우가 많다. 이러한 유머는 뒤에서 구체적으로 살피도록 하겠다.

우월집단

유머의 대상이 항상 낮은 계층만 있는 것은 아니다. 어떤 의미에서는 많은 유머가 힘과 영향력을 가지고 있는 우월 집단의 사람들을 공격한다. 우월집단에는 정치인, 의사, 판사, 변호사, 교수, 종교인, 연예인 등이 포함된다.

우월집단을 대상으로 한 유머는 그 집단의 부정적인 면을 폭로하고 풍자함으로써 대부분의 수용자들에게 쾌감을 줄 수 있다. 수용자들은 자신들보다 더 잘난 사람들이 오히려 더 불행하고 열등하다는 것을 알게 됨으로써 쾌감을 느끼게 된다. 웃음거리가 되는 우월집단에 속한 수용자들의 경우에도 자신들을 공격하는 유머를 통해 자신들의 잘못을 반성할 수 있는 계기가 될 수도 있다.

우월집단으로 가장 공격의 대상이 되는 것은 정치인이다. 정치인들은 국민들을 대상으로 실시되는 설문조사에서도 청렴도에서 늘 꼴찌를 맴도는 집단으로 불신의 대명사가 되어왔다. 사실 정치가는 한 국가를 유지하고 국민들을 행복하게 만드는 가장 중요한 집단이면서도 한편으로는 힘 있는 자들의 이익을 추구하는 추악한 권력집단으로 비쳐지고 있는 것이 현실이다.

정치인의 도움이 필요했던 한 재벌 기업가가 어느 국회의원에게 접근해서 1억 원짜리 신형 자동차를 선물하겠다고 제안했다.

그러자 그 정치가는 자기는 청렴을 생명으로 하기 때문에 절대로 뇌물 같은 것은 받을 수가 없다고 말했다.

누구보다도 상대방의 심리를 잘 꿰뚫어 보는 기업가는 얼른 자기의 말을 고쳐서 이렇게 제안했다.

"좋습니다. 그렇다면 그 차를 50만원에 팔 테니, 사시겠어요?"

정치가는 반색을 하며 대답했다.

"정 그렇다면, 내 두 대 사리다!"

밤늦은 시간, 도심 한복판에 스키용 마스크를 한 강도가 불쑥 튀어나와, 잘 차려 입은 행인의 길을 막고 권총을 들이댔다.

"가진 돈 전부 내놔!"

그러자 돈이 많아 보이는 그 사람은 화를 버럭 내며 말했다.

"이게 무슨 짓이야? 난 국회의원이란 말이야!"

상대가 조금도 겁을 먹지 않자 강도는 속으로 움찔했지만, 짐짓 마음을 가다듬고 다시 말했다.

"그럼 잘 됐어. 내 돈 내놔!"

변호사나 의사에 대한 풍자도 많은데, 자신들이 이익만을 추구하는 그들의 모습이 유머에 잘 드러난다.

변호사의 개가 동네 정육점에 들어가서 고기 한 덩어리를 물고 도망갔다.

정육점 주인은 변호사의 사무실을 찾아갔다.

"만약에 개가 정육점에서 고기를 훔쳐갔다면 그 주인에게 돈을 요구할 수 있는 거요?"

"물론이죠."

"그렇다면 만원 내슈. 댁의 개가 우리 가게에 와서 고기를 훔쳐 갔수."

변호사는 말없이 정육점 주인에게 돈을 내어줬다.

며칠 후 정육점 주인은 변호사로부터 편지 한 통을 받았는데 그 안에는 다음과 같은 내용의 청구서가 들어 있었다.

'변호사 상담료 10만원'

의사가 환자에게 말했다.

"이 치료를 받으면 3개월은 살 수 있어요." 그러면서 진료비 청구서를 내밀었다.

환자가 말했다.

"오, 하나님 맙소사. 나는 3개월 안에 이 많은 돈을 벌 수가 없어요."

그러자 의사가 말했다.

"좋아요. 그럼 당신은 6개월은 살 수 있어요."

방송과 영화 그리고 인터넷 등 각종 대중 매체의 발전으로 인해 연예인들은 대중의 우상이 되었고, 그들과 관련된 유머들이 자연스럽게 만들어지게 되었다. 주로 연예인들의 특징을 흉내 내거나 그들이 등장했던 영화나 드라마 그리고 광고 등을 패러디하는 유머가 주류를 이룬다. 연예인 유머의 대표적인 것으로 '최불암 시리즈'를 들 수 있다. 가장 한국적인 아버지상을 구현했다는 탤런트 최불암을 웃음의 대상으로 삼아 요즘 사회의 세태를 적나라하게 표현했다. 인정이 자꾸 메말라가는 추세 속에서 어수룩한 인간미에 대한 향수가 '최불암 시리즈'를 유행하게 한 동기라고 볼 수 있다.

저개발국가에서 너무 돈이 없고 가난해서 경찰관에게 제복을 입힐 수가 없었다. 하지만 치안유지를 위해 경찰은 꼭 필요했다. 궁리 끝에 대통령이 새로운 아이디어를 짜냈다. 모든 국민들은 콧수염을 기르지 못하게 하고 경찰관만 콧수염을 기르게 했다.

어느 날 강도가 범행 현장에서 경찰관이라고 주장하는 최불암에게 붙잡혔다. 그런데 최불암은 콧수염이 없었다. 그래서 강도가 항의했다.

"당신은 콧수염도 없는데 왜 날 체포합니까?"

그러자 최불암은 바지와 팬티를 벗으면서 말했다.

"자식, 이 아래 수염이 안 보이냐? 난 비밀경찰이다."

국가(민족)와 유머의 상관관계

국가(민족)별 유머 감각

영국의 한 연구소의 실험 결과(LaughLAB)에 의하면 나라마다 선호하는 유머가 다른 것으로 나타났다. 독일에서는 모든 종류의 유머가 인기를 끄는 반면 잉글랜드, 아일랜드, 호주, 뉴질랜드에서는 '말장난 유머(동음이의어 등을 이용한 유머)'가 인기를 끌었다. 북미에서는 우월감을 자극하는 유머가, 프랑스와 오스트리아 그리고 벨기에 등에서는 현실과 동떨어진 유머가 높은 점수를 받았다고 한다.

이렇듯 나라에 따라 선호하는 유머가 다른 것은 각 민족의 역사적·문화적 배경과 유머 감각의 차이에서 비롯된다. 또한 웃음에 대한 인식도 상당한 차이가 있다. 전통적으로 서구에서는 웃음에 대해 무척 관대하고 웃음을 즐기는 편이나, 동양에서는 웃음을 가급적 자제하는 것을 미덕으로 삼았다. 다음의 유머는 세계 여러 나라 사람들의 유머 감각의 차이를 재미있게 표현하고 있다.

세계적인 코미디언이 각국 사람들을 모아놓고 재미있는 유머를 펼쳤다.
그러자
프랑스인은 유머를 다 듣기도 전에 웃어 버렸고,
영국인은 유머를 끝까지 다 듣고 웃었으며,
독일인은 유머를 듣고 다음날 아침에 웃었고,
일본인은 그 유머를 잘 듣고 따라 했으며,
중국인은 유머를 다 듣고도 못 들은 척 했다.

여기서 『LaughLAB』(2002)의 실험 결과를 좀 더 자세히 소개하겠다. 『LaughLAB』은 영국 하트퍼드셔대학 심리학과 리처드 와이즈만(Richard Wiseman) 교수 연구팀의 프로젝트로, 그들은 1년 여에 걸쳐 미국과 유럽의 200만 명을 대상으로 설문조사를 실시하여 70개국의 4만여 유머를 수집하고, 이 중 분야별로 최고의 유머를 선정했다.

이 연구 결과에 의하면 각 나라의 문화적 특성과 섬나라라는 특성 때문에 우스갯소리에 대한 선호도에 차이가 나는 것으로 나타났고, 많은 사람들의 공감을 일으키는 유머는 우월감을 느끼게 하고, 걱정을 없애주고 위안을 주거나, 극적인 반전(反轉)을 보여주는 공통점이 보였다.

연구팀은 설문조사에 참가한 모든 사람들에게 그들이 어느 나라 사람

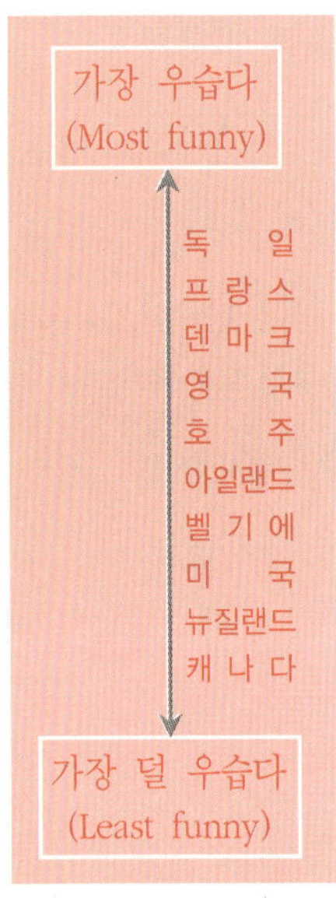

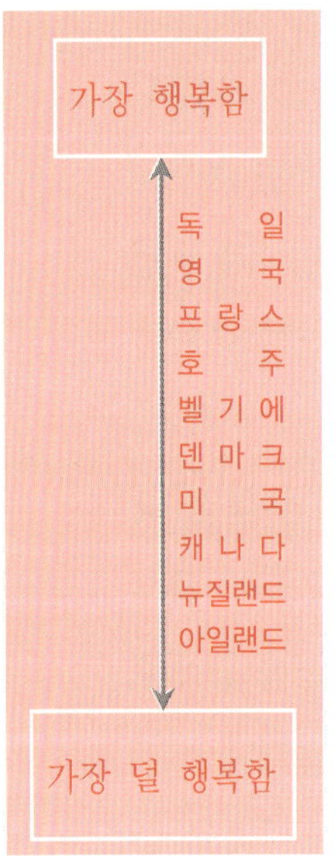

인지를 묻고, 가장 우스운 농담을 선택하도록 했는데 그들이 발견한 농담이 얼마나 우스운지에 따른 참가국별 목록은 다음과 같다.

이 목록에 따르면 독일인들이 자신이 선택한 유머가 '가장 우습다'고 평가한 반면, 캐나다인들은 '가장 덜 우습다'고 평가했다. 그렇다면 이러한 결과는 독일인이 가장 유머 감각이 있음을 의미하는가? 또는 독일인이 웃음이 가장 적어서 그 어떤 농담도 대단히 재미있어 보이는 것일까? 아니면 그것의 다른 복잡한 요인이 있는 것일까?

아마도 그것은 '행복감'의 문제일 것이다. 연구팀은 〈LaughLAB〉에 참가한 사람들에게 농담에 대한 평가 이전에 그들이 얼마나 행복하다고 느끼는지에 대해 물었다. 그 결과는 이전의 목록과 흥미로운 관련성을 보여준다. 독일인이 또 다시 1위를 차지하였다.

그래서 아마도 독일인이 가장 행복한 상태로 참여했기 때문에 가장 재미있는 유머를 선택한 것으로 생각해 볼 수 있다. 최근 보도에 의하면 아프리카 소국의 국민들이 자신들의 삶이 가장 행복하다고 생각한다는 조사 결과가 나왔다. 서구의 선진국들의 행복지수 등수는 100등 밖이었음은 우리에게 시사하는 바가 크다. 결국 웃음을 수용하는 사람들의 마음 상태에 따라 유머에 대한 반응이 크게 달라지는 것이다.

특정 국가(민족)를 겨냥하는 유머

세계 대부분의 나라 사람들은 지능이 낮고 어리석어 보이는 어떤 집단의 사람들에 관한 농담을 한다. 목표가 되는 실제 집단은 나라에 따라 다양하다. 특정 인종이나 민족, 나라에 대한 뼈 있는 유머는 약자나 소수자에 대한 주류계층의 공격을 포함하는 경우가 많다. 아일랜드인이나 유태인, 이탈리아인들 등에 대한 "정치적으로 올바르지 못한" 유머가 횡행했으며, 지금도 적지 않게 돌고 있는 것이 사실이다.

언어나 문화적 차이에 대한 편협함이 낳은 그러한 유머는 다른 사람들은 조롱하거나 주류 세계의 힘을 강화시키기도 하고, 한 사회에 속한 다양한 집단 사이를 이간질하기도 한다. 그러나 그러한 유머 속에 반영된 국가나 민족의 특성을 냉소의 대상이 아니라 단지 차이점으로 받아들이고 웃어넘길 수 있는 성숙함도 함께 성장해 왔음을 간과해서는 안 된다.

다음의 조사 결과는 각각의 집단들이 그 다음에 오는 집단들을 이용하여 유머를 만드는 경향을 보여주고 있다.

이러한 결과는 국가들의 정치 문화적 상황을 그대로 반영하고 있는 것이다. 영국인에게 있어 아일랜드는 오랜 속국이었다. 그러다 보니 자연스럽게 아일랜드인을 비하하는 유머가 많이 만들어져 왔다.

영국 → 아일랜드
미국 → 폴란드
캐나다 → Newfies
프랑스 → 벨기에
독일 → Ostfriendlanders

런던의 한 사교 클럽에서 어떤 부인이 잉글랜드 여자, 스코틀랜드 여자, 아일랜드 여자친구에게 푸념을 하기 시작했다.

"서툰 탓인지 주의가 부족한 탓인지, 우리 집 가정부가 툭하면 접시를 깨뜨리는데, 어떻게 해야 좋을지 모르겠어요."

그러자 실용주의적인 잉글랜드 여자는 그녀를 해고하라고 했다.

구두쇠인 스코틀랜드 여자는 가정부의 급료에서 접시 값을 제하라고 했다.

부인이 스코틀랜드 여자의 말에, 접시 값을 제하기에는 가정부의 급료가 턱없이 모자란다고 하자, 가만히 듣고 있던 아일랜드 여자가 이렇게 쏴 붙였다.

"그렇다면 가정부의 급료를 올려줘요!"

프랑스의 전통적 메뉴인 '벨기에인 시리즈'에서는 이웃의 작은 나라 벨기에에 대한 프랑스인들의 은근한 멸시와 우월의식이 엿보인다.

남프랑스의 해변에서 벨기에 청년 한 명이 플레이보이인 프랑스인 친구에게 여자 꼬시는 법을 물었다.

"간단하지. 내가 하는 걸 잘 봐."

프랑스 청년은 한 예쁜 아가씨가 지나가는 걸 보고 다가서서 수작을 걸었다.

"아가씨, 1에서 9까지의 숫자 중 좋아하는 걸 하나만 대보세요."

아가씨가 7이라고 대답했고, 청년이 말했다.

"브라보! 당신은 오늘 저와 저녁식사를 함께 하는 행운에 당첨되었습니다. 8시에 모시러 가죠.”

그리고는 벨기에 청년에게 “봤지? 이대로만 하면 돼.”라고 속삭였다.

한참 뒤, 또 한 아가씨가 지나가자 벨기에 청년이 다가갔다.

“아가씨, 1에서 9까지의 숫자 중 좋아하는 걸 하나만 대보세요.”

“3이요.”

“아이구, 쯧쯧……”

벨기에 청년이 혀를 차며 말했다.

“아깝네요. 7이라고 했으면 저녁식사에 당첨되었을 텐데.”

앞선 조사 결과에 의하면 미국인들에게는 폴란드인이 유머의 대상인데, 이는 미국 내 거주하는 유대인들의 영향력 때문인 것으로 보인다.

한 폴란드 항공여객기가 신식 통로에 멈추면서 짧은 재난의 어려움을 겪으며 착륙했다. 그 폴란드 조종사는 비행기가 성공적으로 멈춘 후에 안도의 한숨을 내쉬면서 이렇게 말했다.

“내가 본 중에 가장 짧은 활주로였어.”

“맞아요.” 부조종사가 말했다.

그리고 그는 왼쪽을 보고 놀라고, 그의 오른쪽을 보고는 이렇게 말했다.

“그런데 이 활주로는 확실히 폭이 넓어요!”

러시아와 폴란드 그리고 독일(나치)은 근대에 들어와서 유대인을 심하게 박해했기 때문에 유대인 유머의 단골로 등장한다.

히틀러가 베를린 공원에서 승마를 즐기고 있었다. 그런데 갑자기 말이 뭔가에 놀랐는지 마구 달리기 시작했다. 히틀러는 안장이 빠져 금방이라도 땅에 내동댕이쳐질 것 같았다.

다행히 그때 힝켈이라는 유대인이 앞으로 뛰어들어 말을 세우고 진정시킨 덕분에 히틀러는 아슬아슬하게 목숨을 구했다. 말에서 내린 히틀러는 힝켈의 가슴에 달린 유대인임을 표시하는 'J'가 찍힌 노란 헝겊을 보고는 얼굴을 일그러뜨렸지만, 그래도

"이봐, 유대놈! 아니, 유대인! 고맙네."라고 말했다.

"자네는 생명의 은인이네. 내가 할 수 있는 일이라면 뭐든 말해 보게. 상을 내리겠네."

그러자 힝켈은 이렇게 대답했다.

"총통 각하, 그럼 한 가지 부탁이 있습니다. 제가 당신을 구했다는 사실을 아무에게도 말씀하지 말아 주십시오!"

미국은 남미에서 들어오는 불법이민자들로 골치를 앓고 있다. 그래서 중남미 국가 사람들을 대상으로 하는 유머가 많다.

호수에서 영국인, 독일인, 미국인, 그리고 멕시코인이 뱃놀이를 하고 있었다.

그런데 영국인이 갑자기 비싼 시거를 한 모금 빨더니 호수에 던졌다. 다른 사람들이 "왜 비싼 시거를 호수에 버리느냐?"는 물음에 영국인은 "우리나라엔 이런 시거가 아주 많아요!"라고 대답했다.

잠시 후, 독일인이 맥주를 한 모금 마시더니 역시 호수에 던져 버렸다.

다른 사람들이 "왜 비싼 맥주를 호수에 버리느냐?"고 묻자 독일인 역시, "우리나라에는 이런 맥주가 많습니다!"라고 대답했다.

그러자 잠자코 있던 미국인이 갑자기 멕시코인을 번쩍 들어 호수에 던져 버렸다.

다른 사람들이 깜짝 놀라, "도대체 지금 무슨 짓을 하는 거냐?"고 물었다.

그러자 미국인은 이렇게 대답했다.

"우리나라에는 이런 멕시코인이 아주 많습니다."

36년간 일본의 식민통치를 받은 한국인에게 있어 일본은 늘 증오의 대상이었고, 따라서 일본인을 비하하거나 공격하는 유머가 많이 만들어졌다.

한국의 대통령과 일본의 천황이 한자리에 모였다.

한국과 일본의 국민 수만 명이 모였고, 일본 국왕이 자랑스럽게 말했다.

"우리 국민은 그 단결력이 상상을 초월하므니다. 제가 손을 한번 흔들기만 하면 모두들 박수를 치며 환호할 것이므니다."

"그렇습니까? 한번 해보시죠?"

일본 천황은 자신만만하게 자국의 국민들에게 손을 흔들었다. 그러자 일본 국민들은 정말로 모두 박수를 치며 환호를 보내는 것이었다. 일본 천황은 우쭐해하며 한국 대통령을 쳐다봤다.

그러자 우리의 대통령은 아무렇지도 않다는 듯 말을 이었다.

"후후. 그렇군요. 하지만 제가 손을 한 번만 쓰면 여기 있는 국민은 물론 집에서 TV를 시청하고 있는 국민들도 모두 환호하며 기뻐해서 그날은 국경일로 지정이 될 것입니다."

그러자 일본 천황은 비웃듯 말했다.

"쿠쿠쿠. 그렇스므니까? 그럼 어디 한번 해보스므니다."

그러자 한국의 대통령은 일본 천황의 귀싸대기를 갈겼다.

국가별 유머의 특성

우리나라 사람들에게 웃기는 유머가 왜 미국 사람들에게는 웃기지 않을까? 그 반대의 경우에도 마찬가지 현상이 일어나는 것은 무슨 이유일까?

그것은 흰 나라 국민들의 문화적 특성을 반영한 유머는 다른 나라 사람들에게는 지적 연결이 되지 않기 때문이다. 즉 배경지식이 다르기 때문이다. 한 나라 안에서도 특수한 집단 안에서 일어나는 웃음거리들이 집단 밖의 사람들에게는 웃음을 일으키지 못하는 경우가 많은데, 이 역시 배경지식이 다르기 때문이다.

세계 각국의 경찰 수사력을 평가하는 대회가 열렸다. 경기 방법은 야산에 쥐 한 마리를 풀어놓고 다시 잡아들이는 경기였다.

미국 FBI는 인공위성과 아파치 헬기와 열추적 장치 등의 최첨단 무기를 사용하여 반나절 만에 너덜너덜해진 쥐의 시체를 끌고 왔다.

중국 공안 경찰은 수십만 명의 경찰을 풀어 이틀 만에 쥐를 잡아들였다.

일본 경찰은 가미가제 자살 특공대를 조직하여 무차별 공격을 가함으로써 하루 만에 죽은 쥐의 시체를 가지고 왔다.

한국 경찰은 몇 시간 되지 않아 곰 한 마리를 끌고 왔다. 그런데 그 곰은 흠씬 두들겨 맞아 반병신이 된 상태였다.

심판관이 쥐는 어디에 있느냐고 묻자, 한국 경찰은 곰의 옆구리를 팔꿈치로 쿡 찔렀다.

그러자 곰이 깜짝 놀라며 이렇게 대답했다.

"제가 쥡니다! 꼴은 이래도 제가 쥐라구요. 하늘에 맹세코 저는 쥡니다!"

위에서 소개한 유머는 각 국가의 특성에 대한 배경지식이 없이는 이해하기 어려운 유머이다. 경찰력을 테스트하는 시합에서 미국의 첨단무기를 이용한 검거능력, 중국의 인해전술식 검거능력, 일본의 가미가제 자살 특공대의 능력 등에 대한 독자의 배경지식이 필요하다. 특히, 과거 무자비한 공권력을 통해 거짓 자백을 유도했던 한국 경찰에 대한 풍자를 듣고 웃을 수 있으려면 이에 대한 배경지식이 반드시 필요하다.

이러한 나라별 특성을 유머는 잘 반영하고 있다. 여기서는 몇몇 나라의 유머에 반영된 민족성과 문화적 특성을 소개하려고 한다. 내용의 많은 부분을 김진배의 『웃기는 리더가 성공한다』(1999)에서 가져왔다.

① 미국의 유머

미국인들은 세계에서 유머를 가장 즐기는 국민이다. 연설이나 교육을 할 때도 유머는 반드시 갖추어야 할 필수요소이다. '5분 내에 청중을 못 웃기는 사람은 연사의 자격이 없다'는 것이 그들의 상식이다. 정치인들에게 유머 감각은 제1의 능력으로 간주된다.

미국인들은 특히 대통령이나 정치인들을 풍자하는 정치유머를 즐긴다. 다음은 이라크를 침공한 부시 대통령을 풍자하는 내용의 유머이다.

부시 대통령과 콜린 파월 국무장관이 바에 앉아 있다. 손님 중에 한 명이 다가가서 "만나게 돼 영광입니다. 무슨 얘기들을 하시는 가요?"라고 묻자, 부시가 말한다.

"제3차 세계대전을 계획하고 있는 중이오."

깜짝 놀란 손님이 말한다.

"뭐라고요! 어떻게요!"

"이라크인 1,400만 명과 세상에서 가장 아름다운 할머니를 죽일 것이오."

그러자 남자가 물었다.

"아니, 대체 세상에서 가장 아름다운 할머니는 왜 죽여요?"

그러자 부시는 흐뭇한 미소를 띠고 파월의 어깨를 툭 치며 말했다.

"거봐. 사람들은 아무도 내가 이라크인을 죽이는 데는 관심이 없어!"

다음은 클린턴 전 대통령의 섹스 스캔들을 풍자한 유머이다.

힐러리가 병원에서 정기검진을 받으러 갔다. 검사가 끝난 뒤 의사가 임신이라고 말하자 그녀는 매우 당황해서 클린턴에게 전화를 걸었다.

"이 나쁜 놈아! 네가 무슨 짓을 저질렀는지 알아? 내가 임신을 했단 말야."

"……"

"못 알아듣겠어? 내가 네 아이를 가졌다구!"

그러자 클린턴이 모기소리만한 목소리로 물었다.

"누구시죠?"

남자들 사이에서는 장모를 희화화시킨 유머도 단골메뉴다. 미국사회의 장모와 사위 관계가 우리나라의 고부 갈등과 비슷하기 때문이다. 우리나라에는 시어머니와 며느리 사이의 갈등을 희화화한 유머는 많아도 장모와 사위 사이의 갈등을 희화화한 유머는 찾기 어렵다.

"우리 장모님은 천사처럼 멋있는 분이네."

"아! 자넨 운이 참 좋군. 우리 장모님은 아직 살아 계시다네."

미국은 유머에 관한 한 금기가 거의 없는 사회지만 인종차별에 관한 유머에 대해서만은 민감한데, 이는 다민족국가라는 특성 때문이다.

② 영국의 유머

영국인들은 전통적으로 진지함에 대해 깊은 혐오감을 가지고 있다. 그래서 "영국인을 가장 모욕하는 가장 확실한 방법은 유머 감각이 없다고 말하는 것"이라는 말이 있을 정도다. 자신들의 유머 감각에 대한 자부심도 대단한데, 조사에 의하면 영국인의 70%가 "우리는 유머 감각이 있는 민족"이라고 대답했다고 한다.

한때 영국의 지식인들 사이에서는 '유머는 영국인 고유의 성취물'이라는 견해가 많았다. 다른 나라에는 오직 위트만이 있을 뿐이며 영국인만이 참된 유머를 구사할 줄 안다는 것이다. "유머는 너무 영리하거나 아둔하면 나오지 않는다. 영국인은 지성과 둔감의 평균점에 위치해 있으며 바로 그것이 풍부한 유머의 출발점"이라는 윌리엄 헤즐릿의 주장도 그중의 하나다.

영국인들은 처칠의 후예답게 정치유머에 익숙하다. 다음은 토니블레어 총리의 '절충적 이미지'에 대해 꼬집는 유머이다.

블레어가 미국에 가보니 영국과는 달리 모든 자동차가 우측통행이었다. 이에 감명을 받은 그는 귀국 즉시 교통부장관을 불렀다.

"우리나라도 당장 우측통행으로 바꿉시다."

그러나 장관은 사표를 쓸망정 그렇게는 할 수 없다고 우겼다. 그러자 화가 난 블레어가 소리쳤다.

"좋소, 난 좌측이 싫고 당신은 우측이 싫으니 제3의 길로 정합시다. 내일부터 전국 차량의 절반은 왼쪽으로, 그리고 나머지 절반은 오른쪽으로 통행하도록 하시오."

③ 프랑스의 유머

프랑스인들은 공식석상에선 유머를 별로 사용하지 않지만 사석에선 유머를 활발하게 구사하는 편이다. 특히 남부 프랑스인들은 지적이고 풍자적인 정치유머를 즐기는 것으로 알려져 있다. 그들의 유머는 유쾌함과 진지함이 어울린 영국의 유머와는 달리 가볍고 화려하고 발랄하다. 프랑스인 특유의 사교성이 유머에도 그대로 반영되고 있는 것이다. 프랑스 특유의 '자유분방하고 다양한' 섹스문화 때문에 섹스에 관한 유머가 많다.

딸이 앙리와 곧 결혼하게 되었다. 부모는 걱정이 태산 같았다.

"여보, 앙리의 코가 너무 크잖우?"

"할 수 없지, 딸애가 좋아하는 데야."

"하지만, 코가 큰 남자는……"

"그런 건 속설이야. 설마 그렇다고, 내가 확인할 수야 없잖소."

"그럼, 마리에게 좀 시켜 봐야지."

가정부 마리에게 용돈을 주며 귀엣말을 속삭였더니, 본디 바람기가 있는 마리는 냉큼 승낙했다. 이튿날 아침 마나님이 물었더니,

"염려 놓으셔요."

"걱정 없겠니?"

"문제없어요. 주인 아저씨 정도니깐요."

정치인들에 대한 프랑스인들의 풍자는 어느 나라 못지않게 신랄하다. 과거사에 대한 기억 때문인지 나치즘을 빗댄 유머가 많고, 최근 들어 유럽의 골칫거리로 등장한 '극우파'에 대한 유머도 심심찮게 등장하고 있다.

두 소년이 나치의 강제수용소에 대해 얘기를 나누고 있었다.

"난 수용소에 대한 농담을 좋아하지 않아. 할아버지가 거기서 돌

④ 독일의 유머

독일인들은 유머를 별로 즐기지 않는다. 특히 직장에서는 농담을 자제하는 풍토가 유난히 강하다. 이런 현상은 지위가 높을수록 뚜렷해서 기업이나 사회의 고위층들은 중요한 자리일수록 딱딱한 모습을 보이는 경향이 있다. 그런 남다른 진지함 때문에 외국인이 자기들에게 유머를 구사하면 불쾌감을 느끼는 경우도 많다.

유럽의 선진국들 중에서 유독 독일인들이 유머에 소질이 없다는 것은 예전부터 정평이 나 있었던 것 같다. 언젠가 스탕달은 이렇게 말한 바 있다. "독일에서 한 달간 쓰이는 위트와 유머의 양보다 파리에서 하루 저녁에 오가는 양이 훨씬 더 많다."

다음은 최근 유행한 '콜 시리즈'이다. 헬무트 콜은 '독일 통일의 아버지'라는 별명과는 달리 어수룩하고 인기도 없는 정치인이다.

⑤ 러시아의 유머

 러시아인들에게 유머는 단순한 농담이 아닌 일종의 정치적 행위에 속한다. 페레스트로이카 이전의 구체제에서 유머는 그들에게 허용된 거의 유일한 '저항'이었고, 이는 옐친 시대에도 역시 마찬가지다. 극심한 경제난과 정치적 제한 속에서 유머는 그나마 러시아인들의 고통을 달래주는 진통제 역할을 한다. 오래 전부터 유머를 좋아하고 해학적인 삶에 익숙한 러시아인들이 공산통치하의 억압된 생활환경 속에서 슬기로운 삶을 영위하기 위한 의사표시의 한 방편으로 자연스럽게 유머를 많이 사용하였던 것은 당연한 결과이다.

 최용삼의 『유머로 보는 러시아』(2002)에 의하면 러시아인들은 술좌석과 같은 모임에서 유머를 많이 사용하는데, 이런 모임에서의 대화는 심지어 유머로 시작되어 유머로 끝나는 경우도 있을 정도이라고 한다. 러시아의 푸틴 대통령도 러시아를 방문한 영국의 블레어 총리와 함께 모스크바 근교의 한 선술집에서 보드카를 마시며 유머를 즐겨 사용하면서 대화를 가졌다고 한다. 특히 러시아인들과의 사업에 성공하려면 반드시 유

머 감각이 필요할 정도로 러시아인들에게 유머는 생활 그 자체라고 할
수 있다.

러시아인들은 야유회, 친지 방문 등 각종 모임에 보드카를 곁들이거나
또는 선물하기도 하며, 심지어 해외여행 시에도 지참할 정도로 보드카를
즐긴다. 그러다보니 유머에도 보드카에 대한 러시아인들의 진한 애정이
담겨져 있다.

"아빠, 나는 여동생을 업고 가는 게 너무 무거워요. 내가 아빠의
보드카 술병이 들어있는 가방을 들고 가는 것이 더 좋겠어요."
"뭐라고? 네가 만약 가방을 땅에 떨어뜨리기라도 한다면 어쩌지?"

러시아인들은 구 소련시대에 공산 통치하의 억압된 사회생활 속에서
도 슬기로운 의사 표시의 한 방편으로, 유머를 많이 사용해 왔다. 특히
구소련 정치지도층 인사들의 우둔함, 공산주의체제의 비능률성 그리고
비밀경찰 등 사법기관의 억압적인 자세와 시민생활의 어려움 등에 관한
내용이 가장 많이 유행하던 유머의 주제였다.

어느 날, 스탈린이 비밀경찰 대장 체포스키를 불러서 명령했다.
"아침에 눈을 떠 보니, 내가 아끼는 시계가 없어졌다. 내일 아침
까지 당장 범인을 잡아내도록 하라!"
그날 저녁, 스탈린은 다시 체포스키를 불러들였다.
"시계는 찾았네. 내가 다른 데 놓아두었더군!"

그러자 체포스키는 큰 소리로 말했다.

"각하, 이미 늦었습니다. 벌써 용의자 30명을 체포해서 그중 29명에게 범행 일체를 자백 받아 놓았습니다!"

어느 여름, 고르바초프가 모스크바 거리를 걷다가 눈이 휘둥그래졌다.

난데없이 한 아주머니가 멜론을 팔고 있었기 때문이다. '웬 떡이냐.'하고 고르바초프가 그 앞에 웅크리고 앉았다.

"이것 파는 거요?"

"그럼 안 파는 물건을 내놓는 장사꾼도 있나?" 대답이 퉁명스러웠다.

'사마르칸드에서 왔을 법한 멜론의 맛이라니!'

군침이 도는 고르바초프는 개의치 않았다. 운송 사정이 나빠서 여간해서는 못 얻어먹는 귀물을 그가 뒤져봤다. 밑이 좀 상해 있었다.

"왜 상한 것 하나만이오. 내가 고를 여지가 없지 않소?"

노점상 아주머니가 물었다.

"당신 대통령이지?"

고개를 끄덕이는 대통령에게 여자의 짐 섞인 말이 날아들었다.

"우리가 당신을 뽑을 때나 마찬가진데 뭘."

구소련이 붕괴되고, 개방과 개혁이 이루어진 이후에는 '신러시아인(러시아의 신흥 갑부들)'에 대한 풍자가 유머의 주류를 이룬다. 극도의 빈부

격차 속에서 사치와 향락으로 소일하는 부자들에 대한 불만이 생생하게
담겨 있다.

술에 취한 신러시아인이 자동차를 몰고 교통경찰의 초소를 통과
하고 있었다. 교통순경은 그 앞에 정면으로 뛰어나와서, 곤봉을 흔
들었다. 신러시아인은 자동차를 멈추더니, 벤츠의 창문을 열고 "당
신은 어디로 갈 거요?"하고 물었다.

교통순경은 어이없는 듯 "아무데도 안 가오."라고 답했다.

그러자 신러시아인이 이렇게 소리쳤다.

"그럼, 왜 내 차를 세우는 거요?"

푸틴 대통령이 바깥나들이를 할 때마다 교통을 통제하는 바람에
모스크바 시민들의 불만이 대단했다. 그러자 푸틴은 다음과 같은
내용을 발표했다.

"국민에게 더 이상 불편을 끼치지 않기 위해 앞으로 지하철을 이
용하겠다."

다음날 아침, 많은 시민들이 지하철역에 도착했을 때 다음과 같
은 안내문이 붙어 있었다.

"앞으로 일반인은 지하철을 이용할 수 없습니다."

⑥ 중국의 유머

가깝고도 먼 나라였던 중국은 이제 먼 나라가 아니다. 개방과 개혁으

로 이제 중국은 세계 경제를 좌지우지할 만한 경제대국으로 부상하였다.
우리는 자주 중국인들의 '만만디 정신'을 이야기 한다. 그만큼 중국인들
은 전통적으로 여유 있는 마음가짐을 갖고 웃을 줄 아는 민족이다.

　　개방정책 이후 중국에도 서구화의 물결이 많이 밀려들어왔고, 빈부격
차와 부정부패, 매매춘 등의 부정적인 요소들로 골치를 앓고 있다. 당연
히 유머에도 그런 상황들이 반영되고 있지만 남에게 치부를 드러내기 싫
어하는 중국인들의 특성 때문에 외국인들과는 그런 농담을 절대 주고받
지 않는다고 한다. 또 문화혁명이나 섹스, 인권, 대만 문제 등도 민감하
세 받아들이므로 주의해야 한다.

⑦ 이스라엘 : 유대인의 유머

유대인들의 유머는 유머 가운데서도 백미로 여겨진다. 유대인은 세계 제일의 '웃음 민족'이라고 할 만큼 유머를 즐긴다. 그들은 한 자리에 모이면 새로 만든 유머를 서로에게 알려주느라 바쁘고, 친구들끼리 전자메일로 유머를 교환하기도 한다고 한다.

유대인들이 지닌 특유의 유머 감각은 자기성찰적인 면이 있다는 점에서 다른 농담과는 또는 다른 재미와 카타르시스를 준다. 유대인의 종교적·문화적 특성을 비판하고 희화화하는 사람들뿐만 아리라 유대인 자신들조차 그러한 유머를 통해 웃음과 즐거움을 찾는다. 유대인은 유대인 자신을 가장 많이 웃음거리로 삼는다. 자신을 비웃을 수 있는 사람은 강하다. 그런 사람은 스스로를 객관적으로 보기 때문이다. 프로이트는 "유대인만큼 자신을 비웃으며 즐길 수 있는 민족은 없다"라고 말했다(김혜

숙 옮김, 2003).

미국사회에서 유대인이 경제와 문화 등 거의 모든 분야에서 누리는 확고한 지위를 감안할 때, 비유대인이 유대인에 관해 지어낸 유머는 유대인들을 한편으로는 받아들일 수밖에 없으면서도 한편으로는 비판하는 모습을 보여준다.

심각한 국제 수지 적자에 대해 설명하자, 상공부 장관이 의견을 내
놓았다.

"미국에 선전 포고를 하면 어떻겠습니까? 전함 1척을 뉴욕 앞바
다에 출동시켜 함포사격을 해보는 겁니다."

그러자 국방부 장관이 깜짝 놀라며 말했다.

"그런 짓을 하면 미국은 즉각 제6함대를 파견하여 우리나라를
초토화시킬 것이고, 결국 우리는 패전국이 되고 말 것이오!"

그러자 상공부 장관이 대답했다.

"바로 그걸 겨냥하는 겁니다. 패전국이 되면 독일처럼 마셜플랜
과 같은 경제 원조를 받을 수 있어, 경제 부흥은 우리가 바라는 대
로 될 것입니다!"

그러자 국방부 장관이 이번에는 좀 더 심각한 표정으로 말했다.

"그렇지만 만약 우리나라가 이긴다면 어떻게 되겠습니까?"

유대인은 1년에 한 번 '퓨림'이라는 독특한 축제를 여는데, 이 축제의
특징은 '웃음의 축제'라는 것이다. 이날은 모든 유대인이 초등학교부터
시나고그(sinagogue, 유대교회)까지 늘어서서 아마추어 소극(笑劇)을 연기
한다. 이 소극은 신학교에서 학생들이 교사인 랍비를 조롱하는 극을 연
기한 데서 비롯되었다고 한다.

⑧ 아랍권 : 후세인 시리즈
사담 후세인 이라크 대통령 정권이 너무 쉽게 붕괴되자 이집트를 비롯

한 아랍권에선 그에 따른 충격과 실망을 빗댄 농담들이 유행하고 있다.

사담 후세인 이라크 대통령과 공보장관 알 사하프가 바그다드 함락 직전 티크리스 강둑에 앉아 있었다. 강 건너편에서 어떤 사람이 집게손가락과 가운데손가락을 겹쳐 승리를 뜻하는 사인을 만들어 보였다.

후세인이 물었다.

"우리가 이겼다는 얘기지?"

그러자 공보장관이 대답했다.

"우리 둘만 남았다는 얘기예요."

부시와 후세인, 푸틴 러시아 대통령이 아라비아해에 수영을 하러 갔는데 엄청난 크기의 살인고래에게 쫓기게 됐다.

부시가 고래에게 말했다.

"나를 잡아먹으면, 항공모함을 동원해 죽여버리겠다."

푸틴은 "나를 해치면 미사일로 산산조각 내버리겠다."고 위협했다.

결국 두 사람은 가까스로 해안가로 빠져 나왔는데, 후세인은 이미 안전하게 나와 있었나. 어떻게 된 일이냐고 묻자, 후세인이 대답했다.

"내 이름을 이야기했더니 그 고래가 퉤퉤하고 뱉어버리던데."

⑨ 북한의 유머

북한은 너무나 폐쇄적인 사회로 유머가 존재하는지조차 의심스럽다.
그러나 철의 장벽 속에서도 싹을 피우는 것이 바로 유머의 힘이다. 북한
주민들은 유머를 통해 주로 폐쇄적인 사회의 모순과 김일성 부자의 우상
화를 풍자하고 있다.

"이번에 우리가 인공위성을 쏴 올렸다면서. 그런데 사람을 태워
달에도 보낼 수 있대. 인공위성에 사람을 태워 보낼까?"
"병신같은 소리. 그건 아주 위험해. 그들이 아마 다시는 돌아오
지 않을 수도 있고, 남조선에 착륙할 수도 있단 말이야."

A : 함흥시에 전기 발전소를 건설했소.
B : 아니, 내가 방금 그곳에서 오는데 그곳에는 발전소가 없었소.
A : 김정숙군에 새로운 화학공장을 건설했소.
B : 내가 일주일 전에 그곳에 있었는데 아무 공장도 없던데…….
A : 동무! 동무는 작작 싸 다니고 신문 좀 읽어보소.

평양 제1고등중학교에 다니는 한 학생이 선생님에게 질문하였다.
"어제 수업시간에 인간의 시조는 류인원이라고 하셨는데, 우리민
족의 시조도 류인원이고, 위대한 장군님도 잰내비(원숭이)에서……"
그러자 선생님이 말하기를,
"장군님은 빼고!"

5

인터넷 속의 유머 문화

인터넷은 유머의 생산과 전파의 새로운 주역으로 등장하면서 유머를 놀랍게 발전시켰다. "이야기를 지어내고 퍼뜨리기에 인터넷 문화는 구전 문화만큼이나 풍요롭다."는 돈 하퍼 밀스의 말처럼 인터넷의 등장은 수많은 이야기들을 거미줄 같은 인터넷 망을 통해 전 세계 네티즌들에게 전파시키고 있다.

인터넷을 통한 상호작용은 유머의 생산과 전파를 손쉽게 하는 데 기여했고, 그림과 음악, 그리고 동영상이 결합된 새로운 형태의 유머를 만들어 냈다. 음악과 동영상이 결합된 형태의 유머는 인쇄된 유머를 시각에만 의존해서 읽었던 독자들에게 보고 듣고 클릭함으로써 시각, 청각 그리고 촉각까지 활용할 수 있는 기회를 제공하게 되었다.

유머 전파의 새로운 주역
인터넷

　유머는 면대면 대화에서 효과적 의사소통의 한 수단으로 활용되었고, 인간관계의 친밀감을 증진시키는 데 기여해 왔다. 유머는 전통적으로 구술되어 왔기 때문에 사람과 사람이 마주보고, 상대편의 표정과 몸짓, 그리고 목소리를 통해 전달될 때 유머의 효과를 극대화할 수 있도록 만들어져 왔다.

　그런데 문자의 보급과 인쇄술의 발달로 유머는 활자로 인쇄되기 시작했다. 인쇄된 유머를 읽는 것은 직접 듣는 것에 비해 재미는 덜할지 모르지만, 구술의 시간적·공간적 한계를 극복할 수 있다는 점에서 유머들은 점점 인쇄된 책자로 출간되었다. 최근에는 구술된 유머를 들을 기회보다 책 속에 인쇄된 유머를 읽을 기회가 더 많아졌다. 인쇄된 유머는 유머를 널리 보급시키는 데 기여했다. 그러나 시각적 감각에만 의존하기 때문에, 시각과 청각, 그리고 촉각 등의 감각을 활용한 구술이 주는 생동감 있는 재미들은 반감시켰다.

이러한 시점에서 인터넷은 유머의 생산과 전파의 새로운 주역으로 등장하면서 유머를 놀랍게 발전시켰다. "이야기를 지어내고 퍼뜨리기에 인터넷 문화는 구전 문화만큼이나 풍요롭다."는 돈 하퍼 밀스의 말처럼 인터넷의 등장은 수많은 이야기들을 거미줄 같은 인터넷 망을 통해 전 세계 네티즌들에게 전파시키고 있다. 인터넷이 말을 통해 의사를 전달하고 이야기를 전승하는 과정을 대체했다거나 완전히 몰아냈다는 의미는 아니다. 하지만 이메일 또는 요즘 급속도로 퍼지고 있는 블로그는 사용자 간에 서로 메일 소식을 전달한다는 측면에서 더 이상 간과할 수 없는 지위를 획득했고, 과거에는 종이로 인쇄된 형태의 문학이 하던 역할을 하며, 새로운 이야기를 풍부하게 만들어낼 수도 있는 위치에 서게 되었다.

인터넷을 통한 상호작용은 유머의 생산과 전파를 손쉽게 하는 데 기여했고, 그림과 음악, 그리고 동영상이 결합된 새로운 형태의 유머를 만들어 냈다. 음악과 동영상이 결합된 형태의 유머는 인쇄된 유머를 시각에만 의존해서 읽었던 독자들에게 보고 듣고 클릭함으로써 시각, 청각 그리고 촉각까지 활용할 수 있는 기회를 제공하게 되었다.

여기서 인터넷 유머의 몇 가지 특성을 살펴보자.

첫째, 억지로 만들어 낸 것 같은 남의 이야기가 아닌 자신의 이야기를 만들어 가는 생활 속 유머 창작물이 유행하고 있다. 과거의 최불암 시리즈, 참새 시리즈처럼 남에게서 들은 이야기가 아니라 자신이 일상에서 겪은 이야기를 마치 PD처럼 유머 스토리를 구성해 인터넷 게시판에 올리는 네티즌이 많아졌다. 예를 들어 한 인터넷 유머 게시판에 올라와 있는, '엄마 친구 아들은 공부만 한다'는 제목의 창작물은 '누구집 아들은……'이라는 엄마들의 꾸중은 다 똑같다는 현실을 풍자한 창작 유머이다. 이러한 창작 유머들은 '웃긴대학', '디시인사이드' 등 인터넷 유머 게시판에서 독창적 창작물로 보호받기에 이르렀고, 네티즌들은 전문 작가 못지 않은 영향력을 갖게 되었다. 이제 남의 이야기를 듣고 웃는 시대가 아니라 남이 내 이야기를 보고 웃어주기를 바라는 시대가 된 것이다.

둘째, 인터넷에서 유포되는 유머는 그 전후 맥락을 알 수 없다는 것이다. 인터넷 유머는 그 텍스트적 구성 원리라 할 수 있는 하이퍼텍스트 (hypertext)의 속성상 원본 텍스트의 복제, 이동, 수정이 자유롭고, 원칙적으로 누구나 쉽게 텍스트 생산·수용·유통에 참여할 수 있는 상호작용성을 특징으로 하는 까닭에 유머가 누구에 의해 어떤 맥락에서 만들어졌는지를 알 수가 없다.

이는 전통적 구비문학의 전달 방식과 일치한다. 그러면서도 전통적 구비문학의 전달 속도와는 비교할 수도 없는 빠른 속도로 퍼져 나간다. 또한 이 이야기들은 익명성의 특징으로 인해 누구나 부담 없이 재생산의 과정에 참여한다. 구전되는 이야기와 블로그나 이메일을 통해 전달되는 이야기는 변형이 가능하다는 특징을 공통적으로 지닌다.

1 거북이 한 마리가 뉴욕의 뒷골목을 걷고 있을 때, 달팽이 갱들에게 습격을 당했다. 경찰관이 와서 조사를 하면서 거북이에게 사건의 전말을 설명할 수 있는지 물었다. 애매한 얼굴 표정을 한 거북이는 경찰관을 바라보며 대답했다.

"나는 모르겠어요. 그 일이 너무 빨리 일어났어요."

2 달팽이가 어느 날 숲을 따라 미끄러지고 있다가 거북이 갱에게 습격을 당해 쓰러졌다. 그는 덤불 아래 정신이 멍한 채로 다른 달팽이가 나타날 때까지 누워 있었다. "무슨 일이 있었어?" 그의 동료가 물었다. "나는 모르겠어." 달팽이가 대답했다. "그 일이 너무 빨리 일어났어."

위의 (1)과 (2)의 기본적 골격은 같다. 다만 거북이와 달팽이의 역할만이 뒤바뀌었을 뿐이다. 어떤 이야기가 먼저 만들어졌는지는 알 수 없으나 한쪽이 다른 한쪽을 바탕으로 재생산 된 것만큼은 틀림없다.

셋째, 인터넷의 등장은 시리즈 유머의 양산을 가져왔다. 인터넷이 등장하기 전에도 물론 시리즈 유머가 있었다. '참새 시리즈'나 '식인종 시리즈' 등이 대표적이다. 그러나 구전이나 인쇄물을 통한 시리즈의 전파에는 한계가 있었다. 인터넷의 등장은 이러한 시리즈 유머를 풍성하게 하는 데 기여했다. 인터넷으로 전파되는 유머는 당연히 집단창작의 형태를 띠게 되고 이는 곧 시리즈 양산이라는 결과로 나타났다.

PC통신의 등장과 함께 생성된 시리즈 유머의 원조격이라 할 수 있는 것이 '사오정 시리즈'이다. 사오정 시리즈는 1990년대 말 KBS 2TV에서 방영된 어린이용 만화영화 '날아라 슈퍼보드'가 모태가 되었다. 이 만화에서는 원작 『서유기』의 내용과는 달리 사오정을 청각기능이 나쁜 인물로 그렸는데, 말귀를 못 알아듣는 사오정을 통해 올바른 여론 수렴을 기

피하는 기성 권위와 제도를 풍자하고 있다. 현실에 대한 젊은이들의 냉소적 심리가 잘 반영되었던 유머 시리즈였다.

넷째, 인터넷 유머는 하나의 이야기 텍스트에서 시각적 텍스트로 발전하고 있다. 인쇄 텍스트의 유머는 글자만으로 이루어지지만 인터넷의 유머는 이야기 텍스트 이외에도 문자, 그림, 만화, 사진, 음악, 동영상 등이 복합적으로 이루어진 시각적 유머가 다수를 차지하고 있다. 이를 언어유희(言語遊戱)와 달리 시각유희(visual pun)이라 할 수 있다.

이들 유머들은 ① 재미있는 사연을 마우스로 그린 그림, ② 일생의 장면을 디카로 찍어 포토드라마식으로 각색한 사진, ③ 플래시영상 등의 새로운 형식이 담겨 웃음이 시각화되는 특징을 공유한다. 특히 인터넷상에서 가장 폭발적 인기를 누리고 있는 '패러디'는 인터넷 유머의 특성을 단적으로 잘 보여주고 있다.

다음 텍스트는 영화 〈반지의 제왕〉의 등장인물에 격투기 선수 최홍만의 얼굴을 합성해 만든 패러디로 네티즌들에게 재미와 웃음을 선사한다.

다섯째, 인터넷 유머는 소위 '사이버 폐인'들을 양산하고 있다. 언제부터인가 유행하기 시작한 '폐인'이라는 말은 어느 한 분야에 미칠 정도로 열광하는 사람을 가리키는 말로 자리 잡았다. 그래서 각종 드라마 폐인들이 양산되고 있기도 하다. 인터넷 유머에 열광하는 '사이버 폐인'들의 특징은 자신들의 입맛에 맞는 유머에 열광하기 때문에 이들에게 유행하는 유머는 보편적 웃음을 주지 못한다. 심지어는 '어이없다', '황당하다'는 반응을 불러일으키면서 '엽기적'이라고 평가받기도 한다.

그러나 인터넷 유머에서 볼 수 있는 다양하고 독특한 상상력은 무의미한 장난에 그치는 것이 아니라, 현실원칙에 억눌려 있던 인간의 욕망을 유머로 분출했던 것처럼 일상적 삶이 주는 부담과 권태로움에서 탈피해 보려는 적극적 몸부림이라고 볼 수 있다. 이런 관점에서 보면 전복적 상상력을 보여주는 인터넷 유머는 갈등의 골이 깊은 사회 현상에 대해 희극적 상황을 설정해 희화화하는 판소리나 탈춤 등의 한국 고전문학의 해학적 전통과도 이어진다고 볼 수 있다.

 웃으면서 성공하기

인터넷 유머는 특정 인물, 대상, 사건에 대한 정보와 정서를 함축적인 방식으로 표현함으로써 불특정 다수의 독자를 설득하거나 사회적 현상에 대해 비판을 가함으로써 일정한 분위기를 조성하려는 것으로 복합적 의미작용에 대한 이해와 사용에 대해 폭넓게 탐색할 수 있는 의미 있는 문화 현상이라고 할 수 있다(정현선, 2004 : 300).

패러디의 열풍

인터넷의 등장은 유머의 재생산을 보다 쉽고 빠르게 만들었고, 이로 인해 패러디(parody)형 유머가 인터넷을 장악하고 있다. 패러디 유머는 PC통신이 보편화되기 시작한 90년대 초반부터 발달하기 시작했다. 90년대 PC통신과 함께 등장한 X세대들은 패러디를 즐겼다. TV드라마나 광고, 연예인 등에 이르기까지 모든 것이 유머로 패러디되었다. 심지어는 기존의 유머를 패러디한 새로운 유머를 만들어내기도 했다.

다음의 신문기사 내용을 보면 패러디의 열풍이 어느 정도인지 알 수 있다.

패러디는 이제 정치적, 사회적 발언의 주류가 됐다. 개인의 일상에서도 빠질 수 없다. 독도, 망언, 정치싸움 등 '핫이슈'는 온갖 영화 포스터와 각종 방송 프로그램 속 장면을 변형시킨 합성사진으로

옆 텍스트는 한국 영화 최고의 홍행작 〈괴물〉을 패러디해서 웃음을 유발하고 있다.

본래 패러디는 문학의 한 형식으로 저명 작가의 시의 문체나 운율을 모방하여 그것을 풍자적으로 또는 조롱 삼아 꾸민 익살 시문(詩文)을 뜻한다. 그러나 인터넷상의 패러디는 풍자의 목표가 원전(原典)이 아닌 외부를 향하고 있다는 점에서 본래의 의미를 또 한 번 뒤집는다.

패러디는 당대 유행어와도 밀접한 관련이 있다. 어떤 일이 계기가 되어 어느 기간 동안 언중들의 즐겨 쓰게 되는 유행어는 당대의 현실과 밀접한 관련이 있으며, 해학적, 비판적, 또는 냉소적인 특성을 지니는 경우가 많다. 특히 광고문구들이 유행어로 언중들에게 회자되고 패러디되어 기발한 유머로 활용되는 경우가 많다.

디지털 대중 미디어 시대의 사이버 공간에서는 대중 작가에 의한 패러디가 생산, 유통, 소비되며 이를 통해 단순한 오락의 즐거움뿐만 아니

라 일정한 담론 효과를 불러일으키고 있다. 디지털 대중 미디어 시대에 기존 텍스트의 정보가공과 편집, 치환과 전도의 기술적 용이성으로 인해 대중은 원하면 누구나 패러디의 작가가 될 수 있다.

대중이 스스로 패러디의 창작자로서 참여하는 게시판 포토샵으로 합성한 사진을 올리는 공간들이 있다. 이러한 사진 합성 기술을 사용하는 주된 이유는 대상을 희화화시켜 풍자하는 데 있다. 정치권의 인사나 정치, 사회적 문제를 적나라하게 '깔 수 있다'는 통쾌함을 제공하는 순기능이 있다. 이러한 공간은 음지에만 머물렀던 정치에 대한 비판을 양지로 끌어올려 공론화 할 수 있다는 중요한 의미를 가진다(오장근 외, 2006).

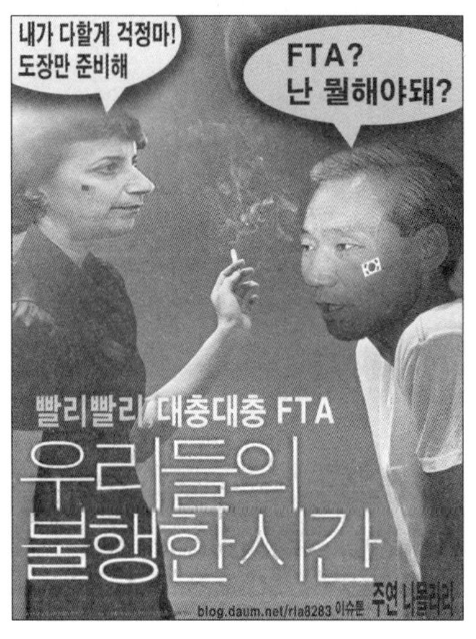

옆 텍스트는 한미 FTA에 있어 미국측의 압박에 불평등한 협약을 체결했음을 풍자하는 패러디로, 이 패러디에 대한 네티즌의 답글이 하나의 여론을 형성하고 있고, 이 여론을 통해 해당 사건의 문제점을 적나라하게 비판할 수 있는 계기가 마련될 수 있다.

그러나 구체적 근거를 제시하지 않은 채 일방석으로 만들어져 배포되는 패러디들은 해당 문제에 대한 충분한 이해 없이 일방적으로 비난하고 심지어 특정 인에 대한 인신공격으로까지 이어지는 부작용을 양산하고 있는 것도 사실이다.

참된 '풍자'의 의미
"그건 풍자가 아니야!"

풍자는 흔히 사회의 모순이나 잘못된 언행 등을 빗대어 폭로하고 공격하는 것이다. 따라서 대부분 부패한 권력층을 겨냥해 사용되어 왔으며, 그것은 일종의 강자에 대한 약자들의 작은 반란이기도 하다. 상대방을 풍자하는 방법은 여러 가지가 있지만, 가장 흔한 방법은 풍자하고자 하는 대상을 무엇에 빗대어 말하는 것이다. 실제로 권력의 대상은 어리석은 사람으로, 변호사나 종교계 인사들은 거짓말쟁이로 빗대는 경우가 많다.

하루는 지옥과 천당을 갈라놓고 있는 울타리를 누가 고칠 것인가 하는 문제를 놓고 천사와 악마가 열을 내며 토론하고 있었다.
마침내 화가 머리끝까지 난 천사가 말했다.
"그 울타리를 당신이 고치지 않으면 당장에 고소하리다."
그러자 악마는 하나도 겁날 것 없다는 표정으로 이렇게 대꾸했다.

마음속에 응어리진 부분을 다소나마 해소할 수 있는 것이 바로 풍자의 미학이다. 함께 웃으면서 공격의 대상에게는 치명적인 화살을 던지고 반성을 촉구하게 된다. 이런 풍자는 주로 권력층이나 사회적으로 비리를 저지른 사람을 향해 던져지지만, 주위의 한 사람을 따끔하게 혼내고 싶을 때도 사용할 수 있다. 특정 대상을 풍자하기 위해서는 먼저 풍자하고자 하는 면이 무엇인지를 정확히 파악해야 한다. 의미 없는 막연한 풍자는 사람들의 공감을 얻을 수 없다. 더구나 사람을 무시하는 것이라면 오히려 듣는 이들에게 강한 거부반응을 일으킬 수 있다.

풍자라는 이름으로 등장하는 많은 이야기들 중에는 이처럼 의미 없는 막연한 풍자를 많이 발견할 수 있다. 특히 인터넷에 홍수처럼 넘쳐나는 유머들은 풍자라기보다는 인격 모독에 가까운 것들이 대부분이다.

정치권에서 노무현 대통령에 대한 인터넷 패러디, 박근혜 전 한나라당 대표에 대한 패러디로 시끄러웠던 적이 있다. 한 네티즌이 '조선, 동아의 말바꾸기'란 글과 함께 영화 〈해피엔드〉의 베드신 장면에 나온 여배우 전도연의 사진에 박 전 대표 얼굴을 합성한 사진을 게재했다. 한나라당과 조선, 동아일보가 수도이전을 놓고 '부적절한 관계'를 맺고 있다는 내용의 패러디 포스터 상단에는 "비겁하고 치졸한 조선, 동아여! 당신들부터 이 저주의 굿판을 때려치워라"라는 글이 적혀 있었다. 당시 이 패러디를 두고 여야는 '정치 패러디다', '인격모독이다'하며 격돌했었다.

2006년 최고의 흥행 실적을 올린 〈왕의 남자〉 포스터의 패러디도 핫 이슈였다. 연산군을 노무현 대통령으로 광대 장생과 공길을 유시민 의원과 이상수 의원으로 각각 패러디했다. 광대인 공길에게 정 4품의 벼슬을 내린 연산군의 행동을 여론의 무수한 반대에도 불구하고 유시민 의원과 이상수 의원을 장관으로 내정한 노무현 대통령에 빗대 풍자한 것이다. 이 패러디에 대해선 여야가 이전과 달리, '인신공격이다' 아니다 '정치패러디에 불과하다'로 입장을 바꾸었다.

과연 어디까지가 정치 풍자고 어디까지가 인신공격인지 그 기준을 정하는 일은 쉬운 일이 아니다. 그때그때 자신들의 입장에서만 판단하는 것이 현실이다. 이런 와중에 네티즌들도 인신공격의 폐해에 대해 무감각해지고 있다.

몇 년 전 있었던 '개똥녀' 사건은 네티즌들의 무감각을 여실히 보여준 사건이었다. 지하철에서 자신의 애완견의 배설물을 치우지 않고 내렸다가 인터넷상에서 철저히 매도당했던 한 여인, 그녀가 저지른 행위에 비해 그 처벌은 너무나 가혹했다.

인터넷에서의 의사소통에서는 구전이나 인쇄매체를 통한 의사소통에서는 제기되지 않았던 전혀 다른 차원의 일들이 생겨난다. 예를 들어 개인으로서는 큰 의미 없이 어떤 글에 대해 답글을 달거나 패러디 텍스트를 다른 곳에 옮겼을 때 그것이 바로 하나의 여론을 형성하게 되고 자신도 모르게 눈덩이처럼 불어나게 된다. 눈덩이처럼 불어난 여론은 한 사건에 대한 본질은 뒤로 한 채 특정 개인에 대한 무조건적 공격으로 이어지게 된다.

'개똥녀' 사건의 경우도 여성의 행위 자체에 대한 잘못을 비난하는 것에서 벗어나 그 여성을 인간적으로 모욕하는 지경에까지 이르게 되었다.

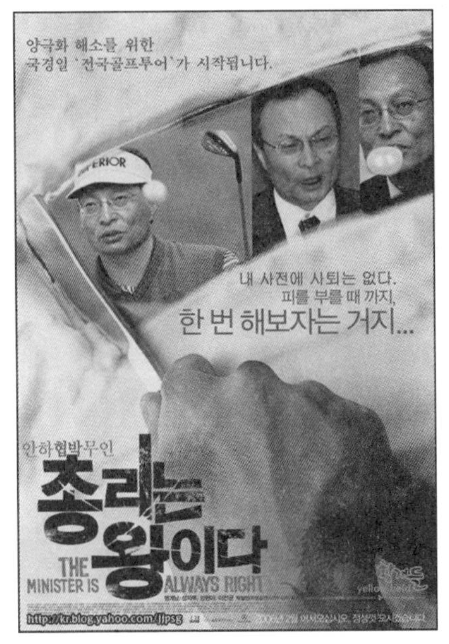

옆에 제시한 텍스트는 이해찬 전 총리 국경일 골프 파동에 대해 비판하는 패러디인데, 이런 패러디가 단순히 그 사건에 대한 비판을 넘어서 이해찬 총리에 대한 인간적 모욕으로까지 발전하게 될 가능성이 높다.

따라서 이제 우리 네티즌들이 각성할 때이다. 인터넷 매체가 지니는 이러한 속성에 대한 충분한 이해를 통해 댓글을 올리거나 텍스트를 퍼 나르는 일에 신중을 기해야 한다. 보다 중요한 것은 풍자를 새롭게 인식해야 한다. 냉소는 상대방에 대한 무조건적인 비난이다. 상대방에 대한 애정은 없다. 그러나 풍자는 상대방에 대한 애정에서 출발한다. 애정을 갖고 있기에 그 사람의 잘못에 더욱 엄격할 수밖에 없다. 이러한 풍자의 미학을 알기에 풍자의 대상이 되는 인물들도 자신에 대한 비난을 너그러이 웃어넘기고, 자신을 다시 한번 되돌아보게 되는 것이다.

과거 우리 조상들은 사회적 규범과 도덕에 벗어나 행위에 대해 엄중히 책임을 묻고, 그것이 어려울 때는 풍자했다. 2006년 초 최고의 흥행작인 영화 〈왕의 남자〉도 이러한 우리 선조들의 풍자의 미학이 잘 반영되었기 때문에 성공할 수 있었다. 왕 앞에서 왕을 갖고 놀 수 있었던 광

대들, 양반들 앞에서 양반들을 풍자했던 가면극의 광대들이 있기에 진정
한 풍자 정신이 계승될 수 있다.

영국의 정치인 디즈레일리는 총리를 네 번이나 역임한 글래드스
턴의 최고의 라이벌이었다.

어느 날 그가 의회에서 "어제의 연설문 중 표현을 바꿀 대목이
있다."라고 말했다.

'calamity(재난)'이라는 단어를 'misfortune(불운)'이라는 단어로
대체하겠다는 것이다.

토론이 끝나자 기자들이 굳이 표현을 바꾼 이유가 무엇인지, 그
리고 두 단어의 뜻이 정말로 그렇게 다른 것인지 물었다.

디즈레일리가 대답했다.

"물론 다르죠. 가령 존경하는 글래드스턴이 어쩌다 템즈강에 빠
졌다면 그것은 운이 나쁜 것(misfortune)입니다. 하지만 누군가 그
사람을 강에서 끌어냈다면 그것은 재난(calamity)입니다."

이것은 사실 엄청난 독설이다. 글래드스턴은 물에 빠지더라도 끌어낼
필요가 없는 쓸모없는 인간이라는 뜻이기 때문이다. 만일 이런 말을 곧
이곧대로 했다면 디즈레일리는 무례하고 교양 없는 정치인이라는 비난
을 들었을 것이다. 그러나 그는 유머를 사용했다.

외국의 정치인들 사이에는 이런 식의 유머러스한 공격이나 비판이 흔
히 사용된다. 웃음을 통해 희망과 기쁨을 전달하다는 유머의 본래 취지

와는 약간 거리가 있지만, 어차피 서로를 공격해야 하는 정치판이라면
욕설과 삿대질을 주고받느니 차라리 유머를 공격수단으로 이용하는 것
이 훨씬 나을 것이다.

　다음은 미국인들을 웃겼던 정치인들의 '공격용 유머'들이다.

　　"포드는 매우 좋은 사람이다. 그러나 그는 유감스럽게도 헬멧을
　　쓰지 않은 채 미식축구를 너무 많이 했다." ·············· 존슨 대통령

　　"다른 사람은 몰라도 클린턴에게서 거짓말쟁이라는 말을 들으니
　　정말로 신기한 기분이 들었다." ···························· 로스 페로

　　"닉슨은 나무를 자른 다음에 그루터기에 올라서서 능청맞게 자
　　연 보호에 대한 연설을 할 수 있는 사람이다." ··· 애들레이 스티븐슨

　　"포드의 겸손함은 완벽하다. 당연한 일이긴 하지만." ······ 레이건

　이런 유머는 신랄하면서도 듣는 사람에게 지나친 모욕감을 주지도 않
고 국민들에게 그리 큰 불쾌감을 주지도 않는다. 그러면서도 자기의 생
각을 말 속에 정확히 담아내고 있다. 상대의 미련함이나 부도덕함, 음흉
함 등을 일체의 부연설명 없이 날카롭게 지적하고 있는 것이다. 바로 이
것이 풍자가 갖는 커다란 장점이다.

처칠의 비서가 신문을 들고 뛰어 들어왔다. 거기엔 처칠을 '시거를 문 불독'으로 묘사한 정치만평이 실려 있었다. 비서들이 이구동성으로 신문사를 비난하고 있는데, 정작 당사자인 처칠은 시거를 물고 그 만평을 물끄러미 쳐다보더니 미소를 띠며 이렇게 말했다.

"기가 막히군. 저기 걸린 초상화보다 이 그림이 오히려 날 더 빼닮았어. 당장 초상화를 떼고 이 만화를 오려서 붙여놓게."

자신을 풍자한 유머에 웃을 수 있는 여유를 갖는 것, 그리고 그러한 웃음을 통해 좀 더 나은 사회를 만들어 갈 수 있는 질 높은 풍자를 만드는 것은 우리 모두의 몫이다.

6

유머를 잘 하고 싶은 사람들에게 주는
7가지 조언

지금까지 웃음과 유머, 그리고 위트에 대해 알아보았다. 처음부터 5장까지 이 책을 열심히 읽었다면 여러분은 웃음과 유머 그리고 위트가 무엇인지에 대해서 어느 정도 알게 되었을 것이다. 그러나 웃음과 유머, 위트가 무엇인지 아는 것 보다 더 중요한 것은 일상생활에서 잘 웃고, 유머와 위트를 잘 구사할 수 있는 감각을 키우는 것이다. 따라서 여러분이 이 책을 통해서 얻고자 하는 것도 '어떻게 하면 유머나 위트를 잘 할 수 있을까?' 하는 방법론일 것이다.

시중에 출간된 많은 유머 관련 책들을 펼치면 유머를 잘 할 수 있는 수십 가지 기술들이 나열되어 있다. 여러분도 유머화술에 관련된 책 몇 권쯤은 사서 읽어보았을 것이다. 책을 읽어가는 동안은 고개를 끄덕이면서 '이렇게 하면 되는구나!'라고 생각하지만, 책을 덮었을 때는 실제 손에 얻는 것이 별로 없고, 유머 또한 쉽게 구사하지 못했던 경험들이 있을 것이다.

왜 그럴까? 그 이유는 시중에 쏟아져 나오는 유머 관련 책들이 대부분 유머를 잘할 수 있는 지엽적인 기술에만 초점을 맞추고 있기 때문이다. 그 책에서 알려준 유머기술을 단순히 암기해서 써먹는다고 해서 유머 감각이 크게 향상되지는 않는다. 단순히 암기한 기술 또한 금방 밑천이 떨어진다.

유머는 단순한 말의 기술이 아니다. 유머는 많은 생각과 지식을 바탕으로 해서 이루어지는 생각의 샘이다. 유머 감각은 유머 기술 몇 가지를 습득한다고 해서 하루아침에 이루어지는 것이 아니다. 상대방을 배려하고, 이해할 줄 아는 넉넉한 마음, 세상을 밝고 긍정적으로 바라보는 자세를 갖추고, 많은 지식을 쌓았을 때만 유머의 문리가 터지는 것이다.

필자는 여러분들에 유머 감각을 높일 수 있는 세세한 기술을 알려주고 싶은 생각은 눈곱만치도 없다. 물론 그럴만한 능력도 없다. 다만 유머 감각을 키울 수 있는 기본적 자세를 갖추기 위해서 여러분이 당장 가져야 할 7가지 마음가짐과 생활습관에 대해 조언하려고 한다.

항상 긍정적으로 생각해라

노만 커진스(Norman Cousins)가 유머를 '기쁨과 희망, 삶의 의지, 결단력, 행복 등 모든 긍정적 감정을 포괄하는 우산'이라고 했듯이, 삶을 긍정적으로 생각하는 사람만이 웃을 수 있고, 참된 유머를 구사할 수 있다.

이 세상에는 불의와 부정, 추함과 악함이 도처에서 우리 인간을 괴롭

히고 있다. 이로 인해 인간은 세상을 부정적으로 바라보게 되고, 마음의 여유를 빼앗기게 되며 인간의 심성은 황폐화된다. 그러나 어둠이 있으면 밝음이 있듯이, 이 세상에는 우리 인간의 마음을 아름답게 만들어주는 희망, 사랑 등이 넘쳐나기도 한다.

따라서 사람에 따라 어느 쪽에 무게를 두느냐에 따라 세상을 전혀 다르게 바라보게 된다. 어떤 사람은 긍정적인 것을 먼저 바라보고 생각하는가 하면, 어떤 사람은 늘 어둡고 부정적인 것만을 본다. 세상을 긍정적으로 바라보기 위해서는 따뜻하고 여유 있는 마음가짐이 필요한데, 이러한 여유 있는 마음가짐은 좋은 유머를 구사하기 위한 필수조건이다. 이러한 여유로움은 긍정적이고 낙관적인 사고에서 나온다.

레이건 대통령이 저격범의 총에 맞아 부상당했을 때 수많은 미국인들은 상심과 분노에 젖었다. 그러나 정작 당사자인 레이건은 그 와중에도 결코 웃음과 여유를 잃지 않았던 모양이다.

수술이 끝난 후 그가 뱉은 첫 마디는 이랬다.

"할리우드에서 이렇게 저격당할 정도로 주목을 끌었다면 절대 영화배우를 그만두지 않았을 텐데…."

처칠이 수상과 국방장관을 겸하고 있던 1942년, 북아프리카에서의 군사작전이 난항을 거듭하면서 하원에서 그에 대한 불신임안이 제출되었다. 소명에 나선 그에게 한 의원이 당시 논란이 된 바 있는 '처칠 탱크'에 대해 물었다.

처칠은 이렇게 대답했다.

"A22라는 그 탱크는 처음 생산되었을 때 무수한 결함을 지니고 있었습니다. 그래서 거기에 어울리는 '처칠 탱크'라는 이름을 얻게 되었던 것입니다. 하지만 결함들은 대부분 교정되었고, 나는 이 탱크가 머지않아 매우 강력하고 유용한 무기가 될 것임을 확신합니다."

그의 유머러스한 답변으로 의사당은 웃음바다가 되었고, 불신임 동의안은 부결되었다.

정치가들 중에서 유머 감각이 뛰어난 인물로 첫 손가락에 꼽히는 처칠과 레이건은 긍정적 사고로 무장한 낙관주의자였다. 그들의 정치인생에는 수많은 위기가 있었지만 어떤 어려움도 그들의 확고한 낙관주의를 꺾지는 못했다. 그들이 위대한 리더와 위대란 유머리스트의 지위에 동시에 오를 수 있었던 근본적인 힘은 다름 아닌 '긍정적 사고'에 있었던 것이다.

다른 사람의 실수나 약점을 포용하는 것도 긍정적 사고에서 비롯된다.

초보이발사가 실수로 손님의 목을 면도날로 두 번 살짝 베었다.

손 님 이발사 양반! 물 한잔만 주시게나?

이발사 손님 목에 털이 늘어갔나요?

손 님 아니오. 내 목이 새는지 알고 싶어서 그러오.

보통 사람 같으면 이발사에게 버럭 화를 냈을 것이다. 그런데 이발사의 실수를 나무라지 않고 유머로서 너그럽게 용서하는 손님에게서 우리는 따뜻한 마음과 여유로움을 느낄 수 있다. 이렇듯 유머는 모든 것을 긍정적으로 생각하는 데서 비롯된다는 것을 명심하자.

다음 유머를 읽은 순간부터 여러분이 마음의 근심을 떨쳐버리고 모든 것을 긍정적으로 생각하게 되기를 바란다.

먼저 웃어라(다른 사람의 유머에 잘 웃어줘라)

말을 잘 하는 사람들을 유심히 보면 공통적인 특징이 있다. 바로 상대방의 말을 잘 들어준다는 것이다. 말하기는 듣기에서 시작한다. 대부분의 사람들은 말을 잘하기 위해서 노력하지만 실상 남의 말을 잘 들어주는 데는 인색하다.

웃음도 마찬가지다. 남을 웃기려면 먼저 내가 웃어야 한다. 많은 사람들이 자기 자신은 웃지 않으면서 다른 사람을 웃기려고 노력한다. 자신도 즐겁게 웃지 못하면서 어떻게 다른 사람을 웃길 수 있겠는가?

"한국의 시청자들은 웃을 준비가 안 돼 있다. 그래서 웃기기 힘들다."는 한 코미디언의 볼멘소리를 들은 적이 있다. 아직도 한국 사람들은 웃음에 인색하고, 칭찬에 인색하다. 공연장에 가보면 외국에서는 흔히 볼 수 있는 열렬한 박수와 폭소를 쉽게 들을 수 없다. 웃음을 경망스럽게 생각하는 오랜 관습 때문일지도 모른다.

그러나 시대가 바뀌었다. 웃음과 유머 없인 성공하기 어려운 시대가 되었다. 남의 이야기에 먼저 크게 웃어주자. 열심히 재미있는 이야기를 했는데, "그게 뭐가 재밌어."라고 타박하는 사람하고는 다시는 이야기하고 싶지 않을 것이다. 이미 아는 유머를 듣더라도, 별로 재미없고 썰렁한 유머라도 처음 듣는 것처럼, 재미있게 신나게 웃어주자. 그러다 보면 나도 모르게 웃음이 넘치는 사람이 되고 유머 감각도 발전하게 된다. 물론 상대방도 기꺼이 웃어주는 당신에게 친밀감을 느끼게 될 것이고, 당신은 모든 사람들에게 호감을 주는 사람이 될 것이다. 버스카글리아노 "사람은 함께 웃을 때 가까워지는 것을 느낀다."고 했다. 잘 웃기기 위해서는 먼저 잘 웃는 사람이 되어야 한다는 점을 명심해라.

앞서 살펴본 것처럼 웃음의 전염력은 대단하다. 내가 웃으면 남도 쉽게 웃는다. 진정한 유머는 본인도 즐겁고 다른 이도 함께 즐거운 것이어야 한다. 표정이 코믹한 사람이나 웃음이 자연스러운 사람이 곁에 있다며, 일부러라도 그들을 가까이 하고 닮아가려는 노력을 할 필요가 있다. 그러다 보면 어느새 그들의 유머에 감염되기 시작한다. 한 순간에 유머 감각을 가진 사람이 되려고 하지 말고 평소에 많이 웃어라. 그것이 정답이다.

좋은 유머를 듣거나 알게 되면 혼자서만 간직하지 말고, 가족과 나누고 여러 친구들에게 써먹자. 남과 함께 웃으면 혼자 웃는 것보다 33배나 더 큰 효과가 있다는 것을 기억하라.

자기 자신을 향해 웃음을 터트려라

사람들에게는 누구나 다른 사람보다 높아지기를 원하는 마음이 기본적으로 있다. 누군가가 자신을 낮추었을 때는 단 웃음을 짓고, 반대로 스스로 자신의 우월감을 강조했을 때는 쓴 웃음을 짓게 된다. '자기풍자 기법'은 이것을 이용한 것으로 말하는 사람이 자신의 단점과 부족함으로 생긴 실수나 실패에 대한 이야기, 또는 특이한 별명 등을 활용하면 듣는 사람들을 상대적으로 높여주는 느낌을 주면서 친근한 웃음을 유도할 수 있게 된다.

자신 자신을 향해 웃음을 터트려라. 자기 자신을 조롱하라는 뜻이 아니라, 객관적이면서도 자기를 수용하는 자세로 웃으라는 것이다. 이것은 일생을 덜 심각하게 바라보기 위한 첫 번째 걸음이다.

김수환 추기경이 한 기자로부터 이런 질문을 받았다.

"추기경님은 프랑스어도 잘하시고, 미국 말도 하시고, 여러 나라 말을 하신다면서요?"

"몇 나라 말을 하긴 합니다만, 인사 정도 하는 편이지요. 거기다가 한 가지 더 잘하는 말이 있긴 합니다만……"

"그게 어떤 말인가요."

"저는 거짓말도 잘합니다."

추기경의 인간미를 보여주는 한마디에 기자들은 긴장의 끈을 놓았을 것이다. 이처럼 자신에 대해 어느 정도의 틈새를 허용하는 솔직한 유머는 효과가 상당하다. 만사가 형통할 때 웃는 것은 아주 쉽다. 그러나 자신의 바지가 벗겨졌을 때 웃을 수 있는 사람은 대단한 사람이다. 자기 자신을 격하시킬 줄 알아야 사람들에게 웃음을 주고 거리감을 좁힐 수 있다. 자기 자신의 신체적 특성이나 개성을 웃음거리로 희화화시켜서 언제 어디서나 자신 있게 내놓을 수 있는 레퍼토리를 한두 개 만드는 것도 좋다.

"뚱땡이, 뚱땡이 하고 놀리지 마라 친구, 이래 뵈도 나는 너희들보나 3배는 선행을 베풀 수 있나."

"거짓말!"

"아냐, 내가 지하철에서 자리를 양보하면 3명은 앉을 수 있어."

자기 비하는 웃음뿐 아니라 자신의 단점이나 결점을 바라보는 타인들의 따가운 시선을 사전에 차단하는 예방 효과도 있다. 미리 선수를 쳐서 자신의 단점에 대해 스스로 고개를 숙이면, 상대방이 머쓱해져서 새삼스럽게 흠을 보고자 하는 마음이 싹 사라지게 하는 효과 말이다.

상대방의 비난에 대해 자기의 잘못을 솔직하게 시인하고, 겸손하게 사과하고 양해를 구한다는 취지의 이야기를 유머러스하게 표현한 처질, 그 순간 의회에는 슬며시 웃음이 번졌을 것이고, 그를 비난한 의원 역시 더 이상의 추궁은 하지 않았을 것이다.

적절하게 구사되는 유머는 상대의 공격 예봉을 무디게 할 뿐 아니라 좌중에 웃음을 유발함으로써 긴장되고 경직된 분위기를 완화시키는 윤활유 역할을 한다. '웃는 얼굴에 침 못 뱉는다'는 말도 있듯이, 유머는 언제나 매서운 공격에 맞서는 최선의 방어수단이 되는 것이다.

"당신은 두 얼굴을 가진 이중인격자요."

그러자 링컨이 억울하다는 듯 반문한다.

"만일 나한테 두 얼굴이 있었다면 왜 이런 중요한 자리에 하필 이 얼굴을 가지고 나왔겠습니까?"

공감대를 형성하라

앞서 유머의 원리에서 수용자의 용인성에 대해 설명한 바 있다. 상대방을 웃게 만들고 싶다면 상대방이 이해할 수 있는 유머, 상대방이 공감할 수 있는 유머를 구사하는 것이 무엇보다 중요하다. 상대방의 나이, 성별, 학력, 직업, 관심거리, 그리고 배경지식 등을 고려해서 유머를 구사해야 좋은 결과를 얻을 수 있다.

그러기 위해서는 생활주변에서 많은 사람들이 공감할 수 있는 유머 화제를 찾는 습관을 들여야 한다. 세상이 바뀌면 웃음의 소재도 바뀌고 세상이 다양해지면 웃음의 소재도 그만큼 다양해지는 법이다. 남들의 관심사를 내 관심사로 받아들이는 것이야말로 좋은 유머를 구사할 수 있는 지름길이다.

거짓말 베스트

15위 간호사 : 이 주사 하나도 안 아파요.
14위 여자들 : 어머 너 왜 이렇게 이뻐졌니?
13위 학원광고 : 전원 취업 보장 … 전국 최고의 합격률!

12위   비행사고 : 승객 여러분, 아주 사소한 문제가 발생했습니다.

11위   연예인 : 그냥 친구 이상으로 생각해 본 적 없어요.

10위   교장 : (조회 때) 마지막으로 한마디만 간단히.

 9위   친구 : 이건 너한테만 말하는 건데.

 8위   장사꾼 : 이거 정말 밑지고 파는 거에요.

 7위   아파트 신규 분양 : 지하철역에서 걸어서 5분 거리.

 6위   수석 합격자 : 그저 학교 수업만 충실히 했을 뿐이에요.

 5위   음주운전자 : 딱 한 잔밖에 안 마셨어요.

 4위   중국집 : 출발했어요. 금방 도착해요.

 3위   옷가게 : 어머 너무 잘 어울려. 맞춤옷 같아요.

 2위   정치인 : 단 한 푼도 받지 않았어요.

 1위   자리 양보 받은 노인 : 에구… 괜찮은데.

유머 화제는 멀리 있는 것이 아니라 우리 주변에 있다. 가장 흔한 것이 실수와 무지로 인해 발생한 어처구니없는 실패담이다. 또는 앞서 이야기한 것처럼 자기 자신을 낮춰 희화화하는 것이다. 이런 이야기를 하게 되면 상대방은 쉽게 마음의 문을 열게 된다.

한번은 필자가 강의실에서 학생들에게 다음과 같은 이야기를 한 적이 있다.

제가 하루는 강의를 끝내고 밥을 먹으러 식당으로 가고 있었어요. 그런데 우연히 제 앞에 방금 제 강의를 들은 여학생 둘이 걸어가고 있었지요. 그런데 그 여학생들이 저에 대한 이야기를 하고 있는 거예요. 저는 귀를 쫑긋 세우고 무슨 이야기를 하나 엿들었지요.

“그 교수님, 너무 재미있지 않니?”

“그래, 정말 웃기고 재밌어.”

저는 제 수업이 재미있다고 하는 말을 듣고 기분이 좋아서는 그 여학생들에게 아는 척을 하려고 했어요. 그런데 그 순간, 한 여학생의 말을 듣고 그만 충격을 받았지요.

“그 교수님, 메뚜기 유재석 닮았어.”

이야기가 끝나는 순간 여기저기서 “정말 닮았어!”라는 말과 함께 폭소가 터졌다. 국민 MC로 불리는 유재석과 닮았다니 그리 기분이 나쁘지는 않았지만, 그래도 메뚜기는 좀 황당했다. 그러나 이 이야기를 들은 후, 필자에게 친밀감을 느끼는 눈빛을 보내고 강의에 열중하는 학생들을 본 후로는 언제나 메뚜기가 되겠다고 결심했다.

이 이야기가 웃음을 유발한 것은 앞서 이야기한 ‘자기 자신에게 웃음을 터트리라’는 원칙에 충실했을 뿐만 아니라, 유재석을 닮았다는 것에 대해 학생들이 공감대를 가졌기 때문이다.

역시 강의실에서 있었던 일화를 하나 더 소개하겠다.

강의실에서 한 남학생에게 질문을 던졌다. 피곤했던지 졸고 있던 남학생은 당황해 하며 자리에서 일어났다. 그런데 대답을 못하고 우물쭈물하고 있었다.

그 순간 필자의 눈에는 그 학생이 입고 있던 셔츠에 새겨진 ‘Old Student’라는 영문표기가 보였다.

그래서 필자는 재빨리 이렇게 말했다.

"누가 복학생 아니랄까봐, 옷에 복학생(필자 나름대로 'Old Student'를 해석한 것임)이라고 쓰고 다니냐?"

강의실이 웃음바다가 됐음은 두말할 필요가 없다. 얼마나 웃었으면 한 남학생은 학기가 끝나고 시험 답안지에 '복학생'이야기는 평생 못 잊을 거라고 썼을까? 이 이야기 역시 강의실이란 상황과 '복학생'이라는 용어에 익숙한 대학생들의 배경지식에 어필했기 때문에 웃음을 유발할 수 있었다.

상황과 내용이 어우러지면 웃음의 효과도 배가된다. 시간이나 장소, 상황을 고려하지 못한 상태에서 무작정 내뱉는 유머는 효과가 떨어질 뿐만 아니라 괜히 분위기를 어색하게 만들 우려가 있다. 이를테면 여자들이 많이 모인 자리에서 군대 이야기를 지루하게 늘어놓거나, 혹은 연로하신 어른들이 있는 자리에서 신세대식 어법을 구사하거나 하면 그 사람은 좌중을 웃기기는커녕 공연히 눈총만 받기 십상이다.

여자들이 제일 싫어하는 남자들 이야기

3위 : 군대 이야기

2위 : 축구 이야기

1위 : 군대에서 축구한 이야기

상황에 알맞고, 상대방의 공감대를 끌어낼 수 있어야 유머에 성공할 수 있다는 사실을 명심해라.

이런 유머는 피하라

다른 사람의 외모나 신체적 결점을 소재로 한 우스개는 상당히 많다. 또 동료의 실수를 들춰내거나 비비 꼬면서 농담을 하는 경우도 많다. 이런 유머도 사람들에게 웃음을 유발시킬 수 있겠지만 그 인간을 사랑하지 않고 존중하지 않는 우스개들은 유머로서의 가치가 없다. 진정한 유머는 웃음을 통해서 다른 사람들에게 즐겁고 따뜻한 마음을 심어주는 것이기 때문이다.

하지만 너무나 많은 사람들이 웃음을 손쉽게 이끌어 내고자 적절치 못한 소재를 사용하고 있어 유머라는 이름에 먹칠을 하고 있다. 좋은 유머는 신뢰나 협동을 깨뜨리지 않으며, 개인이나 집단에게 고통을 주지 않아야 한다는 점을 명심해야 한다.

정신과의사가 아침에 회진을 돌다가 한 환자방에 들어갔다. 그런데 그 방에 있던 한 환자는 바닥에 앉아 누개의 나뭇조각을 꿰매는 척하고 있고, 또 다른 한명은 천장에 매달려 있었다. 의사가 바닥에 앉아있는 환자에게 물었다.

"지금 뭐하고 계시죠?"

"나뭇조각을 꿰매고 있는 거 안보여요?"

의사는 황당했지만 다시 물어볼 수밖에 없었다.

"그럼 저기 천장에 매달려 있는 친구는 뭐하는 거예요?"

"아~ 제 친구인데 좀 미쳤어요. 자기가 전구인 줄 알고 있어요."

순간 천장에 매달린 환자를 내려오게 할 수 있다는 생각이 든 의사는 말했다.

"당신 친구라면 다치기 전에 내려오라고 해줘야겠지요?"

그러자 환자가 말했다.

"뭐요? 그럼 깜깜한 데서 일하란 말이에요?"

바보나 정신병자들을 소재로 하는 유머는 많다. 그러나 특정한 대상을 비하하는 유머는 가능한 삼가는 것이 좋다. 부득이하게 이런 내용의 유머를 하더라도 상황이나 상대방의 반응을 잘 고려해서 적절히 구사해야 한다.

유머 중에 가장 많은 부분을 차지하고 있는 것이 섹스와 관련된 유머일 것이다. 인간의 가장 원초적 본능이면서도 가장 억압되고 절제되도록 강요받는 섹스는 유머의 좋은 소재가 된다. 유머를 통해 섹스에 대한 욕구를 우회적으로 분출할 수 있기 때문이다.

그러나 섹스를 유머로 표현할 때는 상당히 주의를 기울여야 한다. 상대방이나 장소에 따라 가급적 피하는 것이 바람직하다. 또 너무 직설적인 표현이나 여성을 상품화하거나 하는 식의 표현도 삼가야 한다.

남자와 여자가 시비 끝에 싸움이 벌어졌다.

유머의 재료를 수집하고, 유머를 모방하라

유머를 잘 하려면 세상사에 대한 지식이 풍부해야 한다. 유머는 얄팍한 기교가 아니다. 축적된 인생의 지식과 경험이 표출되는 고도의 언어 예술이라고 할 수 있다. 따라서 얕은 지식으로는 좋은 유머를 만들고 표현하기가 어렵다.

위대한 소설가들도 처음에는 다른 작가들의 작품을 베껴 쓰는 일부터 한다고 한다. 훌륭한 작품들을 수십 번 베껴 쓰다보면 어느 순간 자기 자신의 글을 만들어 낼 수 있다는 것이다. 사실 대부분의 창작 과정 속에는 인용과 모방이 섞여있기 마련이다. 따라서 좋은 유머를 구사하기 위해서는 좋은 유머의 재료를 수집해야 하고, 좋은 유머를 인용하고 모방할 수 있어야 한다.

좋은 유머의 재료를 수집하기 위해서는 신문기사나 다른 사람들과의 대화에서 들은 이야기들을 꼼꼼히 기억하고 메모하는 습관을 키우는 것이 좋다. 유명한 진행자나 개그맨들도 많은 시간을 신문을 보고 스크랩하는 데 할애한다고 한다. 필자의 경험으로도 강의 시간 서두에 그날의 기사거리를 학생들과 함께 이야기하면 수업 분위기도 좋아지고, 유머 감각을 발휘할 기회를 얻게 되는 경우가 많았다.

사람들과 대화를 하다 보면 상대방이 하는 이야기가 어디선가 들어본 적이 있는 이야기인 경우가 있다. 우리는 듣고 잊어버린 이야기를 그 사람은 잘 기억해 두었다가 활용하는 것이다. 친구에게 우스운 이야기를 들었다면 잘 기억해 두었다가, 다른 사람에게 써먹어 보라. 재미있는 이야기를 들으면 가볍게 메모하는 습관을 들여라. 그리고 그 내용을 상황에 맞게 약간 변형시켜서 새롭게 창조할 수 있다면 금상첨화가 될 것이다.

남에게서 들은 유머를 모방할 때는 두 가지 점에 주의를 기울여야 한다.

첫째, 이야기의 내용을 정확하게 기억해야 한다. 사람의 기억력에는 한계가 있다. 누군가에게서 들은 우스개를 친구에게 이야기 하다가 '가만 뭐라고 했었지?'라며 순간 기억을 더듬었던 경험이 한 번쯤은 있었을 것이다. 그렇게 되면 이야기의 재미는 반감이 되고, 당신은 싱거운 사람 취급을 받게 된다.

둘째, 내 이야기를 상대방이 재미없어 한다면 그 이유가 무엇인지 반드시 생각해 봐야 한다. 친구에게서 들었을 때는 우스웠는데, 똑같이 전하는 내 이야기에 다른 친구는 왜 웃지 않을까? 그 이유는 다양할 것이다. 공감대가 형성되지 않아서 일수도 있다. 그러나 아마도 가장 큰 문제는 전달 방식에 있을 것이다. 유머의 성공은 좋은 내용뿐만 아니라 비언어적 요소인 표정, 동작, 말투 등에 의해서도 큰 영향을 받는다. 따라서 유머를 들을 때는 상대방의 표정, 동작, 말투도 유심히 관찰하는 습관을 가져야 한다.

웃음과 유머를 연습하라

사진을 찍을 때 사진사들은 어색한 표정을 짓는 사람들을 웃게 하려고 갖은 방법을 동원한다. '김치, 치즈'하면서 웃음을 강요하지만, 늘 어색하게 웃었던 경험들이 있을 것이다. 웃어야지 마음먹는다고 자연스럽게 웃게 되지 않는다. 한국 사람들은 웃는 데 있어 어색하다. 소리 내어 웃지 말라는 오랜 관습의 영향도 있겠지만, 늘 조급하게 경쟁하고 살아가는 각박한 세태에서도 그 원인을 찾을 수 있다.

잘 웃기 위해서는 모든 일을 긍정적으로 생각하는 것도 중요하지만, 그에 못지않게 연습하는 것도 중요하다. 억지로라도 웃다보면 자기도 모르게 잘 웃게 된다. 고기도 먹어본 사람이 잘 먹는다고 하진 않는가? 하루에 한 번 거울을 보고 크게 소리 내어 웃어보자.

유머 또한 마찬가지다. "유머의 성공은 내용보다는 전달하는 방법에 달려 있다."는 프로이트의 말처럼 아무리 좋은 내용의 유머도 전달하는 사람에 따라 그 효과는 전혀 달라질 수 있다. 따라서 유머를 효과적으로 구사하는 방법에 대한 꾸준한 연습이 필요하다.

효과적으로 유머를 구사하기 위해서는 먼저 분위기를 타야한다. 분위기를 탄다는 것은 사람들을 웃기는 데 있어서 아주 중요하다. 분위기를 탄다는 것은 사람들을 이야기의 흐름 속에 몰입시키는 것을 가리킨다. 분위기를 유도할 때 자신이 웃지 않고, 또 웃기려고 한다는 느낌을 주지 않으면서 이야기를 꺼내는 것이 중요하다. 남을 웃기려 할 때 "이봐 자네가 크게 웃을 테지만 들어보라고." 또는 "내가 우스운 이야기 해 줄께."와 같은 식으로 전제하고 상대방을 웃기려 한다면 성공하지 못한다. 상대방을 비예측적으로 몰아가기 위해서는 적당한 긴장감을 조성해 상대방을 웃음의 무방비 상태로 몰아가야 한다. 따라서 일부러 진지한 표정을 짓는다든지 진지한 말투로 남을 웃기는 방법을 택하는 게 좋다.

분위기를 타려면 상대방이 내 이야기를 잘 듣도록 해야 하는데 그러기 위해서는 내가 먼저 상대방의 말에 귀를 기울여 공통을 주제를 가지고 대화를 진행해야 한다. 그래야만이 대화의 과정에서 분위기를 타고, 유머를 구사할 적절한 타이밍을 쉽게 찾을 수 있다.

다음으로는 목소리나 완급조절에 대한 연습이 필요하고, 내용에 맞는 적절한 표정 변화도 연습해야 한다. 경우에 따라서는 남의 목소리를 흉내 내거나 사투리를 잘 구사하는 것도 유머를 효과적으로 전달하는 데 중요한 요소가 된다.

위 유머를 다른 사람에게 이야기할 때, 사투리를 적절하게 구사하는

것이 내용에 의해 웃음을 터트리는 것 못지않게 중요한 요소로 작용한
다. 그런데 이러한 말투나 제스처도 그냥 나오는 것이 아니라 많은 연습
이 필요하다. 나만의 독특한 목소리와 표정 그리고 몸짓을 개발하라.

한 번은 강의 도중에 목이 잠겨 기괴한 소리를 낸 적이 있다. 순간 당
황한 필자는 앞에 앉아서 웃음을 참으려고 애쓰는 여학생을 보고 같이
웃은 적이 있다. 물론 의도된 것은 아니지만 결과적으로 웃음을 유발시
킨 것만은 틀림없다. 이렇듯 평상시와는 다른 말투나 목소리 표정 등이
웃음을 유발하는 데 매우 효과적인 것만은 틀림없다. 따라서 조금은 어
색하겠지만 유머를 이야기할 때는 평상시와는 다른 말투나 목소리를 활
용하는 것이 좋다.

그리고 상대방이 웃지 않으면 자연스럽게 넘어가라. 사람에 따라 내
이야기가 전혀 우습지 않을 수도 있다. 내용이나 전달에 문제가 있을 수
도 있고, 듣는 사람이 웃음에 인색한 사람일 수도 있다. 우스운 이야기
를 했는데도 상대방이 웃지 않으면, 순간 분위기가 경직되고, 어색해질
수 있다. 이때 주의할 점은 웃기를 강요하는 어리석을 짓을 해서는 안
된다는 것이다. 처음에 웃지 않으면 절대 안 웃는다. 따라서 웃지 않는
어색한 상황이 연출되면 자연스럽게 화제를 다른 곳으로 돌리는 임기응
변이 필요하다.

끝으로 유머에도 예습과 복습이 필요하다는 사실을 명심하자. 사람들
을 만나기 전에 무슨 말로 웃음을 줄까를 늘 생각하고 거울을 보고 미리
연습을 하라. 그리고 사람들과 헤어져 돌아오는 길에는 좀 더 큰 웃음을
줄 수 있는 방법은 없었을까를 되짚어 보자. 상대방을 크게 웃겼다면 그

상황과 분위기를 반드시 기억하라. 비슷한 상황에서 약간의 변형을 통해 다시 활용할 수 있다.

끊임없는 연습만이 당신을 진정한 웃음꾼으로 만들어 줄 수 있다.

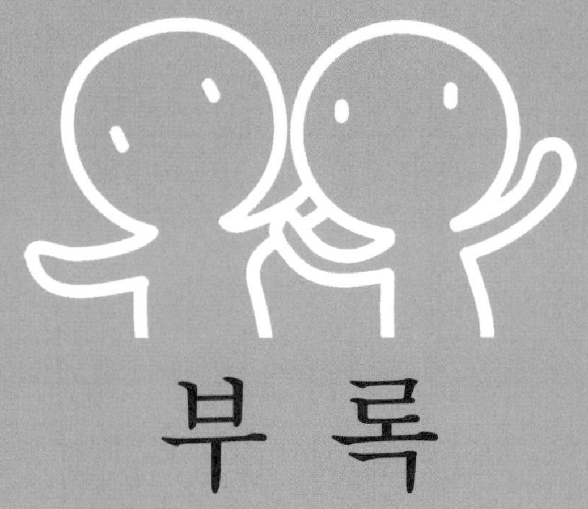

부 록

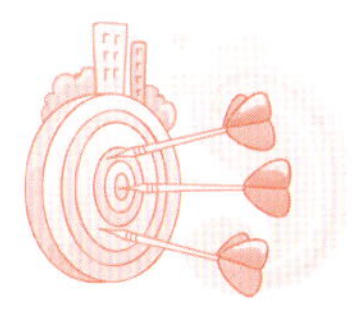

필자가 뽑은 분야별 베스트 유머

필자는 이 책을 쓰기 위해서 많은 유머를 찾아 읽었다. 그중에서 분야별로 재미있다고 생각되는 유머를 간추려 보았다. 물론 재미있다는 것은 필자의 주관적 생각이라 여러분들은 재미없을지도 모르겠다. 가능한 많은 사람들의 공감을 얻을 수 있는 유머를 선정하려고 애썼다. 이 점을 이해하면서 재미있게 읽어주기를 바란다.

덧붙여 유머의 출처를 일일이 밝히지는 않는다.

1 정치인에 관하여

정치가와 철학자

정치가와 철학자 사이에 항상 벌어지게 마련인 그런 상투적인 논쟁이 벌어졌다.

정치가가 철학자에게

"철학자란 마치 어두운 방 속에 존재하지도 않는 고양이를 찾아 더듬거리고 있는 장님과도 같다."라고 속담을 들먹거렸다.

그러자 철학자는 이렇게 응수했다.

"맞습니다. 그런데 정치가들은 그 어둠 속에서 있지도 않은 고양이를 잘도 찾아냅니다."

누구의 직업이 제일 긴 역사를 가졌는지를 놓고 세 사람 사이에 논쟁이 벌어졌다.

먼저 의사가 말했다.

"성경에 보면 이브는 아담의 늑골을 가지고 만들었다고 되어 있습니다. 그것을 보더라도 의사라는 직업이 제일 오래된 직업임에 틀림없습니다!"

듣고 있던 건설업자가 이의를 제기했다.

"천만의 말씀입니다. 성경에 혼란 상태의 천지를 엿새 만에 바로 잡았다고 되어 있는데, 그것은 우리 건설업자들이 한 일입니다."

그러자 이번엔 정치가가 나섰다.

"그건 그래요. 하지만 그 혼란을 누가 만들었겠습니까?"

바로 그것

한국 정치가가 미국 정치가의 초청을 받고 그의 집을 방문하였다. 한국 정치가는 미국 정치가의 화려한 저택에 놀라 부러움을 금치 못하며 물었다.

"어떻게 이런 대단한 집을 소유하게 되었습니까?"

그러자 미국 정치가는 한국 정치가를 데리고 창가로 갔다.

"저기 저 고속도로가 보이시죠?"

"예, 근사하군요."

"바로 저겁니다. 정부로부터 고속도로 건설 비용 20억 달러를 타냈는데, 고속도로 건설엔 10억 달러밖에 들지 않았습니다. 10억 달러는 내게로 왔죠."

그로부터 몇 년 뒤, 미국 정치가가 한국 정치가의 초청을 받고 그의 집을 방문하게 되었다. 미국 정치가는 왕궁과도 같은 한국 정치가의 화려한 저택에 입을 다물 수가 없었다.

"도대체 어떻게 된 겁니까? 몇 년 전 당신은 내 집을 보고 무척 부러워하지 않았습니까?"

그러자 한국 정치가는 미국 정치가를 데리고 창가로 갔다.

"저기 저 고속도로가 보이시죠?"

"아니요, 아무것도 안 보이는데요?"

"바로 그겁니다!"

공짜라니까

대학 교수, 사업가 그리고 정치인 이렇게 세 사람이 중국 음식점에 점심을 먹으러 갔다.

마침 그 업소는 개업 3주년을 맞은 기념으로 "오늘은 모두 공짜입니다."라는 안내문을 내걸고 손님을 맞고 있었다.

세 사람은 뭐든지 공짜라는 말에 너무 기쁜 나머지 각각 고급 요리를 시키기로 하고 차례로 팔보채와 난자완스, 그리고 유산슬을 주문했다.

주인은 세 사람이 너무도 뻔뻔스럽게 고급 요리만을 시키자 자기가 너무 손해를 본다는 느낌이 들어 "두 글자로 된 메뉴만 공짜"라고 했다.

그 말에 대학 교수는 짜장을 시켰고, 사업가는 짬뽕을 시켰다.

그런데 정치인은 얼른 이렇게 말했다.

"탕슉!"

어느 부부가 하나밖에 없는 아들의 돌을 맞았다. 남편은 아들이 장차 어떤 인물이 될지 몹시 궁금하여 돌상에 돈과 성경책, 그리고 소주 한 병을 올려놓았다.

"여보, 이게 다 뭐예요?"

아내가 묻자 남편은 이렇게 설명했다.

"응, 돈을 집으면 사업가가 될 것이고, 성경을 집으면 목사가 될 거야. 하지만 술을 집으면 술꾼이 되겠지."

드디어 아들을 돌상 앞에 앉힌 부부는 떨리는 심정으로 지켜보았다. 아들은 돌상 위를 훑어보다 먼저 돈을 움켜쥐었다. 그런 다음 다른 손으로 성경을 집어들어 겨드랑이에 끼더니 이내 소주병을 움켜잡았다. 그 모습을 지켜본 남편이 한숨을 지으며 말했다.

"후, 저 녀석은 정치가가 될 것 같아."

한 정치가가 돌연 상대 당의 후보자를 지지하고 나섰다. 그러자 동료 정치인인 그의 헷갈리는 태도를 문제 삼았다.

"도대체 당신은 우리 당원이요, 아니면 저쪽 당원이요? 분명히 대답해 보시오!"

다그치듯 묻는 동료 정치인의 말에 그 정치가는 태연히 대답했다.

"내 분명히 하리다. 난 정치인이오!"

신의 장난

난파선의 생존자가 어느 섬의 해변에서 세수를 하다가 한 무리의 원주민 군인들에게 둘러싸였다.

"나는 이제 죽었어." 그 남자는 절망하여 소리쳤다.

"너는 아니야." 하늘에서 은혜로운 목소리가 들렸다.

"내 말을 잘 들어라. 그리고 정확하게 행동해라. 네 옆에 있는 사람의 창을 낚아채서 그 추장의 가슴을 향해 던져라."

그 남자는 시키는 대로 했고, 원주민들은 믿기지 않는 표정으로 그를 응시했다.

그 남자가 신에게 물었다.

"이제 어떡해요?"

그 남자가 신에게 물었다.

그러자 신이 대답했다.

"이제 넌 죽었어."

하나님의 의도

하나님과 아담이 에덴동산을 거닐며 대화를 나누었다. 먼저 아담이 하나님께 여쭈었다.

"하나님, 이브는 정말 예뻐요. 그런데 왜 그렇게 예쁘게 만드셨어요?"

"그래야 네가 늘 그 애만 바라보지 않겠니?"

그러자 아담이 다시 하나님께 여쭈었다.

"이브의 피부는 정말로 부드러워요. 왜 그렇게 만드신 거죠?"

"그래야 네가 늘 그 애를 쓰다듬어주지 않겠니?"

"그런데 하나님, 이브는 좀 멍청한 것 같아요. 왜 그렇게 만드신 거죠?"
"바보야, 그래야 그 애가 널 좋아할 거 아니냐?"

하나님의 대답

어떤 남자가 외딴 섬의 해변가를 걸으며 하나님께 기도를 드렸다.
"하나님, 제 소원 하나만 들어주십시오."
그러자 갑자기 하늘로부터 거룩한 음성이 들려왔다.
"말해 보거라, 무엇을 원하느냐?"
남자는 즉시 그 자리에서 무릎을 꿇고 두 손을 모으며 말했다.
"하나님, 이 섬에서 육지까지 다리를 만들어 제가 언제든지 자동차로 오갈 수 있게 해주십시오."
그러자 하나님께서 말씀하셨다.
"너의 믿음에 견주어 그 소원이 합당하긴 한데, 그러자면 들어가는 게 너무 많구나. 교각이 바닥 밑바닥까지 닿아야 하니, 콘크리트와 철근이 너무 많이 필요하다. 그러니 그것 말고, 세상을 살아가는 데 꼭 필요하다고 생각하는 소원 한 가지를 말해 보거라."
남자는 여전히 무릎을 꿇고 기도하는 자세로 이렇게 말했다.
"하나님, 제가 여자들을 잘 이해할 수 있게 해주십시오. 토라져서 말을 안 하고 있을 땐 마음속으로 무얼 생각하는 건지. 왜 툭하면 우는 건지, '신경 쓰지 마'라고 말할 때 그 말의 참뜻은 뭔지, 어떻게 하면 여자들을 행복하게 해줄 수 있는지. 그것을 알고 싶습니다."
그러자 하나님이 큰 소리로 이렇게 말씀하셨다.
"얘, 육지까지 가는 다리를 4차선으로 해주랴, 8차선으로 해주랴?"

감사기도

명예퇴직 후, 조그만 가게를 차린 40대 남자가 하나님께 간절히 기도를 드렸다.

"하나님, 하루에 2백만 원씩 벌게 해주시면 그중 백만 원은 하나님께 바치겠습니다."

다음날 그는 백만 원을 벌었다. 그러자 그 남자는 너무 기뻐서 하나님께 다시 감사기도를 드렸다.

"정말, 대단하십니다. 하나님. 먼저 주님의 몫을 떼어놓고 주시다니."

하나님 솜씨

한 농부가 황폐한 농장을 사서 열심히 일한 끝에 훌륭하게 가꾸어 놓았다.

어느 날 목사가 지나가다 들러보고는 그 농부에게 축하인사를 건넸다.

"하나님과 인간이 함께 이처럼 놀라운 일을 해냈군요."

그러자 그 농부가 이렇게 대꾸했다.

"네, 그럴지도 모르지요. 하지만 하나님 혼자서 이 농장을 운영하고 계셨을 때 농장이 어떤 꼴이었는지를 목사님이 꼭 보셨어야 했는데."

주교의 역할

한 후작이 방에 들어가 보니 부인이 거의 옷을 입지 않고 주교 신부의 팔에 안겨있었다. 그러자 그는 급히 창가로 가서 지나가는 사람들에게 '축복을 내린다'고 소리를 질렀다.

부인이 "당신 뭘 하고 있는 거예요?"하고 묻자 남편은 이렇게 대답했다.

"주교님이 내가 할 일을 하시니 나는 주교님이 맡은 일을 해드려야

하지 않겠소?"

한 아가씨가 신부님 앞에서 신자로서의 의무를 이행했다.
"신부님, 전 죄를 지었어요. 저는 남자의 키스를 이 볼에 받았어요."
신부님은 자기도 모르게 관심을 나타내며,
"흠, 그래서 어찌 되었지요?"
"전 그 키스가 아주 흐뭇하게 느껴졌어요. 기분이 좋아졌죠."
"흠, 그래서?"
"그 남자가 제 곁에 앉았어요. 제 허리를 끌어안았죠."
"흠, 그 다음엔?"
"그리곤, 제…… 제 입술에 입을 맞추었어요."
"흠, 그래서 그 다음엔 어찌 되었지요?"
"그때, 어머니가 들어오셨어요."
"제기랄!"

3 사랑과 섹스에 관하여

잘생긴 남자와 미모의 여자가 어울리면, "참 잘 어울리는 커플이냐."
못생긴 남자가 미모의 여자와 어울리면, "저 남자 능력 있나봐."
잘생긴 남자가 못생긴 여자와 어울리면, "저 여자 돈 많은가봐."
못생긴 남자와 못생긴 여자가 어울리면, "저 사람들 정말 사랑하나봐."

부인과 여자 친구

한 남자가 자신의 부인과 여자 친구를 시험해보기로 했다.

부인과 여자 친구는 서로 얼굴을 몰랐기 때문에, 둘을 같은 배로 며칠 동안 여행을 다녀오게 한 뒤 물었다. 먼저 부인에게 이것저것 물으면서 여자 친구에 대해서도 슬쩍 물어봤다.

"아유 그 계집애요? 바람둥이예요, 바람둥이! 아마 배 안에 있는 남자와 거의 다 잤을걸요."

남자는 다시 여자 친구와 만나서 부인에 대해 물어보았다.

"아, 그 여자분? 정말 요조숙녀더라고요."

"왜?"

"처음부터 끝까지 남편하고만 계속 지내더라고요. 보기 좋던데요."

동성연애

죽기 직전의 남자들 세 명이 의사를 찾아갔다. 한 명은 골초, 한 명은 동성연애자. 그리고 또 한 명은 알콜 중독자였다.

의사가 말하기를 "너희가 하던 짓을 한 번만 더 하면 죽고 말 것이다."

세 명은 깨끗이 살기를 맹세하고 병원문을 나섰다.

지하철역을 향해 가다가 알콜 중독자가 "딱 한 잔만"하면서 술집에 들어갔다.

맥주 한 잔 쭈욱, 아니나 다를까 곧 엎어져 죽고 말았다.

나머지 두 명은 정말 살아야겠다고 결심하며 가던 길을 계속 가는데 반쯤 핀, 연기가 모락모락하는 꽁초가 보였다.

그러자 동성연애자가 골초에게 말했다.

"네가 그것을 집으려고 몸을 구부리면 우린 둘 다 죽는다."

시간을 끌면 손해

초등학교 3학년끼리 보기 드문 강간사건이 일어났다.
여학생의 어머니가 정식으로 경찰에 고소했고, 3학년 남자학생과 그 어머니가 경찰로 소환되었다. 경찰이 조서를 꾸미려 하자 흥분한 남학생 어머니가 아들의 바지를 내리며 말했다.
"상식적으로 이런 작은 고추로 가능하다고 봅니까?"
그러자 아들이 어머니 귀에 대고 속삭였다.
"엄마, 오래 잡고 있으면 우리가 불리해요."

기절한 이유

한 대머리 아저씨가 살았다. 그런데 그 아저씨에게는 비밀이 한 가지 있었다.
그 대머리가 아저씨에게 성감대였던 것이다. 그래서 아저씨는 비를 맞는 것을 엄청 좋아했다.
그런데 '소나기'가 오던 어느 날, 그 아저씨가 시체로 발견됐다.
원인은 심장마비였다.

4 부부에 관하여

오줌 멀리 누기

오랜 세월을 함께 한 할아버지, 할머니가 있었다. 그런데 해가 갈수록 할아버지는 할머니한테 기가 죽었다. 그도 그럴 것이 젊었을 때 할머니 속을 꽤나 썩였으니 나이 들어서 자꾸 구박을 받는 것이었다.
어느 날 할아버지는 '더 이상 이렇게 살 수 없다'는 생각이 들어 할머니한테 내기를 제안했다.

"할망구, 우리 내기 한번 합시다. 내기에 진 사람이 죽을 때까지 이 긴 사람 말 들으면서 종처럼 살기. 어때?"

안 그래도 맘 편히 살고 있던 할머니는 단칼에 거절을 했지만, 할아버지는 집요하게 물고 늘어졌다. 결국 지친 할머니가 '도대체 무슨 내긴데 그러냐'고 물었다.

그러자 할아버지는 어이없게도 '누가 오줌을 더 멀리 누는가'를 시합 하자는 것이 아닌가. 버럭 성질을 낼 줄 알았던 할머니는 뜻밖에도 흔쾌히 승낙을 했다.

"대신에 규칙은 내가 정하는 거야. 알았수, 영감?"

신이 난 할아버지는 고개를 끄덕였다. 그런데 시합 결과, 놀랍게도 할아버지는 완패를 당했다. 할머니가 정한 규칙은 딱 한 가지였다. '손대기 없기.'

엽기 할머니

매일같이 싸워온 노부부가 있었다. 그들은 싸울 때마다 큰소리를 치 고 가구들을 부수기 때문에 이웃들이 모두 알고 있었다.

할아버지는 항상 싸울 때마다 이런 말을 했다.

"내가 먼저 죽으면 무덤을 파고 올라와서 당신 죽을 때까지 따라다 닐 거야!"

그러던 어느 날 갑자기 할아버지가 죽었고, 장례식을 치렀다. 할머니 는 장례식이 끝나자마자 마을 사람들과 술을 마시며 축하 파티를 열 었다.

그러자 이웃 사람들이 할머니에게 다가와서 물었다.

"할머니 무섭지 않으세요? 할아버지가 무덤파고 올라와서 따라 다니 신다고 했잖아요?"

그러자 할머니가 말했다.

"그 영감탱이 열심히 땅 파라고 해! 내가 관을 뒤집어서 넣어놨으니까!"

미국 시민권

여러 해 전에 미국에 건너온 한 난민 부부의 꿈은 오로지 미국 시민이 되는 것이었다.

많은 난관과 어려움에도 불구하고, 그들 부부는 참을성과 희망을 잃지 않았다.

그러던 어느 날, 남편은 학수고대하던 희소식을 가지고 집으로 돌아왔다.

"여보, 우리가 해냈소! 우리도 이제 미국 사람이 되었단 말이오."

그러자 부엌에서 일하던 아내는 얼른 행주치마를 벗어 남편에게 입히며 말했다.

"잘됐군요. 오늘부터 당신이 설거지를 하세요!"

생일 선물

평소에 돈을 물 쓰듯 하며 옷치장을 일삼던 아내가 남편의 생일을 맞이하게 되었다.

그녀는 집에 돌아오자마자,

"당신 생일을 위해 당신이 깜짝 놀랄만한 선물을 샀어요."라고 호들갑을 떨었다.

남편은 기대에 부풀어, "뭐지? 빨리 보고 싶은데."라고 재촉을 하였다.

그러자 아내가 하는 말,

"잠깐만 기다리세요. 곧 입어볼 테니까."

무덤이 마르기 전에

어느 날 장자(莊子)가 길을 가다가 웬 상복(喪服)을 입은 부인을 만났는데 땅에 꿇어 앉아 부채를 들고, 새로 묻어 아직도 축축한 무덤을 부채질하고 있었다.

그래서 "왜 그러느냐?"고 묻자,

그 부인이 하는 말,

"저는 사랑하는 남편에게 그의 무덤이 마르기 전에는 재혼을 하지 않겠다고 약속했지요. 그런데 이 고약한 날씨 좀 보세요."

출연료

부부가 함께 영화관에서 영화를 감상하고 있는데, 마침 주인공 남녀가 열렬히 키스하는 장면이 나왔다.

그 장면을 보고 있던 아내가 옆에 있는 남편의 허벅지를 꼬집으며 말했다.

"당신도 저런 식으로 해줄 수 있어?"

그러자 남편이 말했다.

"무슨 소리야? 저 사람이 출연료를 얼마나 많이 받고 저러는 건지나 알아?"

망사 지갑

어느 무더운 여름날, 한 부인이 친구를 만났다.

친구는 예쁜 망사지갑을 들고 나왔는데 그게 그렇게 부러울 수 없었다.

'그래, 여자라면 저런 지갑 하나쯤은 가져야지' 하는 생각에, 그날 밤 남편을 졸랐다.

"여보, 나도 망사 지갑 하나 사주면 안 될까?"

끈덕지게 조르는 아내의 성화에 경상도 남편이 한마디 했다.
"와? 돈이 덥다 카드나?"

아내의 친척

드라이브를 즐기던 어느 부부가 사소한 일로 말다툼을 벌였다.
서로 말도 않고 썰렁하게 집으로 돌아오는데 문득 차량 밖으로 개
한마리가 얼쩡거리는 게 눈에 띄었다.
남편이 아내에게 빈정대며 말했다.
"당신 친척이잖아? 반가울테니 인사나 하지."
남편의 말이 떨어지기 무섭게 아내가 그 개에게 소리쳤다.
"안녕하셨어요? 시아주버님!"

얼떨결의 변명

평소 아주 건실한 남자가 어쩌다 미모의 여자와 눈이 맞았다.
어느 날, 남자가 그녀와 함께 팔짱을 끼고 거리를 걷다가 하필이며
자기 아내와 마주쳤다
당황한 남자는 얼떨결에 얼른 아내에게 이렇게 말했다.
"여보, 인사해. 우리 처제야!"

아내의 머리카락

어느 마을에 한 남자가 살았다.
그는 가난해서 술을 살 돈이 없다며 매일같이 아내에게 불평을 늘어
놓았다.
아내는 그런 남편을 너무나 사랑하여 자신의 머리카락을 반쯤 잘라
가발 가게에 팔았다. 그리고 그 돈으로 남편에게 술을 사다주었다.

남편은 크게 기뻐하며 물었다.
"어디서 돈을 구했소?"
아내는 머리카락을 팔아 술을 샀다고 말했다.
"그렇게까지 하다니!"
남편은 감동의 눈물을 흘렸다. 그리고 술항아리에서 술을 한 잔, 두 잔, 세 잔 퍼서 맛있게 마셨다. 이윽고 항아리가 바닥나자 남자는 매우 사랑스럽다는 듯 아내를 바라보며 말했다.
"당신 머리에 아직 술이 반절은 남았군!"

5 나라별 특성에 관하여

한국인의 영어사랑

한국 관광객이 미국을 여행하다가 큰 교통사고를 당했다.
한국 사람은 피를 흘리며 쓰러졌고 앰뷸런스를 부르고 사람들은 웅성거리고 난리가 났다.
그때 미국 경찰이 급히 달려와 이렇게 물었다.
"How are you?"
그러자 한국 사람이 피를 흘리면 힘겹게 대답했다.
"Fine Thanks, And You?"

논문의 소재

유네스코가 여러 나라로부터 코끼리에 관한 연구 논문을 모집했다.
그러자 영국으로부터는 코끼리가 화물 운반에 얼마나 유용한가 하는 실용성에 관한 연구 논문이 접수되었고,
프랑스로부터는 코끼리의 애정 생활에 관한 연구 논문이 접수되었고,

독일로부터는 코끼리학의 방법론에 관한 연구 논문이 접수되었고,
일본으로부터는 코끼리에 관해 세계 각국이 어떤 연구를 해왔는가를
연구한 논문이 접수되었고,
한국으로부터는 코끼리가 정력 증진과 보약으로 얼마나 효과가 있는
가를 연구한 논문이 각각 접수되었다.

상황 판단

영국, 미국, 독일, 그리고 프랑스 이렇게 네 나라의 여자들에게 다음
과 같은 질문이 던져졌다.
"배가 난파하여 외딴 섬에 표류하게 되었는데, 그곳에는 이성에 굶
주린 군인들이 있습니다. 당신은 어떻게 하시겠습니까?"
먼저 영국 여자는 "남자들을 피해 숨을 곳을 찾겠다."고 대답했다.
미국 여자는 "방어할 방법을 강구하겠노라."고 말했으며,
독일 여자는 "함께 행군하겠다."고 대답했다.
그리고 프랑스 여자는 의미심장한 미소를 지으며 이렇게 반문했다.
"질문의 요지가 뭔지는 잘 알겠습니다. 그런데 문제가 되는 게 뭐
죠?"

최상의 삶

남자에게 있어 최상의 삶은?
영국식 주택에서,
미국인 월급을 받으며,
일본인 여성을 아내로 두고,
중국식 요리를 먹으며,
스위스인 재산 관리자에게 재산을 맡기고,

이탈리아 애인과 데이트를 즐길 수 있는 삶이다.

반면 남자에게 있어 최악의 삶은?
일본식 주택에서,
중국인 월급을 받으며,
미국인 아내와 함께,
영국 음식을 먹고 사는 삶이다.

버스 문화

영국의 버스 안에는 '가급적 운전자와 대화하는 것을 삼가 주십시오'
라고 쓰여 있고,
미국의 버스 안에는 '운전사와 얘기하지 마시오'라고 쓰여 있고,
독일의 버스 안에는 '승객은 운전자와 잡담하는 것을 금합니다'라고
쓰여 있고,
이탈리아의 버스 안에는 '운전자가 떠들어도 승객들은 절대 대답하
지 마시오'라고 쓰여 있다.

6 어리석음에 관하여

고양이 버리기

고양이를 지독히 싫어하는 남자가 있었다.
어느 날 그는 아내가 기르는 고양이를 몰래 차에 태우고 2km 떨어
진 공원에다 버리고 왔다. 그런데 집 마당에 차를 댈 무렵, 고양이가
잽싸게 현관 안으로 들어가는 것을 보았다.
다음날, 남자는 4km 떨어진 곳에 고양이를 버렸다. 그러나 집에 돌

아왔을 때, 어느새 고양이는 집에 돌아와 있었다.

화가 난 남자는 다음날 차를 몰고 길을 나섰다. 이번엔 아주 먼 곳, 누구도 찾아오지 못할 장소에 고양이를 버릴 작정이었다. 한 시간 후, 아주 멀리 떨어진 곳에 고양이를 버린 남자는 집에 있는 아내에게 전화를 걸었다.

"여보, 고양이 집에 있어?"

"고양인 제 옆에 있어요, 그런데 무슨 일이죠?"

"고양이 좀 바꿔봐, 길을 잃어버렸어!"

알콜 중독자의 퇴원

한 알코올 중독자가 있었다. 그는 자기 아내를 맥주병이라고 불렀다. 그는 병원에 입원 중이었는데, 너무 지겨워서 의사에게 '언제 퇴원할 수 있느냐'고 물었다.

그러자 의사는 아내를 아내라고 부를 수 있을 때 퇴원시켜 주겠노라고 대답했다.

한 달 후, 그는 드디어 아내를 아내라고 부를 수 있게 되었다. 그래서 퇴원하려고 짐을 꾸리는데, 침대 모서리에서 소주병이 튀어나왔다.

그는 소주병을 보고 반가워서 이렇게 말했다.

"아니, 처제가 언제 여길 왔어?"

사냥

친구 세 명이 사냥을 하고 있는데 갑자기 커다란 곰 한 마리가 나타났다.

이때 한 친구가 말했다.

"침착하자구."

그러자 그 중 다른 한 명이 조용히 말했다.

"우리가 책에서 읽은 것 생각나? 곰을 만나면 정신을 똑바로 차리고 죽은 척하라고, 그러면 곰이 그냥 가 버린다고 했어."

그러자 나머지 한 사람이 말했다.

"그래 맞아."

그런데 침착하자고 했던 친구가 걱정스럽게 대답했다.

"그런데 문제는 우리는 그 책을 읽었지만, 저 곰이 그 책을 읽었을 리가 없다는 거야."

김씨

새로 입사한 남자에게 사장이 물었다.

"그래, 이름이 뭐죠?"

"김씨랍니다."

그러자 사장은 버럭 화를 내며 말했다.

"이것 봐! 여긴 막노동판이 아니라 회사요. 당신이 우리 회사에 들어오기 전에 뭘 했는지는 모르겠지만, 우리 회사에서는 이름을 그렇게 부르는 것은 정말 싫어한단 말이오! 앞으로 또 그런 식으로 이름을 얘기하면 당장 그만두게 하겠소! 이름을 다시 말해 봐요!"

그러자 남자는 기가 죽은 듯 고개를 푹 숙이더니 말했다.

"김 꽃사랑 별사랑 우주에서 하늘을 감싸 안은 우정이요"

그러자 잠시 침묵이 흐르고 사장이 말했다.

"좋아요, 김씨. 집은 어디죠?"

도루묵

건실한 한 대학생이 있었다. 그는 여자 친구도 있고 꿈도 있고 능력도 있는 녀석이었다.

그러던 어느 날 그에게 절망적인 변화가 일어나게 되었다. 한창 나이에 머리가 빠지는 것이었다. 그는 심각하게 고민하게 되었고, 여자 친구도 그의 곁을 떠나고 말았다.

그래서 그는 한 가지 굳은 결심을 하게 되었다. 그는 열심히 아르바이트를 해서 돈을 마련해 머리를 심기로 했다. 그리고 정말로 그는 열심히 일했고, 드디어 돈을 모아 머리를 심을 수 있었다.

그래서 긴 머리칼을 휘날리며 돌아온 그에게 어머니가 말했다.

"얘야, 영장 나왔다."

7 동물에 관하여

할아버지와 개구리

늙은 나무꾼이 나무를 베고 있었다.

개구리 : 할아버지!

나무꾼 : 거, 거기…… 누구요?

개구리 : 저는 마법에 걸린 개구리예요.

나무꾼 : 엇! 개구리가 말을?

개구리 : 저한테 입을 맞춰주시면 사람으로 변해서 할아버지와 함께
　　　　살 수 있어요. 저는 원래 하늘에서 살던 선녀였거든요.

그러자 할아버지는 개구를 집어 들고 나무에 걸린 옷의 호주머니에 넣었다. 그리고는 다시 나무를 베기 시작했다.

개구리 : 이봐요. 할아버지! 나한테 입을 맞춰주시면 사람이 돼서 함
　　　　께 살아드린다니까요?

나무꾼 : 쿵! 쿵! (무시하고 계속 나무를 벤다)

개구리 : 왜 내 말을 안 믿어요? 나는 진짜로 예쁜 선녀라고요!

나무꾼 : 믿어.

개구리 : 그런데 왜 입을 맞춰주지 않고 나를 주머니 속어 넣어두는
거죠?

나무꾼 : 나는 예쁜 여자가 필요 없어. 너도 내 나이 돼 봐. 개구리와
얘기하는 것이 더 재미있지.

달팽이와 지렁이

63빌딩 옥상에 달팽이 한 마리가 살고 있었다.

어느 화창한 봄날, 옥상 난간에서 놀던 달팽이가 아래를 향해 침을
뱉었다. 그런데 하필이면 지나가는 지렁이 이마 위에 그 침이 떨어
졌다. 느닷없이 이마에 침을 맞은 지렁이는 화가 나서 달팽이를 올
려다보며 막 욕을 퍼부었다.

"야, 이 미친 새끼야! 눈이 삐었어? 어디다 함부로 침을 뱉어? 할 일
없으면 잠이나 잘 일이지 뭐 한다구 옥상 난간에 나와서 촐랑대냐구!"

일부러 그런 것도 아닌데 듣자 하니 너무 심한 욕을 하는지라, 달팽
이는 참을 수가 없어서 아래를 내려다보며 지렁이에게 소리쳤다.

"야, 너 거기 그대로 꼼짝 말고 서 있어!"

그 후 달팽이는 자그마치 1년이나 걸려서 63빌딩을 내려왔다. 지렁
이는 아직 그 자리에 서 있었다. 달팽이는 씩씩거리며 지렁이에게
다가가 다짜고짜 멱살을 움켜쥐고 말했다.

"너 이 자식, 옥상으로 따라와!"

개미와 지네

개미와 지네가 방안에서 장기를 두었다. 그리고는 진 쪽이 길 건너

편에 있는 가게에 가서 먹을 것을 사 갖고 오기로 했다.

처음에는 지네가 졌다. 문 열고 집 밖에 나가서 몇 걸음만 걸으면 가게에 닿으니까 금방 오겠지 하고 지네를 기다리던 개미는 아무리 기다려도 지네가 오지 않자 걱정이 되었다. 무슨 사고가 난 것은 아닐까, 돈 아까워서 도망 가 버린 걸까? 개미는 기다리다 걱정이 되어서 밖을 내다보려고 문을 열었다. 그러자 지네는,

"열 하나, 열 둘, 열 셋……"

하면서 열심히 신발을 신고 있었다.

지네와 개미는 또 장기를 두었고 이번에는 개미가 졌다. 지네는 개미가 발이 6개밖에 안 되니 금방 갔다 오리라고 생각했다. 하지만 한참을 기다려도 개미는 오지 않았다. 기다리던 지네가 걱정이 되어 문을 열어 보았다.

그러자 개미는,

"이것도 지네 꺼, 저것도 지네 꺼……"

하면서, 열심히 자신의 신발을 찾고 있었다.

엽기 동물 뉴스

- 공항에서 근무 중인 마약탐지견이 수차례에 걸쳐 마약을 투여해온 것으로 밝혀졌습니다. 마약탐지견은 "히로뽕 냄새를 자주 맡다보니 뽕갔다. 직업병으로 인정해달라."고 호소했습니다.
- 점을 보러 온 곤충들을 속여 거액을 갈취해 온 무당벌레가 검거됐습니다. 이 무당벌레는 하루살이들에게 "굿을 하지 않으면 내일 죽는다."고 위협했으며 모기들에겐 "부적을 붙이고 사람의 피를 먹으면 잠자리가 될 수 있다."고 속여 가짜 부적을 팔아 왔습니다.
- 국제애완견대회에서 3연패를 한 푸들이 경매를 통해 사상 최고액

인 1억원에 낙찰됐습니다. 이 푸들을 구입한 사람은 한국인으로 밝혀졌는데 "도대체 얼마나 맛이 좋기에……"라며 흥분을 감추지 못했습니다.

앵무새

두 마리의 앵무새가 있었다. 한 마리는 독실한 기독교 신자의 앵무새였고, 한 마리는 불신자의 앵무새였다. 기독교 신자의 앵무새는 늘 '기도합시다! 기도합시다!' 하는데, 불신자의 앵무새는 늘 '키스합시다! 키스합시다!'라고 했다.

그래서 기독교 신자는 불신자를 설득하여 두 마리의 앵무새를 같은 새장에 넣기로 했다. 함께 있으면 '기도합시다' 앵무새가 '키스합시다' 앵무새에게 감화를 주어 두 마리 모두 '기도합시다!'로 바뀔 수 있다고 생각했기 때문이다.

며칠 뒤, 두 사람은 앵무새의 변화를 관찰하기 위해 함께 새장으로 갔다. 그런데 '키스합시다' 앵무새는 여전히 '키스합시다!'를 반복하고 있었고, '기도합시다' 앵무새는 백팔십도 달라져서 이렇게 말하고 있었다.

"하나님, 제 기도를 들어 주셔서 감사합니다! 하나님, 제 기도를 들어 주셔서 감사합니다!"

안경 쓴 뱀 이야기

어느 날 안경 쓴 뱀이 길을 가다가 개구리를 만났다. 배가 몹시 고픈 뱀은 개구리로 요기를 때울 참이었다. 그런데 개구리가 가냘픈 목소리로 죽기 전에 소원을 한 가지만 들어 달라고 했다. 안경 쓴 뱀은 소원을 들어주었다.

그러자 개구리가,

"뱀님은 이 세상에서 뭐가 제일 무서워요?"

뱀 왈,

"난 나한테 겁주는 게 제일 무서워."

그러자 개구리 왈,

"안경 벗어, 이 자식아!"

안경 쓴 뱀은 도망갔다.

그 다음날 안경 쓴 뱀은 다른 개구리를 만났다. 그 다른 개구리도 어제의 그 개구리와 같은 말을 했고, 뱀은 말했다.

"난 무서운 거 하나도 없어. 정말이다!"

그러자 개구리 왈,

"소문 다 났어, 안경 벗어 이 자식아!"

8 직업에 관하여

직업별 거짓말

사장 : 우리 회사는 바로 사원 여러분의 것입니다.

옷가게 주인 : 어머! 언니한테 딱이네, 완전 맞춤복이야.

수능 출제위원 : 이번 시험은 정상적인 고교 과정을 이수한 학생이라면 누구나 쉽게 풀 수 있는 문제들만 출제했습니다

남대문 리어카 아저씨 : 이거 밑지고 파는 거예요.

웨딩 사진사 : 내가 본 신부 중에 제일 예쁜데요.

미스코리아 : 그럼요! 내적인 미가 더 중요하죠.

중국집 주인 : 아이구, 음식 갖고 금방 출발했습니다.

학원 원장 : 전국 최고의 합격률을 자랑하죠.

신인 배우 : 외모가 아닌 실력으로 인정받고 싶어요.

정치가 : 단 한 푼도 받지 않았습니다.

교장 선생님 : (조회시간) 마지막으로 한 마디만 더 하겠습니다.

상술

식당 지배인이 여자 종업원들을 한데 모이도록 했다.

"다들 오늘은 최고로 맵시를 내야겠어. 웃는 얼굴로 손님들을 대하고, 화장도 좀 예쁘게 하고, 머리도 단정하게 손질하고 말야."

"무슨 일이 있나요? 거물급들이 무더기로 오나요?"하고 한 종업원이 물었다.

그러자 지배인 왈,

"그게 아니라, 오늘은 고기가 질기단 말이야."

의사의 독선

의사 : 여기 오직 전에 다른 의사한테 가 봤어요?

환자 : 아뇨. 약방에 가 봤습니다.

의사 : 그래 그 약방에선 뭐라고 얼빠진 소리를 하던가요?

환자 : 선생님을 찾아 뵈라더군요.

신문기자의 생리

어느 날 반포대교 위에서 어떤 청년이 불안에 찬 모습으로 강물을 내려다보고 있었다.

뛰어내릴 듯하다가 다시 담배를 피우며 생각하면서 다시 강물을 바라보는 동작을 반복하는 것이었다. 마치 한강 물에 뛰어들어 자살이라도 하려는 모습이었다.

그러나 그런 동작을 반복하기 몇 시간, 그 옆에서 카메라를 들고 청
년의 행동을 지켜보던 기자가 청년에게 다가가서 이렇게 말했다.
"오후 네 시까지 아무 일이 안 일어나면 조간신문에 보도되지 못합
니다."

2 더하기 2는 얼마?

회계업무를 담당할 새 직원을 뽑는 자리에서 세 명의 후보자 중 첫
번째 남자에게 최고경영자가 물었다.
"2 더하기 2는 얼마지요."
"4입니다."
두 번째 후보자에게도 동일한 질문이 주어졌고 대답 역시 동일했다.
그런데 마지막 후보자에게 같은 질문을 하자, 그는 앞으로 몸을 숙
여 내밀고 주위를 두리번거리더니 조용히 속삭였다.
"얼마가 됐으면 좋겠습니까?"

변호사의 묘비

한 나그네가 길가에서 무덤을 하나 발견했는데 묘비 앞면에 이런 글
귀가 적혀 있었다.
'변호사 ○○○의 묘'
나그네가 묘비 뒷면을 보니 거기엔 또 이런 글귀가 적혀 있었다.
'여기 일생을 정직하게 보낸 사람이 영원히 잠들다'
나그네가 고개를 갸웃거리며 혼자 중얼거린다.
"아니, 어떻게 두 사람이 한 묘지에 같이 묻혔을까?"

수도사와 변호사 그리고 과학자

18세기말 유럽, 수도사와 변호사 그리고 과학자, 이렇게 세 명이 반역죄로 처형당하게 됐다.

먼저 수도사가 단두대에 엎드렸다. 집행인이 칼에 연결된 줄을 놓았으나 어찌된 일인지 칼은 떨어지지 않았다. 그러자 수도사가 일어나서는,

"신께서 죄 없는 나를 보호하신다."고 하면서 무죄를 주장했다. 결국 그는 풀려났다.

다음은 변호사의 차례였다. 이번에도 칼은 떨어지지 않았다.

변호사는 "처벌은 실패로 끝났으며, 현행법상 같은 죄로 두 번 처벌할 수는 없다."는 논리를 펼쳤다. 그 역시 사형은 면하게 됐다.

마지막으로 과학자가 단두대에 올랐다. 이번에도 역시 칼은 떨어지지 않았다.

그러자 힐끗 단두대 위를 바라 본 후 그가 소리쳤다.

"아! 어디가 잘못됐는지 알았어요."

9 정치인들의 위트에 관하여

귀족이라서 불리하겐 안 할 터

미국 주재 오스트리아 대사가, 자기 나라 사람으로 미국 군대에서 한 자리 하기를 바라는 백작 한 사람을 대통령에게 소개하였다.

백작은 자기가 그 작위의 소유자임을 특별히 강조하고 또 자기의 가문이 전통 있는 가문으로 뭇 사람의 존경의 대상이라는 사실을 힘주어 설명하였다.

링컨은 그의 이야기를 다 듣고 나서 웃음을 띠면서 그 귀족의 어깨

를 두드리며 말했다.

"염려 말아요. 가문이 그렇다고 소홀하게 다루겠어요? 귀족의 신분이어서 불리하게 되는 일이 없도록 내가 힘을 써 보리다."

술은 깨지만

상공회의소 주최로 열린 파티에서 리버풀 출신의 사회주의자인 베시 브래독 양이 처칠에게 다가와 나무라듯 말했다.

"윈스턴 당신은 취하셨군요."

처칠은 곧바로 응수했다.

"베시, 당신은 못생겼군요. 내일 아침에 일어나면 나는 맑은 정신이겠지만, 당신은 여전히 못 생겼을 거요."

애인의 고자질

영국의 정치가 디즈레일리 의원이 여러 의원들에게 설득력 있는 정견발표를 훌륭히 마친 뒤, 느닷없이 글래드스턴 의원이 일어서서 이렇게 말했다.

"디즈레일리 씨, 그렇게 말하는 당신의 행동은 대체 그게 뭐요? 내 믿을 만한 소식통에 의하면 당신은 성병에 걸렸다는데 그게 사실이오?"

이 말에 국회의사당 안은 삽시간에 찬물을 끼얹은 듯 조용해졌다. 그런데 심한 모욕을 당한 디즈레일리 의원은 싱글벙글 웃고 있다가 미안스러운 표정을 지으면서 입을 열었다.

"글래드스턴 씨, 당신은 그걸 어떻게 알았습니까? 내가 당신의 애인과 비밀리 하룻밤 자고 나서 그렇게 되었는데, 아마 그 여자가 당신에게 일러바친 모양이구려."

대통령의 여유

루즈벨트 대통령이 기자회견을 하고 있었다.
한 기자가 그에게 질문을 했다.
"걱정스럽다든가 초조할 때는 어떻게 마음을 가라앉히십니까?"
루즈벨트 대통령은 미소를 지으며 대답했다.
"휘파람을 붑니다."
기자는 의외라는 듯 다시 질문을 했다.
"제가 알기로는 대통령께서 휘파람을 부는 것을 보았다는 사람은 없
는데요."
루즈벨트는 자신 있게 대답했다.
"당연하죠, 아직 휘파람을 불어본 적이 없으니까요."

경험이 전부는 아니야

케네디가 43세의 젊은 나이로 대통령에 입후보했을 때 상대는 산전
수전 다 겪은 노련한 닉슨이었다. 당연히 선거의 쟁점은 '경륜이냐
패기냐'로 모아졌고, 닉슨은 거기에서 우위를 점하기 위해 선거기간
내내 케네디를 '경험없는 애송이'로 몰아 부쳤다.
이에 대해 케네디는 어느 연설에서 이렇게 반박했다.
"이번 주의 빅뉴스는 국제문제나 정치문제가 아니라 야구왕 테드 윌
리엄스가 나이 때문에 은퇴하기로 했다는 소식입니다. 이것은 무슨
일이든 경험만으로는 충분하지 않다는 것을 입증하고 있습니다."

겸손한 방침

1984년 미국 대선 때, 텔레비전 토론에서 먼데일 후보는 경쟁자인
레이건 후보의 약점을 들추어 이렇게 물었다.

"귀하는 대통령이 되기에 너무 늙었다고 생각하지 않습니까?"
상대방의 느닷없는 공세에도 레이건은 전혀 당황하지 않고 이렇게
받아넘겼다.
"저는 이번 선거에서 나이를 문제 삼지 않겠습니다. 당신이 너무 젊다
거나 경험이 없다는 것을 정치 목적에 이용하지 않을 방침입니다."

10 성현들의 위트에 관하여

재치 있는 예수의 답변

예수가 핍박받는 민중들 사이에서 날로 인기를 모으고 있을 때, 율법
학자들이 예수를 곤경에 빠뜨리기 위해 다음과 같은 질문을 했다.
"로마에 세금을 바쳐야 합니까, 바치지 말아야 합니까?"
예수는 율법학자들이 자기를 곤경에 빠뜨리려는 질문임을 알고 주머
니 안에서 동전 한 개를 꺼내어 율법학자들에게 보이면서 이렇게 반
문하였다.
"이 돈에 새겨진 초상은 누구의 초상입니까?"
"그것은 케사르의 초상입니다."
"그렇다면 그것은 케사르의 것이니 케사르에게 돌려주는 것이 좋을
것이오. 그리고 신의 것은 언제나 신에게로 돌려보내십시오."

받지 않은 욕설

한 사람이 석가에게 마구 욕설을 퍼부었다.
석가는 아무 대꾸도 하지 않고 묵묵히 있다가 그의 욕설이 끝나자
조용히 말했다.
"한 가지 당신에게 묻겠는데 당신이 어떤 사람에게 선물을 하려는데

상대방이 그것을 안 받았다고 하면 그 선물은 누구의 것이겠는가?"
그랬더니 그 사람은,
"아, 그거야 상대방이 안 받았으니까 당연히 주려던 사람 물건이죠."
하고 대답했다.
석가가 웃음을 머금고,
"당신도 그렇게 생각해? 지금 당신이 나에게 욕설을 퍼부었는데 내가 그것을 안 받았어. 그러니 그 욕설은 당연히 당신 것이지."

마호메트의 기적

마호메트가 알라신의 사도임을 자처하고 여러 사람들에게 포교를 할 때의 일이다.
신도들은 아무래도 마호메트가 의심스러워 그에게 질문을 했다.
"당신이 정말 알라신의 뜻을 받았다면 기적을 보여주시오."
그러자 마호메트는 즉각 앞에 있는 높은 산을 향해 명령을 했다.
"신이여, 신의 부르심으로 명령하노니 저 산은 즉시 이리 오너라."하고 큰 소리로 외쳤다.
그러나 발이 없는 산이 앞으로 올 리가 없었다. 수많은 신자들이 여기저기서 수군거리기 시작하였다.
이때 마호메트는,
"정말 알라신은 위대하도다. 만일 저 산이 이리로 온다면 우리는 모두 다 산에 깔려 죽을 것이다. 그래서 알라신은 저 산을 한 발자국도 움직이지 못하도록 하셨다. 참으로 알라신을 경배할지어다. 나는 어서 산으로 가서 자비로운 알라신을 기리겠노라."

소크라테스의 관상

소크라테스가 제자들과 함께 길을 가다가 관상을 보게 되었다.
관상쟁이는,
"욕심이 많고 양식이 없는 상이군."하고 좋지 않게 얘기하는 것이었다.
존경받는 선생이 제자들 앞에서 얼마나 큰 망신인가.
그러나 소크라테스는 얼굴빛 하나 변하지 않고 말했다.
"관상쟁이 말이 맞다. 나는 원래 그런 사람이야. 그래서 그걸 고치
려고 이렇게 철학 공부를 하고 있는 것이 아닌가."

간디의 순간적인 자선

간디가 인도의 여러 지방으로 강연을 다니던 때의 일이다.
하루 종일 바쁜 일정에 쫓기다 보니 어느 새 약속된 다른 지방으로
가는 기차 시간이 임박해 있었다. 간디는 수행원들과 함께 급히 역
으로 달려가서 막 출발하려고 움직이는 기차에 간신히 올라탔다. 그
러나 너무 급하게 기차를 타다가 그의 발이 발코니에 걸리면서 신발
한 짝이 벗겨져 그만 땅에 떨어져 버렸다.
수행원들은 당황해서 어쩔 줄을 몰라 했다. 그런데 간디는 그 순간
한 쪽 신발을 재빨리 벗어서 먼저 떨어진 신발 쪽을 향해 힘껏 던지
는 것이 아닌가.
"선생님, 두 발 다 맨발로 다니시렵니까?"
수행원들은 간디의 행동에 놀라 물었다. 간디는 미소를 지으며 말했다.
"어느 가난한 사람이 신발 한 짝을 주웠을 때 그는 반드시 주변을
열심히 찾아볼 것이 아니겠소? 만일에 아무리 찾아보아도 다른 한
짝이 없을 때에 그 사람이 얼마나 실망하겠소."

11 그 밖의 것들

셜록 홈스(Sherlock Holmes)와 와트슨(Watson) 박사가 캠핑을 갔다.
그들은 별들이 보이는 아래에 텐트를 치고 잠자리에 들었다.
한밤중에 홈스가 와트슨을 깨우고 말했다.
"와트슨, 하늘을 봐. 나에게 무엇이 보이는지 말해 주게."
와트슨이 말했다.
"수많은 별들이 보이네."
홈스가 말했다.
"자네는 그것으로 무엇을 추론할 수 있는가?"
와트슨이 말했다.
"글쎄, 수백만 개의 별들이 있고, 그런 별을 가진 몇 개의 행성들이 있고, 그 행성에는 지구와 같은 몇 개의 행성이 있을 것 같아. 그리고 지구와 같은 몇 개의 행성이 있다면 거기에는 생명체도 있을지 몰라."
그러자 홈스가 말했다.
"와트슨, 이 바보야. 그것은 우리 텐트를 누군가 훔쳐갔다는 것을 의미해."

손오공 일행이 서역으로 가는 길에 요괴들을 만났다.
저팔계와 사오정이 합세했는데도 힘이 부치자 마침내 손오공이 털을 뽑아서 하늘로 날렸고, 털들은 모두 손오공의 분신이 되어 요괴들을 상대하기 시작했다. 그런데 그중에 웬 늙은 원숭이가 한 마리 끼어 있는 것이 아닌가.

의아해진 손오공이 물었다.
"영감님은 누구세요?"
그러자 늙은 원숭이가 공손하게 대답했다.
"전 주인님의 새치입니다."

새끼 손가락

손가락들이 서로 자기 자랑을 하고 있었다.
엄지부터 순서대로,
엄지 : 난 여기서 힘이 제일 세!
검지 : 난 여기서 하는 일이 제일 많아!
중지 : 난 여기서 키가 제일 커!
약지 : 내가 없으면 결혼반지 못껴!
아무리 생각해도 별로 특출나게 잘난 게 없는지라…… 한참을 생각
하던 새끼손가락이 이렇게 말했다.
"니들, 그런데 나 없으면 병신이여!"

부자의 사연

한 젊은 남자가 돈 많은 갑부에게, 어떻게 해서 그렇게 많은 돈을
벌게 되었는지 물었다. 그러자 돈 많은 부자가 말했다.
"그게 아마도 1932년이었을 거야. 사회적으로 엄청난 공황이었고,
내 손에 단돈 백 원밖에 없었지. 난 백 원으로 사과 한 개를 샀다네.
그리고 하루 종일 그 사과를 닦고 광을 내서 저녁엔 2백 원에 팔았
지. 다음날엔 2백 원으로 사과 두 개를 사서 닦고 광을 낸 다음, 저
녁에는 4백 원에 팔고, 이런 식으로 한 달 동안 사과를 사고팔고 했
더니 내 수중에 백 만 원이라는 돈이 들어오더군."

"그래서요?"

젊은이가 눈을 반짝이며 물었다.

"글세, 운이라고나 할까? 그때 우리 장인이 20억 원을 유산으로 남기고 죽었네."

임산부

새벽 3시경. 출산 예정일을 보름 앞두고 친정에 가 있는 아내가 갑작스런 진통으로 병원에 실려갔다는 전화가 왔다.

남편은 급히 택시를 타고 병원으로 향했다. 병원으로 가는 동안 2대 독자인 남편은 첫아이가 아들이면 좋겠다고 생각했다. 남편이 막 병원 응급실로 들어서는데 마침 의사가 나왔다.

남편은 급한 나머지 궁금증을 감추지 못하고 다급하게 물었다.

"아들입니까? 아들이죠?"

의사는 고개를 저었다. 실망한 듯 고개를 떨군 남편에게 의사가 말했다.

"배탈입니다."

미리 마시는 김칫국

"여, 사뮈엘?"

"여, 브로크! 오랜만인데, 경기는 좋아?"

"그저 그렇지 뭐, 잘 벌리진 않지만, 돈이 조금 생겨서 시골에 별장 하나 샀다네."

"허어! 별장을? 멋진데, 그거!"

"짬이 나면 한번 놀러 오게."

"고맙네. 나도 시골은 무척 좋아하지."

"그럼, 이번 일요일에 어떤가? 기다릴게."

"좋아, 가지."

"열시 반 열차를 타고 와서 부레역에서 내리게. 역전에서 곧바로 가다가, 두 번째 건널목에서 왼쪽으로 구부러지면 되네. 1백 미터 앞에 사립문이 있으니, 그걸 발로 밀고 들어오면 되네. 문은 잠겨 있지 않네."

"알겠네만, 꼭 발로 밀어야만 되나?"

"양손엔 선물을 들고 있을 게 아닌가?"

아빠! 나 어떻게 태어났어?

아이 : 아빠, 나 어떻게 태어났어?

60년대 아빠 : 쓸데없는 건 묻지 마라! 쬐그만게 별걸 다 알려고 해.

70년대 아빠 : 다리 밑에서 주워왔지!

80년대 아빠 : 큰 새가 엄마 배꼽 위로 물어와서 놓고 갔지!

90년대 아빠 : 산부인과에서 안고 왔지!

2000년대 아빠 : 우리 아기 인터넷에서 다운받았지!

아들이 본 아빠의 비밀

어느 부부가 밤중에 관계를 가진 후 속옷을 미처 걸치지 못한 채 잠이 들었다.

한밤중에 유치원에 다니는 아들이 불쑥 이불 속으로 파고 들어오는 것이 아닌가?

"아빠, 팬티 안 입었지? 난 다 알아. 엄마가 벗긴 거지?"

난처해서 말을 잇지 못하고 있는 아빠에게 아들이 속삭였다.

"아빠도 오줌 쌌지. 그래서 엄마가 벗긴 거지?"

우리학교 영어 선생님은 좀 무서운 분이셨다.

그 선생님이 수업 시간에 한 학생에게 영어문장을 읽고 해석을 시켰다. 그 친구는 중간까지 잘 읽고 해석하다가 중간에 'Dictionary'라는 단어에서 막히자 두려움에 울먹거렸다.

그러자 선생님은 약간 무서운 목소리로 "사전"이라고 말씀하셨다.

그러자 그 친구는 더욱 울먹이며 말했다.

"없는데요."

긍정+긍정=부정?

모 대학 강의시간에 교수가 긍정과 부정에 대해서 강의하고 있었다.

"에, 대부분의 언어는 긍정과 부정의 뜻이 이어지면 부정문이 되고, 부정과 부정의 뜻이 이어지면 긍정의 뜻이 됩니다. 그런데 러시아어의 경우는 부정과 부정이 이어져서 부정문이 되는 경우도 있습니다. 하지만 긍정문의 경우는 다릅니다. 긍정+긍정의 경우가 부정이 되는 언어는 지구상에 없습니다."

그러자 어떤 학생 왈,

"잘도 그러겠다."

눈치 없는 노무현

부시 미 대통령과 시라크 프랑스 대통령, 독일의 헬무트 수상, 그리고 후진타오 중국 주석, 고이즈미 일본 수상, 노무현 대통령이 정상회담 후, 함께 골프를 쳤다.

그런데 부시가 친 공이 OB라인 위에 떨어지고 말았다. 부시로서는 점수를 크게 잃을 상황이었는데 판정을 내리기가 매우 어려운 상황이었다.

이때 고이즈미 수상은 부시의 눈치를 보면서 기어드는 목소리로 "아
리까리"라고 말했고, 시라크 대통령 역시 먼 산을 쳐다보며 "아리
송"하고 중얼거렸다.

후진타오 주석은 들릴 듯 말 듯한 목소리로 고개를 흔들며 "꺄우뚱",
갤러리로 참가하고 있던 헬무트 수상도 "애매모흐"하고 말하는데,
옆에 있던 눈치 없는 노무현 대통령이 큰 소리로 이렇게 외쳤다.

"OB 맞습니다. 맞고요!"

웃음과 유머에 관한 명언

웃음과 유머에 대한 다양한 명언들을 앞서 논의한 주제별로 정리해 보았다.
여러 책에서 인용한 명언들을 모은 것이라 정확한 출처를 밝힐 수 없음을 이해해 주길 바란다.

웃음은 인간의 특권이다

윌리엄 해즐릿

인간은 울고 웃을 수 있는 유일한 동물이다.

융

유머란 오직 인간만이 가진 신성한 능력이다.

켄 머레이

신이 인간에게 부여한 가장 큰 선물은 웃음이다. 웃음은 우리 생활의
일부이다.

웃음과 유머는 사람 자체이다

도스토예프스키

사람의 웃는 모습을 보면 그 사람의 본성을 알 수 있다. 잘 웃는 사람
이 선한 사람이다.

가리

유머는 각 사람의 귀중함을 인정하는 것이다.

유머는 인생철학이다

웃음은 보약이다

칼 조세프 쿠쉘
웃음은 마음의 치료제일 뿐만 아니라 몸의 미용제이다. 당신은 웃을 때 가장 아름답다.

조쉬 빌링스
의약에는 재미있는 것이 별로 없지만 웃음에는 대단히 많은 의약이 있다.

패티 우텐
당신이 웃고 있는 한 위궤양은 악화되지 않는다.

제임스 윌쉬
웃는 사람은 실제적으로 웃지 않는 사람보다 더 오래 산다. 건강은 실제로 웃음의 양에 달렸다는 것을 아는 사람은 거의 없다.

윌리엄 셰익스피어
그대의 마음을 웃음과 기쁨으로 감싸라. 그러면 해로움을 막아주고 생명을 연장시켜 줄 것이다.

조지 산타야나
울지 않는 청년은 야만인이요, 웃지 않는 노인은 바보다.

노르웨이 속담
웃는 사람은 산다.

시드니 하리스
웃을 줄 아는 국가는 우울한 나라보다 강하고 생존 수명이 길다. 비스마르크 시절부터 독일은 허약한 나라가 되었다. 왜냐하면 그것은 무력이 허약해서가 아니라, 더 이상 재미있는 나라가 아니었기 때문이다.

웃음은 친구를 만든다

버스카글리아
사람은 함께 웃을 때 서로 가까워지는 것을 느낀다.

더글라스 미돌
웃음은 인간관계의 도로상에 있는 청신호이다.

빅터 보르게
웃음은 두 사람 사이의 가장 가까운 거리이다.

헨리 워드 비처
유머 감각이 없는 사람은 스프링이 없는, 그래서 자갈에 부딪칠 때마다
덜컹거리는 마차와 같다.

오스왈드 와인드
두 사람 사이의 웃음은 다른 어떤 것보다 친밀한 사랑의 행위이다.

밥 탈버트
웃음은 나이를 가리지 않는다. 세대와 무관하게 모두가 공유할 수 있는
것이 바로 웃음이다. 세대 간의 격차를 좁힐 수 있는 비결이 바로 여기
에 있다.

웃음과 유머는 효과적인 의사소통의 수단이다

혼다 소이치로
웃는 얼굴이야말로 세계 공통의 여권이다.

윌리엄 아서 워드
따뜻한 미소는 친절을 뜻하는 만국 공통어이다.

셰익스피어
즐겁게 하지 않으면 아무 것도 습득되지 않는다.

질만과 브라이언트
잘 사용된 유머는 교육을 촉진시킨다.

미상
웃음은 어떤 언어로도 번역될 수 없다.

맥스 이스트먼

웃음은 말 다음으로 사회를 유지하는 주요한 것이다.

마크 트웨인

인류에게 한 가지 참으로 효과적인 무기가 있으니 그것은 웃음이다.

칼 하이어슨

유머는 상상을 초월할 만큼 효과적인 무기이다.

웃음과 유머는 갈등을 극복하고 문제를 해결한다

제랄드 피아제

유머는 삶의 갈등을 이겨내는 안전밸브이다.

스티브 앨런

불리한 상황에서 의도적으로 유머를 하는 것은 감정조절에 유익하다.

마크 트웨인

웃음의 공격 앞에서는 어느 것도 당해 낼 수가 없다.

디오도어 루빈

미소는 가장 강력한 영향력을 주는 유일한 것이다.

웰즈

오늘의 위기는 내일의 농담거리다.

미상

선사 시대에는 인간이 위기 상황에서 대처하는 방법이 두 가지 뿐이었다. '맞서 싸우거나 도망치는 것!' 그러나 최근에는 유머가 제3의 대안을 제시한다. '맞서 싸우거나, 도망치거나, 웃는 것!'

멜빌

무엇이든 이상한 일과 부딪치면 웃는 것이 가장 현명하고 신속한 응답이며 어떤 상황에 처해도 비장의 위안이 된다.

웃음과 유머는 고통을 해소하는 희망의 무기이다

하비 콕스
웃음은 희망의 최후의 무기다.

간디
만일 내게 유머센스가 없었다면 오래 전에 자살했을 것이다.

콜라코브스키
참된 유머리스트라면 비난을 감수하고서라도 자신의 사명을 감당해야 한다.

이상헌
세상에서 가장 아름다운 꽃은 웃음이다.

찰스 디킨스
질병과 슬픔이 있는 이 세상에서 우리를 강하게 살도록 만드는 것은 웃음과 유머밖에 없다.

마크 트웨인
유머 그 차체의 은밀한 공급처는 기쁨이 아니라 슬픔이다. 그러므로 천국엔 웃음이 없다.

브라이언 디어리
유머는 극심한 역경에 닥쳐서도 우리 마음이 평정을 유지할 수 있도록 돕는 소중한 가산이다.

빌 코스비
웃음이 있으면 고통스러운 상황도 극복할 수 있다. 어떤 대상에서든 유머를 찾아낼 수 있는 능력이 있다면 생존을 염려할 필요가 없다.

마크 트웨인
유머는 위대한 존재이며 구원의 존재이다. 웃음이 피어나는 한 순간,

우리의 모든 짜증과 원한은 눈 녹듯이 사라지고 그 자리를 따뜻한 영혼이 대신한다.

마크 트웨인
주름살은 단지 미소가 있던 곳의 이력서가 되어야 한다.

도널드 조처트
세상을 돌아가게 하는 것은 사랑이다. 하지만 그 어지러움에서 우리를 지켜 주는 것은 웃음이다.

아브라함 링컨
나는 죽지 않기 위해 웃어야 한다. 밤낮으로 나를 짓누르는 두려운 고통 때문에 내가 웃지 않았다면 나는 죽었을 것이다.

임마누엘 칸트
인생의 많은 고통을 평행시키기 위해 하늘이 두 가지 것을 주었으니 희망과 잠이라고 볼테르가 말했다. 그는 웃음을 더 첨가해야 했었다.

봅 호프
나는 웃음의 능력을 보아왔다. 웃음은 거의 참을 수 없는 슬픔을 참을 수 있는 어떤 것으로, 더 나아가 희망적인 것으로 바꾸어 줄 수 있다.

임어당(林語堂)
세계에서 가장 뛰어난 유머리스트 대여섯 명을 국제회의에 참가시켜 그들에게 전권을 부여한다면, 이 세계는 머지않아 구원 받을 것이다.

웃음이 있기에 인간은 즐겁고 행복하다

호라 티우스
웃음이 없는 곳에 즐거움이 있을 수 없다.

윌리엄 제임스
우리는 행복하기 때문에 웃는 것이 아니고, 웃기 때문에 행복하다.

쇼펜하우어
많이 웃는 사람은 행복하고 많이 우는 사람은 불행하다.

사커레이
웃음이 없는 인생은 울적한 공백이다.

조셉 에디슨
웃음이 인생의 한 가지 쾌락이라는 사실을 모르는 사람은 절대로 현자가 아니다.

그레빌
웃음이란 몸 전체가 즐거워지는 감동이며 그 감동이 있는 그대로 표현되는 것이다.

밥 로스
기분이 좋다고 해서 반드시 웃는 것은 아니다. 그러나 웃으면 반드시 기분이 좋아진다.

미상
일반적으로 어떤 사람의 자유는 그 웃음의 양에 따라 판단된다.

쟝 드라 브루예레
우리는 우리가 행복하기 전에 먼저 웃어야 한다. 왜냐하면 우리는 웃기 전에 죽을까 두렵기 때문이다.

웃음은 전염된다

채비스
명랑함은 아주 전염성이 강해서 놀라운 속도로 번진다. 웃음은 유쾌한 조화다. 음악 중에서 최고의 것이다.

하베이 함린
웃음은 홍역처럼 전염성이 강한 것이다. 그것은 잠깐 사이에 사방으로 전염된다.

웃음은 전염된다. 웃음은 감염된다. 이 둘은 당신의 건강에 좋다.

웃어라, 그러면 세상도 그대와 함께 웃는다.
울어라, 그러면 그대 혼자 울게 된다.

유머는 비예측적이기에 우습다

기대했던 것이 갑자기 사라질 때 웃음이 나온다.

관념과 실제의 차이에서 웃음이 발생한다.

살아있는 유기체와 기계적 모순 사이에서 유머가 나온다.

인간의 높은 야망과 낮은 실천 간의 차이에서 웃음이 나온다.

하나의 사실이 두 가지로 해석되면 유머가 된다.

모순성은 웃음을 유발하는 가장 큰 동기이다.

위트는 최고의 지성이다

위트란 상이성 속의 동질성, 동질성 속의 상이성을 깨달았을 때 비롯된다.

위트란 어슬렁거리며 배회하는 지성이다.

웃음과 유머는 긍정적 사고에서 나온다

유머 감각은 인간이 가진 최고 능력이다

가지를 아는 사람은 아무도 없다.

위트니 브라운
유머가 축복받는 이유는, 비록 사람들을 웃기지 못하더라도 아무도 당신을 비난하지 않기 때문이다.

톰 피터스
지루함과 단조로움을 극복하는 것이 비즈니스의 첫 번째 전제이다. 비즈니스는 재미있어야 한다. 재미있지 않으면 인생을 허비하는 것에 지나지 않는다.

윌리엄 로츨러
유머 감각이 없는 사람은 다른 사람들에게 이끌려 다닐 뿐이다.

찰스 슐츠
다음 세대를 위해 한 가지 선물을 준다면, 나는 유머 능력을 주고 싶다.

에드먼드 킨
죽는 건 쉽다. 그러나 코미디는 어렵다.

오덴
내가 좋아하거나 존경하는 사람들 사이에서는 특별한 공통점을 발견할 수 없다. 그러나 내가 사랑하는 사람들은 모두가 나를 즐겁게 하는 사람들이다.

괴테
이해하는 사람은 모든 것에서 웃음 요소를 발견한다.

웃지 않는 시간은 아깝다. 항상 웃어라

퀸틸리언
웃음은 체면 때문에 희생되기에는 너무 비싸다.

테레사 수녀
복도에서 방에서 웃음이 넘쳐나기를 바랍니다.

근무 시간에 웃지 아니한 시간은 낭비한 시간이다.

우리가 가장 헛되이 보낸 날들은 웃지 않았던 날들이다.

현실 속에서의 웃음은 세상에서 가장 듣기 좋은 소리이며, 어둠이 짙게 깔리는 그 순간까지 여운을 남긴다. 웃기에 좋은 시간은 따로 정해져 있지 않다.

가장 가치 없이 보낸 날은 웃지 않고 지낸 날이다.

좋은 웃음은 집안의 햇살이다.

인생이 엄숙하면 할수록 웃음은 필요하다.

웃음에 투자한 시간은 곧 신을 만나는 데 투자한 시간이다.

참고문헌

구현정(1999), 대화와 유머, 한글사랑 봄호, 한글사.

김경태(1991), 당신도 남을 웃길 수 있다-웃음의 이론과 실제, 지식산업사.

김대행(2005), 웃음으로 눈물 닦기-한국 언어문화의 한 특질, 서울대학교출판부.

김열규(1978), 한국인의 유머, 중앙일보사.

______(1997), 욕, 그 카타르시스의 미학, 사계절.

김재화(2006), 시대적 정치유머와 정치인 유머의 변화에 관한 연구, 웃음문화 창간호, 한
        국웃음문화학회.

김전원(1988), 중국인의 유머와 지혜, 명문당.

김진배(1997), 성공하는 리더를 위한 유머기법 7가지, 뜨인돌.

______(1999), 웃기는 리더가 성공한다, 뜨인돌.

______(1999), 유머화술 업그레이드, 엘맨.

김진욱 엮음(1999), 프랑스 폭소 280가지, 자유문학사.

노만택(2001), 건강이 샘솟는 웃음 성공을 부르는 웃음, 보성출판사.

롤프 브레드니히 / 이동준 옮김(2005), 위트 상식사전, 보누스.

류정월(2006), 오래된 웃음의 숲을 노닐다, 샘터.

류종영(2005), 웃음의 미학, 유로.

민영욱(2002), 성공하려면 유머와 위트로 무장하라, 가림출판사.

박근서(2006), 웃음, 위반과 일탈의 텍스트, 웃음문화 창간호, 한국웃음문화학회.

박영만(2004), 국민을 두 번 죽이는 유머, 백송.

______(2005), 리플유머 세상의 중심에서 유머를 외처라, 프리월.

박인옥(1999), 유머를 밝히면 세상이 즐겁다, 도서출판 무한.

반재식(2004), 한국 웃음사, 백중당.

밥 로스 / 김광수 옮김(2002), 퍼니 비즈니스, 시아출판사.

베르그송 / 정연복 옮김(1992), 웃음─희극성의 의미에 관한 시론, 세계사.

서대석(2006), 웃음이론과 소화(笑話), 웃음문화 2, 한국웃음문화학회.

소래섭(2005), 에로 그로 넌센스 근대적 자극의 탄생, 살림.

송길원(2005), 유머, 세상을 내편으로 만드는 힘, 청림출판.

신영준 편(2002), 김삿갓의 한시, 투영미디어.

신윤상(1963), 한국의 유모어, 영진사.

앨런 클레인 / 황보석 옮김(2002), 내 안의 슬픔을 축복하는 지혜로운 농담, 하서.

오장근 외(2006), 텍스트와 문화콘텐츠, 한국문화사.

웃음을 찾는 사람들 엮음(2003), 성공을 위한 히트 유머 시리즈, 백양출판사.

용혜원(2004), 감동과 행복이 넘치는 유머의 법칙, 청우.

유웅교(2001), 애들아! 웃고살자, 프로방스.

이도영(1999), 유머텍스트의 웃음 유발 장치, 텍스트언어학 7, 한국텍스트언어학회.

이득형(2000), 운명을 바꿔주는 재치·유머 이야기, 진리탐구.

이상근(2002), 유머리스트가 되는 길, 경인문화사.

이상준(2005), 웃음과 유머, 그 비밀의 문을 열다, 오피니티.

이석규 외(2001), 텍스트 언어학의 이론과 실제, 박이정.

이석규 편(2003), 텍스트 분석의 실제, 역락출판사.

이슈투데이 편집국 편(2003), 한국사회 조크 100, 이슈투데이.

이정환(2002), 재치있는 말 한 마디가 인생을 바꾼다. 시아출판사.

이중희(2001), 상상력을 자극하는 철학적 유머, 북라인.

이현비(1997), 원리를 알면 공자도 웃길 수 있다, 지성사.

이홍우(2006), 일제 강점기 재담집 연구, 서울대학교 대학원 석사학위 논문.

임어당 / 김영수 편역(2003), 임어당 산문집 유머와 인생, 아이필드.

장유정(2006), 만요(漫謠)를 통해 본 1930년대의 근대문화, 웃음문화 창간호, 한국웃음문화학회.

정현선(2004), 인터넷 유머 이해의 문화교육적 고찰, 한국어의미학 14, 한국어의미학회.

조동일(2006), 웃음 이론의 유산 상속, 웃음문화 창간호, 한국웃음문화학회.

차종환(1998), 당신의 성공엔 '유머'가 있다, 나산출판사.

최용삼(2002), 유머로 보는 러시아, 명지출판사.

카세 히데아키 / 김혜숙 옮김(2003), 유대인·유머의 지혜, 회경사.

테드 코언 / 강현석 옮김(2001), 농담 따먹기에 대한 철학적 고찰, 이소출판사.

페퍼셀로와 그린 / 남기탁 · 김문태 공역(1993), 수수께끼의 언어, 강원대 출판부.

프로이트 / 임인주 옮김(1997), 농담과 무의식의 관계(프로이트 전집 8), 열린책들.

한국해학연구회(1992), 유머 화술 1 · 2, 보성출판사.

한성일(2002), 유머 텍스트의 원리와 언어학적 분석, 경원대학교 대학원 박사학위 논문.

______(2002), 유머 텍스트의 사회 언어학적 연구, 사회언어학 10-1, 한국사회언어학회.

______(2003), 유머 텍스트의 의도성과 용인성, 이석규 편저, 텍스트 분석의 실제, 역락출판사.

______(2003), 웃음 유발 책략으로서의 중의성 연구, 이광정 편, 국어학의 새로운 조명, 역락출판사.

______(2004), 유머 텍스트의 상호텍스트성, 텍스트언어학 17, 한국텍스트언어학회.

______(2006), 유머 텍스트의 응결성과 응집성, 겨레어문학 37, 겨레어문학회.

한얼유머동호회(2000), 유머학, 미래문화사.

Berlyne, D. E.(1969), Laughter, Humor and Play, in G. Lindzey and E. Aronson (ed.) Handbook of Social Psychology, 2nd ed, Vol.3, New York : Addison-Wesley.

Chiaro, D.(1992), The Language of Jokes : Analysing verbal play, London and New york : Routledge.

Long, D. L. & A. C. Graesser.(1989), Wit and Humor in Discourse Processing.

Olick, A.(1965), Epic Laws of Folk Narrative, The study of Folklore, Englewood Cliffs, NJ : Ptentice-Hall.

Provine, R.(2000), Laughter-A Science Investigation, Penguin Books.

Ross, A.(1998), The Language of Humour, London : Routledge.

Sherzer, Joel.(1985), Puns and Jokes, Teun A. van Dijk(ed). Handbook of analysis (v.3), London : Academic Press.

Sternthal, B. & C. S. Craig.(1973), Humour in Advertising, Journal of Marketing, Vol.37.

The British Association for the Advancement of Science(2002), Laugh LAB, London : Arrow Books.

저자 소개

이석규

서울대학교 국어교육과 졸업
건국대학교 대학원 국어국문학과 졸업(문학석사, 문학박사)
경원대학교 국어국문학과 교수, 대학원장
저서 『텍스트 분석의 실제』, 『언어의 예술』, 『우리말의 텍스트와 현상 연구』 등 다수
시집 『당신이 없는 거리는 춥다』, 시조집 『아날로그의 오월』

한성일

경원대학교 국어국문학과 졸업
경원대학교 대학원 국어국문학과 졸업(문학석사, 문학박사)
서울대학교 국어교육연구소 선임연구원, 경원대학교 겸임교수 역임
현재 경원대학교, 성균관대학교, 호서대학교 출강
저서 『인터넷 시대의 글쓰기와 표현교육』(공저)
논문 「유머텍스트의 원리와 언어학적 분석」 외 다수

유머·위트의 모든 것

웃으면서 성공하기

초판 인쇄 2008년 1월 14일 | **초판 발행** 2008년 1월 24일
지은이 이석규·한성일
펴낸이 최종숙 | **책임편집** 이소희 | **편집** 이태곤 권분옥 양지숙 김지향 신현정
펴낸곳 글누림출판사
주소 서울시 서초구 반포4동 577-25 문창빌딩 2층
전화 02-3409-2055 | **팩시밀리** 02-3409-2059
홈페이지 http://www.geulnurim.co.kr | **이메일** nurim3888@hanmail.net
등록 2005년 10월 5일 제303-2005-000038호

ISBN 978-89-91990-84-5 03320
정 가 12,000원

* 잘못된 책은 교환해 드립니다.